PIERRE-YVES MCSWEEN

EN AS-TU VRAIMENT BESOIN?

Guy Saint-Jean ÉDITEUR

TABLE DES MATIÈRES

PRÉFACE
EN AS-TU VRAIMENT BESOIN ?

Cette question me hante !

Chaque fois que mes yeux convoitent un objet, que ma main s'empare de mon portefeuille, le « En as-tu vraiment besoin ? » résonne dans ma tête comme un mantra.

Alors que je me prépare à dépenser pour un objet qui n'est pas essentiel à ma vie, une hésitation s'installe. Recul stratégique pour laisser passer cette pulsion qui nous pousse vers l'achat d'un bidule inutile. On quitte le magasin avec la fierté d'avoir résisté aux multiples tentations. Victoire du consommateur contre les stratégies de marketing.

Bien sûr, je caricature. Dans les faits, nous dépensons, nous nous endettons. Les émotions l'emportent sur la logique comptable. L'être humain a besoin de se faire plaisir. Le magasinage a ses effets thérapeutiques. L'attrait de la nouveauté, le bonheur de s'offrir un peu de luxe ou le simple goût de posséder quelque chose de plus nous fait carburer. Par contre, pour d'autres, comme Pierre-Yves, l'épargne est une source de jouissance. Épargner de l'argent, négocier, remplir ses REER, bref, tirer le maximum de chaque dollar est un défi quotidien et une source de satisfaction. Ils sont peu nombreux.

Nous, les Québécois, avons un rapport tourmenté avec l'argent. Nous avons cru pendant longtemps que le succès et la fortune n'étaient pas pour nous. Le *boss* était Anglais et la religion se chargeait de nous enseigner que l'argent était sale et incompatible avec nos obligations spirituelles. C'est Jacques Parizeau qui a brisé ce moule en créant l'environnement nécessaire au décollage du Québec inc.

Encore aujourd'hui, il y a ce fond judéo-chrétien qui remonte à la surface. Si Donald Trump est insulté quand les experts sous-évaluent sa richesse, au Québec, il faut la minimiser, se faire discret pour contrer la jalousie, l'envie ou le mépris.

Nous sommes des analphabètes fonctionnels en matière de finances personnelles. Normal, il est possible au Québec d'obtenir un diplôme sans avoir suivi un seul cours sur la question! Une négligence historique ou un vaste complot pour garder le bon peuple dans l'ignorance? En tout cas, ça n'a jamais été une priorité d'outiller le citoyen pour qu'il puisse survivre dans la jungle financière.

Des exemples :

- Comprenez-vous la multitude de forfaits offerts par les banques?

- Avez-vous déjà calculé le coût réel de votre hypothèque et la façon de réduire les frais d'intérêts?

- Pensez-vous vraiment que le premier mois gratuit sur un prêt automobile est un cadeau du concessionnaire?

- Qui finance le concept « Achetez maintenant et payez plus tard » ?

- Les soldes représentent-ils vraiment une aubaine?

La liste est longue. C'est pourquoi le livre de Pierre-Yves arrive à point. Il ne propose pas la formule magique de tous ces bouquins de vendeurs et de motivateurs. Il ne vous donnera pas des trucs pour augmenter vos ventes en deux mois. Il ne vous dira pas comment devenir millionnaire avant l'âge de 35 ans. Si c'est ce que vous cherchez, vous vous êtes trompé de livre!

Il explore votre vie quotidienne. Il décortique toutes les situations auxquelles vous êtes confronté. Il vous donne des lunettes économiques pour que l'aveugle en vous puisse enfin voir les stratagèmes, les arnaques, les enjeux. Il veut faire de vous le meilleur gestionnaire de vos finances personnelles.

Achetez moins, mais achetez mieux!

Plusieurs d'entre vous vont croire que Pierre-Yves a l'ADN de Séraphin Poudrier. Qu'il caresse le huard. Que sa conjointe et ses enfants font les frais de sa politique d'austérité familiale. Qu'il préfère le thé au café parce qu'il peut recycler le sachet. Cela fait partie du personnage. Il a le sens du théâtre et de l'image forte pour se faire comprendre. Comme les gouvernements nous laissent de moins en moins d'argent dans nos poches, pourquoi ne pas en tirer le maximum?

Ce livre, vous en avez vraiment besoin!

Paul Arcand

P.-S. – Je n'ai reçu aucun cachet pour écrire cette préface.

UNE MARGE DE MANŒUVRE
EN AS-TU VRAIMENT BESOIN ?

Toi qui n'as jamais eu de problème, toi pour qui la vie a été un long fleuve tranquille (est-ce vraiment possible ?), as-tu 2000 $ de côté, facilement accessibles ? As-tu le montant d'argent qui te permettrait de faire face à un imprévu ? Tu sais, cet imprévu qui attend toujours dans le détour ? (Au fait, je parle de vrai-argent-disponible-en-quelques-heures. Pas de crédit.)

En d'autres mots, as-tu 2000 $ prêts à être envoyés à ta fille partie en Floride trouver le bonheur, mais qui s'est chicanée avec son copain et qui veut prendre le prochain vol à destination de la maison parce qu'elle a peur ?

As-tu les 2000 $ qu'un de tes meilleurs amis doit à son *pusher*… vite, vite, vite ? Peux-tu l'aider dans les 24 heures ? Si tu ne peux pas, soit il ne fait pas partie de tes meilleurs amis, soit tu n'as pas les fonds nécessaires. Tu peux toujours te dire qu'un ami pas de dents peut être un ami quand même (si le *pusher* a été gentil, il lui en reste quelques-unes).

Attention : je ne conseille à personne de payer les dettes de drogue d'un ami. Je cherche plutôt à obtenir une réponse honnête à cette question : « As-tu 2000 $ au bout de ton bras, facilement accessibles ? » Ici, la somme de 2000 $ est relative ; elle dépend du train de vie, du revenu et des engagements financiers à court et à moyen terme de chacun. Bref, on jase.

Le début de la spirale de l'endettement

L'imprévu peut déclencher la spirale de l'endettement, qu'il prenne la forme d'une séparation soudaine, d'un toit qui coule, d'un revers en affaires, d'un accident bête couvert seulement partiellement par les assurances.

Ces situations apparemment imprévisibles étaient pourtant prévisibles. En effet, statistiquement, nous savons très bien que la *puck* ne roulera pas toujours de notre côté.

C'est mathématique : un jour ou l'autre, l'imprévu frappe. Puis, comme un ami en détresse à quatre heures du matin, il nous jette en bas de notre lit. Avant même qu'on ait le temps de reprendre ses esprits, les coups arriveront de toutes parts, si bien qu'on risque de se retrouver dans une fâcheuse position.

Pour faire face à l'imprévu, ça prend un coussin de sécurité. Quand on n'a pas de coussin de sécurité, un simple solde de 2000 $ sur la carte de crédit peut devenir un boulet qu'on traînera pendant des années (à 19,99 % d'intérêt).

Évidemment, on me dit souvent qu'il est possible de transférer cette dette sur la marge de crédit. C'est vrai si la marge de crédit n'est pas déjà utilisée à sa pleine capacité et si le crédit est accessible. Par ailleurs, qu'on puisse utiliser la marge ou non en guise de secours, il ne faut pas oublier qu'après le premier imprévu viennent souvent le deuxième et le troisième. La vie, en fait, est une longue succession d'imprévus. Alors… les 2000 $? Tu les as ?

Les histoires derrière les visages

Chaque semaine, quelqu'un me parle de sa situation financière. Tiens, l'autre jour, une jeune femme me confie que sa carte de crédit est à vif, tellement qu'elle n'a plus la capacité de faire les paiements minimaux. En gros, elle a 35 ans, pas un sou d'épargne et des dettes si énormes que je ne vois pas le jour où sa situation s'améliorera. Sa détresse était palpable. Ce genre d'histoire est courante. Et triste.

Un jour, nos dettes finissent par nous empêcher de dormir. Le malaise s'installe comme chez Passe-Carreau qui avait échappé une enclume sur le coffre de Fardoche. Les gens ont honte des échecs financiers. Ils n'osent pas demander de l'aide. Comme une personne sans cesse déprimée est incapable de reconnaître qu'elle a besoin de consulter un psychologue.

La détresse financière nous empêche de voir clair, d'analyser la situation avec sérénité. Et tout ça, je le rappelle, est parti d'un imprévu ou d'une malchance qui a dégénéré. Pas facile d'expliquer à quelqu'un que sa vie passée a des effets immuables sur sa vie future. **À moins de bénéficier d'une hausse vertigineuse des revenus, les mauvais choix ou les malchances hypothèquent sérieusement l'avenir.**

Dans un contexte de détresse financière, on attend. On oublie. On vit dans un déni perpétuel. Jusqu'à ce que le dernier paiement rebondisse. À ce moment, il est bien souvent trop tard. C'est comme attendre d'avoir 100 livres de surpoids pour revoir son régime alimentaire. Mais avec un coussin de sûreté à sa disposition, les choses prennent souvent une meilleure tournure.

Des gens pris à la gorge, on en croise tous les jours. La précarité financière n'a aucun rapport avec le salaire, elle n'est qu'une question d'équilibre budgétaire et d'obligations financières. Certains médecins gagnent des salaires de fou et réussissent pourtant à manquer d'argent! Le fonds d'urgence n'est pas une question de niveau de revenus. C'est une question de prévoyance.

La disponibilité du fonds d'urgence

Le fonds d'urgence ne devrait jamais être utilisé. Comme la hache derrière la vitre qu'on retrouve dans certains édifices, on ne devrait y avoir recours qu'en situation extrême.

Ce fonds devrait être remplacé dès que le sinistre financier a eu lieu. Comme je l'ai mentionné ailleurs (voir le texte « L'épargne : en as-tu vraiment besoin ? », page 131), le CELI est souvent un bon véhicule pour placer le fonds d'urgence. Moins accessible qu'un compte de banque ordinaire, il permet de stationner des revenus à l'abri de l'impôt.

Il faut protéger le fonds d'urgence de soi-même et de ses désirs. Les désirs sont infinis : aussitôt qu'un désir est comblé, un autre se crée. Si bien que, pour assouvir ses désirs, on est toujours prêt à sauter sur ses épargnes comme la misère sur le pauvre monde.

Le désir n'est pas rationnel, il emprunte sur l'épargne-retraite, sur le budget d'épicerie, et nous pousse à nous payer des choses sans importance dans l'immédiat. Le désir a le don de vider notre cerveau de son sang et de nous empêcher ainsi de réfléchir. On passe de la rationalité à l'impulsivité.

 Protéger son coussin de sécurité équivaut à mettre un bouclier devant l'imprévu.

Le temps d'épargner 1000 $

Un bon exercice consiste à se demander combien de temps il nous faudrait pour épargner 1000 $. Ainsi, quand viendrait le moment de se payer un luxe, on serait conscient du temps d'épargne nécessaire pour se permettre cette dépense. Plusieurs contribuables ont besoin de plusieurs mois pour y arriver. Comment faire face à un imprévu si on est incapable d'épargner rapidement 1000 $?

Au-delà du revenu net d'impôt, il y a le revenu disponible pour les désirs ou, autrement dit, le revenu disponible après que les obligations sont payées. Une fois les paiements récurrents effectués (l'habitation, les assurances, les services de télécommunication, l'impôt, les taxes foncières, l'habillement, l'épicerie, l'épargne), combien d'argent reste-t-il pour se payer du luxe?

J'aime toujours me livrer à cet exercice quand vient le temps de faire une dépense importante. Il est généralement judicieux d'opposer ladite dépense au temps nécessaire pour cumuler la somme après le paiement des obligations régulières. Alors, quand un Québécois a, disons, pour 10 000 $ de dettes de consommation combien d'années mettra-t-il à rembourser cette somme, pensez-vous?

Il est fou de constater à quel point les Québécois trouvent rapidement 1000 $ pour assouvir un désir, mais pas pour économiser un coussin. Évidemment, prévoir le prévisible et l'imprévisible n'est pas excitant. On n'invite pas le voisin pour lui dire: « Regarde le coussin de sécurité que je me suis constitué. »

Non, le coussin de sécurité n'est pas assez spectaculaire pour ça. Il ne fait pas tourner les têtes. Il passe inaperçu dans votre entourage. Il ne génère pas l'envie des voisins, et personne ne vous admire parce que vous avez réussi à vous en constituer un. Toutefois, lui seul peut vous donner cette confiance vous permettant de faire face à la vie sans avoir peur de mettre en péril votre sécurité financière ou, pire encore, celle de vos proches. Ou même votre santé!

Vivre sans marge de manœuvre

Ne pas avoir de marge de manœuvre, c'est s'asseoir directement sur la chaise du crédit. On finit par avoir mal aux fesses de la sécurité. On sent l'inconfort. On peut vivre dans l'inconfort, mais on se dit qu'il ne faudrait pas que ça dure.

Après un certain temps, la douleur peut couper le sang dans les jambes. Si bien que lorsqu'une occasion intéressante se présente, on a les jambes engourdies et on manque de belles possibilités d'améliorer sa situation.

Donc, une marge de manœuvre,
en as-tu vraiment besoin ?
La véritable question, c'est :
une marge de manœuvre,
as-tu vraiment les moyens
de ne pas en avoir ?

LA CARTE
DE CRÉDIT
EN AS-TU
VRAIMENT
BESOIN ?

Avez-vous déjà lu le manuel d'instruction d'un fer à repasser ? Étant d'un tempérament ouvert avec les instructions, je me suis prêté au jeu de le lire quand j'ai acheté un fer à repasser (oui, j'en avais vraiment besoin). « Veuillez lire les instructions avant d'utiliser le fer », indiquait la consigne.

J'ai oublié la formulation exacte, mais l'utilisateur était invité à « ne pas coller [son] visage sur le fer chaud ». On peut rire du sérieux de la mise en garde du fabricant. Il s'y prend peut-être ainsi parce qu'un jour un abruti a collé le fer sur son visage comme un enfant colle sa langue sur un poteau de métal par grand froid : pour voir ce que ça donne.

Malgré les risques qu'il représente, le fer à repasser demeure un outil génial. Et la carte de crédit répond à cette même logique.

L'accès au crédit serait-il donc dangereux ? Oui, comme le fer ou le marteau. Bien utilisé, le marteau, tout comme le crédit, est un magnifique outil. Dans mon garage, j'ai aussi un marteau. On peut construire des choses avec un marteau, mais on peut aussi créer une scène de meurtre digne du film *American Psycho*.

Du financement « gratuit »

Qui a déjà lu son contrat de carte de crédit ? Même après l'avoir signé ? Peu de gens. Pourtant, le vendeur de cartes nous fait remplir tous ces papiers à la vitesse grand V sans qu'on les lise. Comment utiliser adéquatement sa carte de crédit sans réellement connaître son fonctionnement ? C'est aussi illogique que commun.

La carte de crédit a pour avantage d'offrir généralement un délai de grâce d'au moins 21 jours. Ainsi, lorsqu'on reçoit son relevé, on a du financement gratuit pour un minimum de 21 jours suivant la date du relevé (de la date d'achat jusqu'à la date de facturation). **Du financement gratuit, c'est agréable, mais comment est-ce possible ? Grâce aux mauvais payeurs !** Ils sont si nombreux qu'ils subventionnent amplement les bons payeurs.

Il y a aussi tous les systèmes de points, séduisants pour un grand nombre d'utilisateurs. Mais tout ce système se finance de lui-même, à profit. Pour tirer avantage des récompenses, nous cotisons implicitement à ce système, et cela, de plusieurs façons. Voyons comment.

Chaque transaction entraîne des frais pour le commerçant ; ils sont calculés sur la base d'un pourcentage appliqué au total de la facture. Principe difficile à comprendre, puisqu'une transaction, qu'elle soit de 50 $ ou de 2000 $, n'est pas plus longue à traiter.

C'est avec les frais associés aux transactions que Visa, MasterCard et toutes les autres compagnies de cartes de crédit font leur rendement. Quand on ne paye pas son compte à temps, c'est la banque émettrice de la carte qui encaisse les intérêts. Ainsi, la compagnie émettrice ne prend pas de risque de crédit avec le client, et c'est l'institution financière qui se retrouve propriétaire des créances irrécouvrables. Est-ce un problème ? Pas vraiment.

Quand le coût de financement de la banque est nettement inférieur au taux d'intérêt des cartes, l'institution financière peut se permettre de perdre quelques dollars à cause des mauvais payeurs, tant que d'autres payent des intérêts capitalisés quotidiennement au taux annuel minimal de 19,99 %.

Ça me fait penser : de plus en plus de clients de commerces devraient exiger un rabais supplémentaire sur tout achat payé comptant. Par exemple, un quidam achète un vélo de 2000 $ (en a-t-il vraiment besoin ? Je décortique ça dans le texte « L'équipement haut de gamme : en as-tu vraiment besoin ? », page 71).

Si le client paye avec sa carte de crédit, le commerçant devra payer plusieurs dizaines de dollars de frais. Ce dernier devrait donc être intéressé à négocier un certain rabais au client s'il paye avec sa carte de débit. Si le mode de paiement n'influe pas sur le prix de vente, quelqu'un quelque part en profite.

Gare aux avances de fonds !

Je manque d'argent ce mois-ci ? Pas grave. Vais-je retirer de l'argent au guichet avec ma carte de crédit ? Non. Dès qu'on fait ça, on procède à une avance de fonds.

Les avances de fonds appellent un taux d'intérêt supérieur à celui des achats. Pourquoi ? Techniquement, quand on retire de l'argent sur sa carte de crédit, c'est un signal de besoin de liquidités de dernier recours. Les avances de fonds ne comportent pas de délai de grâce. Aussitôt retirée, la somme commence à générer des intérêts quotidiennement.

Voilà d'ailleurs le pire comportement à adopter au moment d'utiliser sa carte de crédit. Accepterait-on de payer plus de 20 % d'intérêt annuellement sur un prêt personnel ou sur une voiture ? Jamais ! Sur un solde impayé d'une carte de crédit, beaucoup acceptent pourtant de le faire.

Les taux d'intérêt sur les cartes de crédit sont très élevés, et la nature même du produit explique ces taux. Presque tous les citoyens ont accès à ce type de crédit sans fournir de garantie personnelle. Comme il y a peu de barrières à l'entrée (même sans un bon dossier, on a parfois accès à la carte de crédit), le taux d'intérêt va à l'avenant.

Exiger un taux nettement inférieur sur les cartes de crédit créerait un problème d'accès au produit : on ne laisserait plus la chance aux moins nantis de profiter des bienfaits de ce produit. Donc, si on veut un produit démocratique, on doit accepter le taux d'intérêt élevé. D'ailleurs, pourquoi insisterait-on sur l'obtention de faibles taux ? Quand on paye son solde chaque mois, on n'influence pas vraiment le comportement des bons payeurs avec le taux affiché.

Alors, pourquoi posséder une carte de crédit ? Pour tous les avantages que cela procure :

Paiement en une seule fois des frais liés à son compte bancaire : fini, les forfaits ! En payant tout avec sa carte de crédit, on n'a qu'une transaction mensuelle dans son compte de banque pour les achats courants.

Accès à du crédit sans mise en garantie d'actifs : pour obtenir une carte de crédit, aucun actif n'est demandé en garantie.

Financement gratuit pendant au moins 21 jours : on a généralement un délai de grâce de 21 jours entre l'émission du compte et la date de paiement exigée sur le relevé de carte de crédit. Aucun intérêt n'est comptabilisé pendant cette période.

Dossier de crédit avec un historique de bon payeur : payer régulièrement son compte de carte de crédit, sans retard, et maintenir un solde raisonnable sont deux gestes appréciés des gestionnaires de dossiers de crédit comme Equifax. Cela permet de se bâtir un bon dossier de crédit (voir le texte « Un bon dossier de crédit : en as-tu vraiment besoin ? », page 141).

Garanties supplémentaires sur les biens et services : certaines compagnies de cartes de crédit offrent de doubler ou de prolonger la garantie du fabricant lorsque le paiement des biens est effectué avec la carte de crédit.

Assurances liées aux achats : les achats effectués avec la carte de crédit sont parfois couverts contre le vol ou le bris.

Rabais sur certains produits : il est parfois possible de profiter de rabais, du genre « en adhérant à la carte de crédit, obtenez 10 % sur tous vos achats ».

Mode de paiement accepté dans la majorité des points de vente : de nos jours, le paiement par carte de crédit est rarement refusé, sauf dans les commerces qui refusent de payer les frais de transaction ou ceux qui ne veulent pas déclarer leurs revenus.

Suivi des dépenses de consommation grâce au relevé de compte : à la réception du relevé, on a une description de chaque dépense. Avec certaines cartes, on reçoit même un relevé annuel avec les dépenses classées par catégories.

Trace de la date d'achat d'un bien : en conservant ses relevés de cartes de crédit, on peut retrouver facilement la date d'achat d'un bien et valider rapidement si la garantie le concernant est échue.

Obtention de points donnant accès à des récompenses : chaque fois qu'on utilise la carte de crédit, on cumule des points permettant l'achat de biens ou de services (si on utilise sa carte de crédit seulement pour cette raison, il faut quand même se rappeler que le rendement est très faible).

Possibilité d'achats en ligne ou de réservations par téléphone, et ce, facilement : si on a envie de se procurer un ordinateur en ligne, on peut payer avec la carte.

Protection contre la fraude : si on avise notre banque que des transactions ont été faites à notre insu, on n'aura généralement pas à payer celles-ci.

Réduction du risque de perte ou de vol de l'argent comptant : il m'est déjà arrivé de me faire voler plus de 200 $ en argent comptant dans mon portefeuille, une somme perdue à jamais. Mais quand on se fait voler sa carte, on n'a qu'à la déclarer perdue et aucune perte financière ne sera matérialisée.

Une assurance inutile?

L'assurance vie sur la carte n'est pas très chère. Pourquoi ne pas la prendre? Cela dit, une question s'impose : en cas de décès, laisserez-vous des dettes à vos proches? Si oui, pourquoi accepteront-ils l'héritage? Si vous laissez un héritage, sera-t-il suffisant pour payer le solde de votre carte de crédit?

Alors pourquoi prendre une assurance vie? Pour obtenir un meilleur rendement sur votre mort? Qui dit qu'à votre décès le solde de votre carte de crédit sera à la hauteur des primes payées sur cette assurance vie?

Je refuse toujours l'assurance vie sur la carte de crédit. C'est un choix bien personnel. Il faut se demander : en ai-je vraiment besoin? Quel risque court-on si on ne la prend pas?

Il ne faut pas oublier que le conseiller en succursale doit atteindre des objectifs de vente de cartes de crédit et d'assurance vie sur le solde de votre carte de crédit. On ne demande pas l'avis d'un vendeur de voitures à propos de nos besoins, pourquoi le faire avec le vendeur de cartes de crédit?

Que doit-on acheter avec les points?

Quelle est la meilleure utilisation à faire des points de carte de crédit? Épargner. Acheter des placements. L'institution financière offre parfois des placements sous forme de REER en échange des points. Tant qu'à acheter des biens dont on n'a pas réellement besoin ou de se procurer des chèques-cadeaux pour un magasin ou un autre, pourquoi ne pas acheter des placements?

De plus, il arrive que l'institution bonifie le montant du placement lorsqu'on cumule un certain nombre de points. Par exemple, on pourrait profiter d'une promotion telle que « Obtenez 500 $ en placements avec 50 000 points au lieu de 55 000». Toutefois, en matière de placements, on devrait privilégier le REER ou le CELI, si ceux-ci sont offerts, car ce sont probablement les seuls produits liés aux points qui ne font pas consommer davantage.

Une, deux ou dix cartes?

Finalement, est-ce bien grave d'avoir plusieurs cartes dans son portefeuille? Pourquoi ne pas se poser la question inverse: pourquoi avoir plus d'une carte? Pour dépanner si, pour une raison ou une autre, la première ne fonctionne pas? D'accord.

Dans ce cas, cette seconde carte, qui devrait servir très rarement, doit avoir une limite de crédit nettement inférieure à la première. Par exemple, si on impose une limite de crédit de 10 000 $ à la première, la seconde pourrait être limitée à 2000 $. Regarde, j'ai six cartes de crédit! Alors, as-tu six marteaux, six fers à repasser ou six tondeuses? La carte de crédit est un outil; quel est le but de multiplier le plastique dans le portefeuille?

Vous avez plusieurs cartes, car cela vous donne des réductions dans des magasins? Quel est l'effet sur votre dossier de crédit d'avoir autant de cartes? Cela réduit possiblement votre pointage de crédit (voir le texte « Un bon dossier de crédit: en as-tu vraiment besoin?», page 141). En effet, chaque carte de crédit représente une nouvelle demande de crédit. Il est possible que cela soit interprété comme un besoin de nouveau crédit et, par conséquent, comme une plus grande possibilité d'incapacité de paiement dans le futur.

Quels sont les taux d'intérêt des cartes de grands magasins en cas de défaut de paiement? Ils sont plus élevés. Si on est du type à ne pas payer tous ses comptes de cartes à temps, le coût de financement risque d'être supérieur aux rabais obtenus au moment de l'utilisation de la carte.

En somme, faut-il échanger un bénéfice à court terme contre des conséquences à long terme? Environ six Canadiens sur dix payeraient le total du solde de leur carte de crédit à temps. Pourquoi toujours augmenter la limite? Combien de fois celle-ci m'a-t-elle empêché de consommer?

Le crédit est un outil à prendre avec sérieux : cela n'a rien à voir avec le fait d'accepter une autre pointe de pizza après un repas copieux. L'entente concernant la carte de crédit est un acte légal, qui donne des droits, mais engendre aussi des obligations. Ce n'est pas un crédit renouvelable auquel on aura automatiquement droit. Il faut démontrer sa capacité à rembourser le solde à très court terme.

Un outil de paiement, non de financement

La carte de crédit reste un outil pratique dans le monde d'aujourd'hui, où le paiement en espèces se fait de plus en plus rare. **Concevoir la carte de crédit comme un mode de paiement est réaliste. Mais dès qu'on tombe dans le piège du mode de financement, on vient de mettre le bras dans le tordeur.**

Avant de faire un achat, il faut se poser la question suivante : suis-je capable de payer cet achat comptant en ce moment? Si la réponse est négative, les probabilités que l'achat soit au-dessus de ses moyens sont élevées. Qui plus est, acheter un bien à crédit sans avoir un plan précis de remboursement équivaut à mettre une bouteille de 40 onces de vodka devant le nez d'un alcoolique. Si on n'a pas les moyens de payer un bien ou un service en argent comptant, il est probable qu'il en soit encore ainsi par la suite si les revenus n'augmentent pas.

Consommer est un geste impulsif. Passer la carte dans la machine pour payer une somme de 100 $ ou 2000 $ ne fait pas de réelle différence dans notre cerveau. C'est un geste machinal. Ce n'est que plus tard qu'on conçoit amèrement l'impact cumulé de ses choix. C'est triste.

Une carte de crédit, tu en as vraiment besoin. Que fais-tu des autres cartes? Dans un tiroir, se trouve un autre outil dangereux qui s'appelle *ciseaux*.

La fin de ce chapitre est peut-être une occasion de parfaire tes habiletés en matière de découpage. Il y a un Claude Lafortune du crédit qui sommeille en toi…

LA DERNIÈRE TECHNOLOGIE EN AS-TU VRAIMENT BESOIN ?

Je me souviens d'avoir acheté mon premier téléviseur LCD vers 2013. Avant cela, je tolérais encore mon écran cathodique.

Chaque personne qui venait à la maison se surprenait de voir cet écran bombé, producteur intense de statique, dans un coin du salon. C'est le changement du format 4:3 à 16:9 des télédiffuseurs qui a mis fin à la longue relation que j'entretenais avec ce magnifique Sharp de 27 pouces : les deux bandes noires, qui avaient pour effet de rapetisser l'image, nous obligeaient à coller notre nez sur l'écran pour voir quelque chose. C'est vraiment bête, car il fonctionnait encore comme un neuf !

Payé un peu plus de 350 $ taxes incluses au début du millénaire, il affichait un « coût moyen de possession » équivalant à moins de 30 $ par année. Le tout a dû être remplacé par un téléviseur à écran plat payé 1000 $. Malgré toute ma bonne volonté, le système m'avait finalement eu : on avait rendu mon objet désuet avant qu'il ne soit brisé ou devenu inutile.

La folie du premier acheteur

Qu'est-ce que ça donne d'être le premier acheteur d'un produit technologique ? Presque rien. D'accord, je vous le concède, dans les années 1980, être le premier à posséder un Walkman jaune *autoreverse,* ça en impressionnait quelques-uns pendant deux ou trois jours. Par contre, posséder la dernière technologie ne suscite pas l'admiration, mais plutôt l'envie. **L'envie de profiter d'un avantage qui n'était pas nécessaire.**

Le marketing joue là-dessus. En effet, qui, dans un magasin, n'a jamais été excité à l'idée de se procurer un nouveau bien… qu'il a délaissé quelques heures ou jours plus tard, allant même parfois jusqu'à regretter son achat? Ce sentiment de vide qui survient après avoir effectué un achat se présente constamment. Si notre vie est plutôt vide, peu importe ce qu'on achète, elle sera toujours aussi vide à notre retour à la maison… même si on revient les mains pleines.

Posséder quelque chose n'ajoute pas de sens à la vie, mais vivre des moments, oui! Alors **quand vient le temps de posséder quelque chose, il faut en maximiser l'utilité et se demander quel sera le bénéfice ou la joie qu'on retirera de chaque dollar payé.**

Si acheter un modèle deux fois plus cher parce qu'il présente une technologie récente ne provoque pas le double de joie ou de satisfaction, ou une économie de temps ou un confort  supplémentaire important, pourquoi l'achète-t-on? Parce qu'au fond de nous sommeille le faux sentiment que ce produit nous rend meilleur.

Pensons à ces oreillettes portées en permanence par tout un chacun il y a quelques années. Dans les restaurants, on pouvait toujours apercevoir la personne qui en portait fièrement une, l'air de dire: «Regardez-moi, je porte mon gadget comme Robocop!» Le comble du ridicule.

Le prix élevé de la technologie

La technologie exige des fabricants qu'ils dépensent d'importantes sommes d'argent en recherche et développement (R&D). Et que fait un fabricant très versé en R&D lorsqu'il souhaite mettre en marché un produit hautement différencié? Il tente de faire payer aux premiers acheteurs le coût du développement technologique de ce produit. Il se fie sur l'excitation et la folie de consommation des premiers venus pour couvrir son risque financier. Il veut profiter ainsi de ce qu'on appelle le « surplus du consommateur » : la disposition d'un consommateur à payer plus qu'un autre.

La stratégie de prix utilisée se nomme « écrémage ». Les premiers acheteurs payent le gros prix jusqu'à ce que le prix du produit baisse, soit parce qu'un seuil critique d'acheteurs a été atteint (permettant des économies d'échelle), soit parce qu'une autre entreprise lance un produit férocement en concurrence avec l'original.

La stratégie dominante du consommateur devrait être de ne jamais acheter une nouvelle technologie. Il suffit de se rappeler le prix d'un magnétoscope VHS dans les années 1980, celui d'un lecteur DVD dans les années 1990 ou celui d'un lecteur Blu-ray à son arrivée sur le marché. À cette époque, un lecteur Blu-ray pouvait coûter 1000 $ alors qu'aujourd'hui, on peut s'en procurer un pour 10 à 20 fois moins cher !

Pensons aussi à la bande d'hurluberlus prêts à passer la nuit dehors pour mettre la main sur le prochain produit Apple avant tout le monde. Que vend-on en réalité? La « chance » d'être le premier consommateur à posséder et à utiliser une technologie.

Les premiers consommateurs payent pour les autres; en d'autres mots, ils subventionnent les prochains utilisateurs. Donc, merci à toi qui fais la file à minuit pour acheter la nouvelle version du gadget, car tu me permets implicitement d'acheter à mon tour l'équivalent de ton produit dans quelque temps, mais à une fraction du prix. La prochaine fois, pourquoi ne pas envoyer un don directement à la classe moyenne et attendre quelques mois?

De plus, en aucun temps tu ne pourras justifier ton achat précoce en recourant à la fameuse affirmation « Ça va être bon pour longtemps », car, dans le domaine de la technologie, longtemps veut souvent dire trois ans. Si une relation amoureuse dure trois ans, selon l'auteur français Frédéric Beigbeder, la technologie s'en inspire fortement.

Évidemment, il est possible d'utiliser un bien pendant trois ans et de le convertir en une relation à plus long terme de cinq ou six ans en étirant son utilisation. Par contre, au bout d'un certain temps, l'ensemble des publicités, ainsi que des gens de ton entourage, te feront sentir comme un dinosaure.

En effet, tout est planifié, même ton désir de changer. **L'humain n'est qu'un pantin dans la main de la consommation.** On pense faire un achat réfléchi, mais, en réalité, il y a rarement une logique indéfectible derrière notre achat. Il peut sembler illogique d'acheter une nouvelle technologie quand, souvent, on peut faire réparer ce qu'on a déjà, acheter usagé ou tout simplement s'en passer.

L'obsolescence programmée

La règle de l'obsolescence programmée se répète à chaque changement technologique. Pourtant, tout ce qui est technologique rend l'utilisateur de moins en moins apte à l'entretenir ou à effectuer une réparation à prix abordable.

Chaque fois qu'on propose une nouvelle technologie pour un produit, on diminue l'envie du consommateur de le conserver à long terme. Il y a deux grands types d'obsolescence planifiée :

- Le produit cesse de fonctionner prématurément.

- L'utilisation du produit sera limitée ou anachronique avec la sortie séquentielle planifiée d'une suite logique de produits. On n'a qu'à penser aux ordinateurs. Aussitôt qu'on en a acheté un, on nous sort un modèle plus beau, plus rapide, plus pratique, plus léger, etc.

Tu dépenses, donc tu suis.

L'exemple de la laveuse

Ma mère a gardé sa laveuse pendant près de 28 ans. Elle était tellement usée que nous reconnaissions le cycle non plus grâce aux marques sur le cadran, mais seulement par le mouvement d'un demi-tour effectué sur le panneau de contrôle.

La mécanique de cet appareil faisait en sorte qu'il était toujours simple et avantageux de le réparer. Mais les choses ont changé. Les fabricants se sont mis à ajouter des tableaux de bord électroniques proposant 28 cycles et presque autant d'options pour chacun.

Personnellement, j'ai dû utiliser un maximum de trois cycles de lavage en 37 ans d'existence. À l'achat, je veux pourtant les options inutiles que je n'utiliserai jamais. Il est pas mal beau, le design du panneau de contrôle, mais quand il saute, juste en payant les pièces et les frais de déplacement du réparateur, je reçois une facture aussi élevée que la valeur résiduelle de l'objet.

 On se dit alors que pour 100 $ de plus, on aurait une nouvelle laveuse, et hop! on met le tout au chemin et le livreur d'une nouvelle laveuse se pointe illico.

On est tombé dans le panneau de contrôle de l'obsolescence programmée.

On a appuyé sur le bouton de notre cycle de renouvellement.

On a laissé notre jugement de consommateur sécher sur la corde.

L'exemple de mon beau-frère et de son téléphone

Il faut aussi savoir sauter des cycles technologiques. Par exemple, mon beau-frère est directement passé d'un téléphone à écran vert et à l'antenne rétractable au téléphone intelligent.

Pendant des années, on lui a proposé des technologies intermédiaires sans grande utilité. Qu'est-ce qu'il en avait à foutre d'un écran couleur? En sautant des cycles technologiques, on finance notre prochain achat pour le moment où notre vieil objet sera vraiment désuet ou brisé.

Avoir les technologies dernier·cri dans tous les domaines est un abonnement assuré à la précarité financière. **Il n'y a pas de limite au désir de consommation, il n'y a qu'une limite au portefeuille.**

L'exemple du robinet

Dans les derniers achats technologiques inutilement chers figure le robinet qui se déclenche tout le temps au contact de n'importe quoi. Après des décennies à utiliser un robinet manuel, on a cédé pour ce nouveau modèle qui maîtrise parfaitement l'art de jeter de l'argent dans l'évier.

De plus, ce dernier procure plus de frustrations que de bénéfices. J'en sais quelque chose : avant d'en acheter un, j'aurais dû me poser trois fois la question « en as-tu vraiment besoin ? » Maintenant, je possède un robinet trop cher au déclenchement aléatoire. Sa promesse de gaspiller moins d'eau se double de la promesse de provoquer chez moi l'utilisation fréquente de mots d'église ! J'ai réglé le problème : j'ai retiré les piles.

L'esclave moderne

Celui qui achète toujours le dernier modèle et qui renouvelle constamment ses biens demeure l'esclave d'un système basé sur une consommation renouvelable et programmée.

Le simple exemple du téléphone cellulaire vaut son pesant d'or. On a longtemps changé de cellulaire pour un modèle plus récent simplement parce qu'on pouvait changer celui-ci « gratuitement ». Mais rien n'est gratuit. Faut être un peu naïf pour penser, à 40 ans, que le père Noël existe encore. Dans un prix, tout est intégré. Ton téléphone est gratuit ? Tu payes alors plus cher pour ton abonnement. « Rien ne se perd, rien ne se crée, tout se transforme », disait Lavoisier.

Je ne dis pas de refuser la technologie. Je dis : sois patient. Patient comme dans faire la file à La Ronde pendant deux heures pour vivre un plaisir qui va durer cinq minutes. Pourquoi ne pas vivre, pendant ces deux heures, et attendre que la file soit nulle et au rabais ?

En anglais, un dicton dit :
« *If it ain't broken, don't fix it.* »
Si ce n'est pas cassé, ne le
répare pas. Pourquoi changer de
technologie si l'autre est encore
bonne ? Les véritables questions
à poser sont les suivantes :

- Pourquoi cherches-tu à
  acheter ce bien ?

- Quel véritable vide
  cherches-tu à combler ?

Alors, la dernière technologie,
en as-tu vraiment besoin ? Si ta
réponse est : « Faut bien vivre »
ou « Faut bien se payer des
petits luxes », alors peut-être
travailles-tu trop pour rien ?

Travaille moins, vis mieux. Avec
un tel principe, tu vas être bon
pour longtemps, et je ne parle
pas que de trois ans !

LES MARQUES
EN AS-TU
VRAIMENT
BESOIN ?

Quand je pense à Nike, je pense à Michael Jordan volant vers le panier ou à Andre Agassi scandalisant Wimbledon avec ses t-shirts colorés (et on ne parle même pas ici de sa perruque). Au fil du temps, les marques sont devenues des images fortes dans notre esprit, et elles laissent peu de gens indifférents.

Exposé aux marques toute la vie durant, on les rationalise en leur accordant une valeur. C'est comme le supplice de la goutte combiné au syndrome de Stockholm : à force de se faire marteler une marque tous les jours, on finit par l'apprécier, puis par l'adopter, même si elle contraint sérieusement notre capacité financière.

Le travail des marques est très puissant, comme si en porter une prestigieuse faisait de nous un meilleur humain (les produits haut de gamme semblent aussi donner cette [fausse] impression!). Tout cela résulte d'un effet de conditionnement. Je m'amuse beaucoup avec l'exemple de la sacoche. Quelle est l'utilité de la sacoche?

Elle sert à transporter des effets personnels et, accessoirement, elle est une parure de mode. Pour certaines femmes (ou hommes), elle contient quelques essentiels comme les pièces d'identité, les cartes de crédit et un porte-clés. Pour d'autres, elle permet de parer à toute éventualité :

allant des souvenirs de l'Expo 67 jusqu'aux échantillons de parfum pour les retouches.

Tout objet a sa place dans le sac, malgré le poids de ce dernier. Techniquement, son utilité première est de transporter un portefeuille et des clés, mais c'est toujours drôle de voir une personne avec une sacoche de marque de 1000 $, alors qu'elle traîne un solde de carte de crédit de couleur rouge vin depuis des mois. **Grosse sacoche, petite poche.**

C'est bon pour longtemps !

Souvent, on entend l'argument suivant : « Ça va être bon pour longtemps ! » Un objet de luxe peut durer longtemps, oui, mais un produit standard aussi. Le prix est parfois gage de qualité, mais très rarement de façon proportionnelle. Prenons l'exemple d'une sacoche à 1000 $ « bonne pour longtemps » par rapport à celle de 50 $ censée être « bonne pour moins longtemps ».

Calculons le ratio : 1000 \$/50 \$ = 20 (ce ratio variera en fonction de la valeur qu'on accorde à une « sacoche de base »). Dans ce cas-ci, la sacoche de luxe doit durer minimalement 20 fois plus longtemps que la sacoche de 50 $ pour répondre à la logique de l'argument « ça va être bon pour longtemps ».

Donc, si la sacoche de 50 $ dure 2 ans, celle de 1000 $ devra durer au moins 40 ans pour justifier l'écart de valeur basé sur la durabilité. C'est impossible. Même si la sacoche de 1000 $ durait réellement 40 ans, on s'en lasserait bien avant.

À cela, ajoutons le fait qu'il faille financer une somme 20 fois plus élevée dès l'achat. Ainsi, économiquement, acheter une « marque à 1000 $ » en se basant sur la notion de durabilité est une ineptie.

Dans son historique de sacoches, ma conjointe en a eu deux particulières : une fausse Louis Vuitton et une vraie, offerte par un ami qui avait profité du « prix employé » de la marque de luxe. Elle est passée au travers de l'authentique aussi rapidement qu'elle est passée au travers de la fausse à 50 $.

Alors pourquoi cette différence de prix ? Parce que dans les 1000 $ que coûte la véritable Louis Vuitton, il y a un coût de fabrication ridicule. En étant généreux, on peut l'estimer à 100 $. Tout le reste est partagé entre le transport, la publicité, la mise en marché, le réseau de distribution, etc.

Le fait d'avoir un commerce phare sur les Champs-Élysées, à Paris, ne confère pas de valeur matérielle supplémentaire à la sacoche. Non, avoir pignon sur rue ne fait qu'augmenter les coûts, le prestige et la marge brute de profit de la chaîne de valeur.

Le prix permet aussi à la marque de se payer Jennifer Lopez ou Xavier Dolan comme porte-parole. **En glorifiant une marque, on crée du désir, on suscite de l'envie, on forge une personnalité. On vend du rêve, pas de la réalité.**

On aura beau porter un collier Caroline Néron ou un Tiffany à 2000 $ serti de diamants, est-ce que son utilité est vraiment supérieure à celle d'un collier avec des zircons vendu à la boutique d'accessoires du coin ? La réponse est non. C'est juste que le luxe doit être offert à tous, que tous doivent avoir accès à des images de marque.

À chaque portefeuille est associé un « niveau » de luxe correspondant à certaines marques. Par exemple, si on gagne 40 000 $ par année, un collier de 500 $ représente du luxe. Le millionnaire doit aussi avoir accès au luxe lié à sa fortune. C'est la raison pour laquelle on peut être exposé à l'indécence d'un collier à 25 000 $.

La valeur des marques

Alors pourquoi se procurer des « marques » ? Pourquoi vouloir devenir une sorte de panneau publicitaire ambulant ? Parce qu'on a réussi à nous donner l'impression qu'on faisait partie de quelque chose de plus grand que nous en les consommant. Or, il s'agit d'un sentiment d'appartenance un peu futile et sans valeur.

Probablement qu'en portant ces marques, c'est davantage notre propre admiration qu'on suscite, plus que celle des autres.

Avouez que c'est quand même étonnant d'être fier de porter un logo. Je cherche encore la satisfaction objective que cela procure. Quoi qu'il en soit, la recette fonctionne. Quand une vedette porte une marque, on se projette dans sa peau. Pourtant, on ne se sentira jamais mieux qu'en étant soi-même, et surtout pas en arborant une marque.

Le marketing déjoue la rationalité. Il n'y a aucune logique à payer un t-shirt 75 $ ou 100 $ quand il est d'une facilité déconcertante de se faire faire un t-shirt personnalisé et de qualité, sans payer ce prix.

Les marques sont aussi un outil d'acceptation sociale : un genre de police d'assurance de non-rejet. Bien que ce soit futile, acheter telle ou telle marque adoptée par un groupe d'amis équivaut à accorder sa confiance à une certaine tranche de la population.

Je me souviens d'un cours de comptabilité que je donnais à l'université. Histoire d'y mettre un peu de dynamisme, je questionnais les étudiants, mais au lieu de les appeler par leur nom, je les appelais par les marques qu'ils affichaient :

Monsieur Apple ou madame Michael Kors, pouvez-vous répondre à la question ?

Parfois, je jouais à l'innocent qui ne connaît pas les marques :

Oui, monsieur avec le chandail d'Ultramar, pouvez-vous répondre à la question ?

Ce n'est pas Ultramar, c'est American Eagle !

Ah, ça ressemble vraiment à un chandail d'Ultramar.

40

Voilà une façon de détruire la fierté de porter un chandail coûteux : associer l'objet de prestige à son opposé. J'avais beaucoup de plaisir à les voir se moquer de leur prof *out,* qui ne connaissait pas les marques en vogue.

Les réflexions de ces étudiants au début de la vingtaine étaient teintées de deux sentiments : d'abord, de l'étonnement, et ensuite, de l'incompréhension. Ils étaient étonnés que la culture de leur chargé de cours n'incluait pas ce qu'eux considéraient de plus précieux à cet instant. Ils ne comprenaient pas non plus mon détachement à l'égard des logos.

Est-ce que mes petites blagues suscitaient des réflexions profondes ? Je ne crois pas avoir eu cette influence. Par contre, quand on sème une graine, il faut l'arroser. À force de l'arroser, je me dis qu'elle finira par germer.

Le désir d'hier et l'inutilité de demain

Avec les années, les marques changent, la mode évolue, mais le phénomène perdure. Une année, c'était Burton, une autre, c'était Tommy Hilfiger. Il y a aussi eu les manteaux Canada Goose : les fameux manteaux tous pareils. Dans les corridors de HEC Montréal, c'en était presque une farce.

Voir autant d'étudiants acheter des manteaux d'hiver à 600 $, c'est aussi contradictoire que de voir Georges Laraque jouer en avantage numérique pour les Canadiens : une curieuse allocation des ressources. Qui ne se souvient pas des célèbres t-shirts Vuarnet ? Ils ont complètement disparu de la carte, sauf quelques exemplaires encore en bon état dans les comptoirs de l'Armée du Salut.

Un autre phénomène : les tablettes et les ordinateurs. Qui a réellement besoin d'un Mac à l'université ? Quand on est graphiste ou dans un domaine spécialisé, la logique peut justifier l'achat d'un tel outil de travail.

Ce qui est fascinant, c'est de voir le nombre de personnes achetant un MacBook Pro pour faire du traitement de texte. Sérieusement? Outre montrer la petite pomme en classe et créer un « sentiment d'appartenance », est-ce que cela accélère la rédaction d'un travail? La majorité des étudiants pourraient se contenter d'un ordinateur à 600 $, mais ils veulent plus. Pourquoi? Parce que c'est plus beau? C'est une drôle de mentalité.

Il fut une époque où l'ordinateur était beige et laid. Ce qu'on attendait d'un ordinateur, c'était d'abord et avant tout de la performance. Les temps ont bien changé. Pourtant, l'utilité est la même. C'est qu'aujourd'hui on vend aussi l'apparence, le design associé à la marque. Cela participe aussi au sentiment d'appartenance généré par les logos.

Les utilisateurs d'Apple ne sont pas seulement des consommateurs; ils sont parfois des disciples. Des disciples prêts à écouter la grand-messe annuelle, au moment de la sortie des nouveaux produits. Des disciples prêts à défendre la marque et à participer à l'obsolescence programmée. **Le marketing a gagné, la raison a perdu.**

Un autre exemple de désir induit par le marketing : les guitares. J'ai toujours rêvé de posséder une Gretsch, une Gibson ou une Fender Telecaster. Pourquoi? Parce que les musiciens internationaux sont de véritables hommes-sandwichs de la planche de bois sonore accordée. Chaque fois que la caméra montre un musicien exécutant son solo, l'image insiste sur la guitare. D'ailleurs, les changements d'instruments au cours d'une performance ramènent l'attention sur l'instrument et accentuent la présence de la marque.

J'en ai toujours rêvé, mais est-ce que mon talent vaut la peine d'investir 3000 $ dans une guitare? Jamais. Même si mon talent le justifiait, est-ce que je gagne ma vie en faisant des accords? Non plus. Alors pourquoi aurais-je besoin de guitares de marques prestigieuses? Parce que les ententes entre les musiciens et les fabricants servent à nous faire désirer l'instrument de l'expert.

Si Bruce Springsteen joue de tel instrument, ce dernier devient alors la référence en matière de bon vieux rock américain.

Les marques nous projettent dans la réalité attirante d'un autre. Notre cerveau fait une association et manque aussi d'esprit critique quand vient le temps de donner un sens à notre interprétation des marques. Quand une vedette s'associe à tel produit, est-ce logique? Endosse-t-elle vraiment le produit ou plutôt le chèque qui y est lié? Est-ce qu'Eugenie Bouchard se bourre vraiment de Coke Diète?

Il arrive aussi que la valeur de la marque ne fonctionne plus avec la réalité. Prenons l'exemple de la joueuse de tennis Maria Sharapova. Elle affirme prendre des médicaments pour prévenir ou traiter le diabète, très présent dans sa famille. D'un autre côté, elle a sa propre marque de bonbons, Sugarpova. Honnêtement, n'est-ce pas là un illogisme d'image?

Les athlètes et les personnalités s'associent à des marques sans que leur expertise ou leur comportement apporte quoi que ce soit de plus au produit. Pourtant, notre cerveau accepte parfois ce genre d'incohérence. Si Sharapova s'associait à une compagnie de raquettes, ce serait beaucoup plus cohérent que de la voir sucer un bonbon.

La conscience de notre faiblesse

Les marques laissent leur marque dans notre cerveau. C'est du vent, on le sait, on le sent. On ne peut expliquer pourquoi on est esclave des marques à certains égards. On a un biais cognitif de représentativité. Plus on entend parler d'une marque de façon positive, plus notre cerveau lui confère de la valeur. Il faut juste en être conscient.

Par contre, certaines marques sont si ancrées dans notre inconscient qu'elles s'apparentent à un tatouage et s'imprègnent dans notre processus de réflexion. On ne choisit plus un produit parmi les marques facilement disponibles, mais on exige UNE marque, pour laquelle on a un préjugé cognitif favorable. Il est très difficile de se libérer de ce réflexe d'opter pour une marque connue ou prestigieuse, même si la différence de prix représente une somme substantielle à mettre sur la table.

La preuve?

Pourquoi ne pas acheter la marque maison d'un médicament à la pharmacie alors que les ingrédients et les propriétés médicinales sont exactement les mêmes que ceux du produit original publicisé à la télévision?

Pourquoi acheter telle eau de source plutôt que telle autre? Quelqu'un détecte-t-il vraiment une différence de goût? Pourquoi acheter de l'eau pétillante embouteillée à l'autre bout du monde plutôt que celle qui provient de la source locale?

Pourquoi acheter du sel autre que la marque la moins coûteuse? Du S-E-L : NaCl! $?!?!$ Depuis quand peut-on mettre une valeur différenciée à deux éléments du tableau périodique qui ont été regroupés? « Oui, mais c'est du sel de MER! » Eh misère! (Mon éditrice me précise qu'elle préfère le sel de Maldon sur ses tomates. Je lui promets d'essayer.)

Consommer un produit en fonction de la marque, c'est comme une manière d'avouer notre faiblesse. Oui, le consommateur peut apprécier certains produits et acheter une marque par défaut et non pour son prestige. Mais, en 2016, un monde sans marques est impossible à imaginer. Même les espaces naturels ont une marque. Même les régions géographiques sont une marque. Tout est une marque. Si ça continue, le prochain directeur général des Canadiens de Montréal s'appellera « Marque Bergevin ».

Tout adulte vivant dans une société de consommation verra son jugement faussé par la reconnaissance de la marque.

La marque est une promesse de qualité, de prestige, de service, de fiabilité, de confiance, etc.

La marque représente ce que l'entreprise construit grâce à sa réputation ou à l'aide de la publicité.

Oui, une image de marque peut être associée à une véritable valeur, mais est-ce vraiment la raison pour laquelle on se la procure?

Alors, les marques: en as-tu vraiment besoin? Non. Par contre, si t'as tout prévu côté épargne, tu peux bien te gâter. Parce que te gâter et profiter de la vie, c'est tellement porter des vêtements griffés (#sarcasme) et ça fait de toi une personne vraiment plus intéressante (#sarcasmeprisedeux).

NÉGOCIER

EN AS-TU VRAIMENT BESOIN ?

L a vie est une perpétuelle négociation. Il y en a toujours eu et il y en a partout. Et ça commence tôt : les enfants sont les champions de la négo, ils ont ça dans le sang, notamment pour repousser l'heure du dodo.

Papa, est-ce que je peux écouter
La guerre des tuques ?

Juste si tu te brosses les dents et que tu vas te coucher tout de suite après.

Oui !

Promis ? Dodo, tout de suite après ?

Oui !

Évidemment, dès ce moment, je sais. Il a gagné la négociation. Pourquoi ? Parce que je n'ai pas de levier s'il me pique une crise après le film. Disons qu'il refuse de se coucher, je peux le punir de plein de façons. Par contre, je ne pourrai pas avoir de contrôle sur la seule chose désirée : la sainte paix dont j'ai besoin pour travailler ce soir. Alors, après une heure et quelques minutes, il arrive ce qui devait arriver…

Bon, ton film est terminé, va faire dodo.

C'est pas juste, je n'ai même pas eu le temps de jouer. Moi, je n'aime pas faire dodo. (Tiens, on dirait le Schtroumpf grognon!)

Édouard, tu avais promis. (Utilisant le ton d'un papa qui pense négocier de façon rationnelle avec un enfant de quatre ans et demi.)

MOUUUAAAHHHHHHHHHHHHHHHH!

Va faire dodo!

Moi, je veux une histoire, dit-il d'un ton piteux.

Va dans ton lit, papa va te «compter» une histoire. (Parce que pour un comptable, chaque histoire «compte».)

Voilà, il vient d'acheter une prolongation gratuite au contrat. Le contrat était de se coucher, il en veut un peu plus. Il utilise son levier: il sait que je veux qu'il dorme et que c'est ultimement lui qui, ne craignant aucune sanction, a le gros bout du bâton.

Papa est fatigué, il fera n'importe quoi pour avoir la paix, et la maison est trop petite pour qu'il puisse endurer une crise hystérique. Après, il utilisera la stratégie classique d'étirer au maximum ses options avec la stratégie de la dernière demande:

Je veux de l'eau.

Deux minutes plus tard :

> **Je veux que tu me flattes.** (Mon fils se prend assurément
> pour un chien.)

Cinq minutes plus tard :

> **Tu ne m'as pas chanté mes chansons !**
> (Parce que *Frère Jacques,* évidemment, c'est à lui !)

Finalement, il vient à bout de son interlocuteur en l'épuisant.
En d'autres mots, mon fils utilise la stratégie **« demander une
dernière chose avant de conclure la transaction ».**

C'est un truc facile d'acheteur qui négocie. Lorsque vous voulez
négocier avec un vendeur, juste avant de conclure la transaction,
demandez-lui une dernière chose futile. Dès le départ, il faut
trouver quelque chose d'infime par rapport au montant total de
l'achat. Pour ne pas perdre la vente, le vendeur vous l'accordera.

Par exemple, vous magasinez une piscine hors terre de 5000 $.
Avant de serrer la main du vendeur à la fin, vous dites :

> **Je vais l'acheter aujourd'hui si vous me
> donnez la bâche pour la couvrir l'hiver.**

Vous savez que ce n'est pas vraiment important au net, mais c'est
quand même plus de 100 $ que vous n'aurez pas à débourser plus
tard. Aux yeux du vendeur, risquer de perdre la vente pour un prix
de détail dérisoire ne vaut pas la peine, voilà pourquoi il accepte
votre demande dans la plupart des cas.

Le vendeur a un rôle de conseiller. Il est censé connaître ses
produits mieux que vous. Mais rappelez-vous que, dans une
entreprise, le but est de vendre. Personnellement, je n'en veux pas
au vendeur de vouloir vendre, c'est son travail. Je suis une proie,

il est le prédateur. Reste à savoir si je suis masochiste ou si je préfère prendre le dessus sur lui.

Aussi sympathique soit-il, le vendeur n'est pas vraiment un conseiller ; c'est un spécialiste de la transaction. Quand il vous serre la main, il y a un petit bonhomme dans sa tête qui saute de joie : il vient d'encaisser un revenu de plus. Il faut bien qu'il mange, et vous avez besoin de votre achat.

Ainsi, quand un vendeur adopte la stratégie du conseiller-ami, c'est comme un chasseur qui place ses appâts tout en regardant le chevreuil dans sa mire : l'objectif est semblable. Il faut bien mettre du beurre sur la table. Toutes les étapes de la négociation ne sont qu'un jeu. Pour bien performer, il faut simplement accepter de jouer.

Lire la stratégie du vendeur

Parfois, pour conclure une transaction, le vendeur utilisera la stratégie classique du **faux dilemme :**

> **Bon, vous allez prendre la guitare signature ou le modèle *custom* ?**

Ici, le consommateur se fait tasser dans l'enclos des acheteurs. Il venait pour regarder, pour réfléchir, mais voilà que le vendeur ne lui laisse pas la chance de penser, car il veut éliminer la possibilité qu'il n'achète pas. Donc, le discours s'oriente vers la transaction, vers un choix à faire. Le consommateur, parfois mal à l'aise, précipite alors son achat. Victime innocente mais consentante du faux dilemme, il a été tassé dans l'enclos du décaissement immédiat. Il a perdu, l'autre a gagné. J'utilise souvent cette stratégie avec mon fils :

> **Édouard, tu veux mettre ce chandail ou ce chandail ?**

> **Tu veux aller au Biodôme ou au parc ?**

C'est tellement efficace. Un vrai jeu d'enfant !

Savoir se protéger

Il y a aussi la stratégie que j'appelle **le piège.** Le client est une boîte noire. Quand il entre dans un magasin, il se fait juger sur son allure, son attitude, son empressement, etc.

Cependant, plusieurs renseignements le concernant ne sont pas accessibles au vendeur. Alors, quand le client hésite à consommer, le vendeur cherche à obtenir de l'information sur lui. Il lui tend un piège en lui demandant : « Qu'est-ce qui pourrait influencer votre choix ? » Si le client répond sincèrement, il a perdu et tombe dans le piège.

Si le prix est un problème, le vendeur lui suggérera un article bien moins cher. Si c'est la qualité qui fait hésiter le client, il misera sur le haut de gamme. Si le client fournit de l'information, il se fera pousser dans le bon coin. Parce que la vente, c'est un arbre de décision : chaque information mène à la finalité, qui consiste à faire la bonne transaction pour le bon consommateur. Ce que j'appelle le piège, on pourrait appeler cela du conseil. Par contre, un bon conseiller demanderait : « En as-tu vraiment besoin ? »

L'erreur de débutant qu'il ne faut pas commettre en négociation est **le biais d'ancrage.** Le premier qui donne un chiffre a perdu. Par exemple, quand je dis à mon fils : « Si tu es gentil, on ira peut-être au Biodôme », je viens de lui indiquer que je suis prêt à aller au Biodôme. Cette information est ancrée dans son cerveau : aujourd'hui, papa est prêt à aller jusqu'au Biodôme, il s'est commis, on peut aller jusque-là. Le même principe s'applique en négociation.

Soyez certain que, à la question « quel est votre budget ? », si vous répondez « 30 000 $ », vous vous ferez proposer un prix tout près ou légèrement plus élevé que 30 000 $, même si un produit de gamme inférieure, donc moins cher, vous avait convenu. Vous précisez votre limite… pourquoi le vendeur n'en profiterait-il pas ?

Ça me rappelle un restaurant à la mode où j'avais mangé avec ma conjointe. C'était sur le boulevard Saint-Laurent : une frontière pour un Anglo du « Waste Island » (*sic!*). Le serveur arrive. Un classique : un gars de 25 à 28 ans, à la moustache digne du colonel Sanders. C'est un *hipster*. Il ne sourit pas, car ça lui enlèverait son côté mystérieux. Il prend un accent légèrement international, même s'il a grandi dans un quartier populaire (j'extrapole).

Puis il arrive à la stratégie du biais d'ancrage. Je lui parle d'un vin blanc que son patron proposait dans ses activités de traiteur. Il s'informe et m'indique que ce vin ne figure pas sur la carte. Toutefois, il peut me proposer un blanc similaire qui conviendra au menu.

On veut payer environ combien ?

Disons 60 $. (Ce qui est déjà trois fois le prix du vin équivalent à la SAQ.)

J'ai quelque chose en tête, je vous reviens.

Il se dirige vers le cellier et revient.

Voici, celui-ci est un peu plus cher, mais ce sera dans votre palette.

Qu'est-ce qu'on entend par « un peu plus cher » ?

78 $.

78 $??!!! C'est 30 % de plus que le prix dont je vous avais parlé.

Vous n'allez pas le prendre ?

Non.

J'ai un ton sec. Le serveur veut profiter du fait que le client moyen se sent mal de retourner une bouteille pour une raison budgétaire. Personnellement, ça ne me gêne aucunement. Je connais ma limite, et cette bouteille, je n'en avais pas vraiment besoin. Au bout du compte, ce serveur sait très bien que cette hausse de 18 $ lui apportera au moins 3 $ de plus de pourboire, sans qu'il ait un effort supplémentaire à faire. Peu importe le prix de la bouteille, son travail est le même.

Voici, il y a celle-là qui est très bien. C'est 52 $.

Grâce à la stratégie du biais d'ancrage, le serveur aura donc tenté de me vendre une bouteille 26 $ plus chère que celle qui a finalement fait mon bonheur. Implicitement, nous nous sommes livrés à un jeu de négociation. Bien sûr, on n'a pas négocié le prix ; on a simplement négocié la bonne bouteille pour mes besoins.

Dans la panoplie des stratégies de vente, il y a aussi le fameux **« à ce prix-là, je dois aller voir mon *boss* »**. C'est toujours drôle de voir la séquence de négociation. Le but est simple : faire croire au client qu'il a atteint la limite de ce qu'il est possible de négocier.

Cette stratégie sert à flatter l'ego du client. Souvent, le patron vient voir le client avec le vendeur pour discuter et lui démontrer que « c'est une approbation spéciale ». Dans les faits, il n'en est rien, c'est au contraire monnaie courante[1]. Le but est de chercher à maximiser sa marge brute. Lorsque le client aime négocier, le commerçant s'ajuste. **Quand on consomme, si on ne demande rien, on n'obtient rien**[2].

La preuve ? Un de mes amis a déjà négocié un tire-lait chez Jean Coutu. Il est arrivé à la caisse et a demandé à voir le gérant. En quelques minutes, il avait obtenu un rabais de 10 % sur l'appareil en question. Qui aurait eu l'idée d'essayer de négocier chez Jean Coutu ? Évidemment, on ne fait pas ça pour tous les produits, mais pour les produits chers qui ne se vendent pas tous les jours, il est possible que le gérant veuille réduire ses stocks.

---

1 Comme dans l'émission *Les Bougon* où l'oncle innocent va négocier une voiture.
2 Tiens, pourquoi ne pas lire *Demandez et vous recevrez,* de Pierre Morency ? (Les Éditions Transcontinental, 2002)

Terminer la partie

Le plus grand risque que court le vendeur est de ne pas vendre, et le plus grand risque de l'acheteur est de payer trop cher. Alors, ne pas acheter ou reporter l'achat est souvent un comportement tout à fait logique.

Il ne faut pas avoir peur de démontrer son indifférence au sujet de l'achat d'un produit ou d'un service. On négocie, mais il faut toujours se souvenir qu'en cas d'erreur de négociation, on a toujours l'option de sortir du commerce pour mieux y revenir quelque temps après. **Les meilleurs achats sont souvent ceux qu'on n'a pas faits.**

La négociation est partout. C'est un jeu. Il faut juste apprendre à jouer. Vous n'aimez pas jouer à ce jeu? Vos finances personnelles souhaitent sûrement le contraire.

Notre vie entière est un long jeu de négociation. On n'a qu'à penser à la carrière professionnelle, par exemple. On l'oublie souvent, mais le salaire et la position dans une entreprise résultent aussi d'un jeu de négociation. On négocie son salaire pour augmenter ses revenus et on négocie le coût de ses achats pour minimiser les dépenses.

Ainsi, la négociation affecte deux colonnes : celle des revenus et celle des dépenses. Notre marge de manœuvre financière est le fruit d'une multitude de négociations.

En somme, il faut être riche pour ne pas négocier. Chaque fois qu'on transige sans négocier, on subventionne les négociateurs. Alors, as-tu les moyens de ne pas négocier?

LE CONFORT
EN AS-TU VRAIMENT BESOIN ?

La célèbre phrase : « Le confort rend fort con » résonne dans ma tête depuis la première fois où je l'ai entendue. C'est un énoncé intéressant, autant pour sa signification imagée que pour sa sonorité.

Beaucoup de nos choix économiques sont influencés par cette quête de confort. Pourquoi prendre l'auto pour aller faire une course à moins d'un kilomètre de la maison plutôt que d'y aller à vélo ? Pour ne pas avoir chaud, pour diminuer l'effort, pour gagner du temps (pas toujours vrai), bref, pour un gain de confort.

Dans la pyramide des besoins de Maslow se trouve la sécurité. Aujourd'hui, on pourrait presque, dans cette même pyramide, donner au besoin de confort la même importance que ceux de l'estime, de l'appartenance et de l'accomplissement de soi.

En fait, quand on vit dans le confort, c'est comme si nos besoins et nous-mêmes formions un tout. **Plus le confort croît, plus il gonfle l'estime de soi :** on admire le confort qu'on a réussi à se payer, comme si l'atteinte de celui-ci était un but ou un accomplissement en soi.

On se bâtit une vie, on se dote de ce qu'on croit être des biens ou des actifs de base : laveuse, voiture ou maison. Puis vient le désir d'être autant à l'aise que les autres.

Quand on invite les amis à la maison, on en profite pour leur dire : « Regardez ma piscine (ou le sofa) que je me suis payée. » Comme si c'était un élément de valorisation sociale.

Dès qu'on entre chez l'autre, le jeu des comparaisons s'amorce. A-t-il, a-t-elle atteint un degré de confort plus grand que le mien ? Une partie inconsciente – ou non – de notre cerveau est alors affectée. Les amis, c'est comme du marketing gratuit pour la société de consommation ou comme des partisans des Canadiens de Montréal : ils portent en eux cette envie d'être des panneaux publicitaires ambulants.

Le besoin de confort fait partie de l'objectif commun. Dans une société où il n'est plus nécessaire de combattre pour survivre, notre esprit a choisi un combat plus superficiel : qu'il s'agisse d'extase gustative en s'empiffrant de malbouffe, du plaisir des yeux en admirant le cuir d'une voiture neuve ou du regard « réconfortable » de l'autre sur soi, on cherche toujours une certaine dose de confort.

Un jour, cependant, on en vient à oublier ce qu'est l'inconfort. On perd l'habitude de l'effort, du sacrifice, de l'investissement et du dépassement. On finit par se dire : « Chus de même et c'est ça qui est ça. » Finalement, cette quête de la facilité et du bonheur sans désagrément cause peut-être notre perte.

La drogue du confort : la quête de l'inertie

Faire attention à ses finances personnelles comporte un coût de renonciation. Gagner des revenus supplémentaires demande des efforts constants, de la même façon que couper dans ses dépenses.

Il est toujours plus agréable de manger un sandwich à la boulangerie entouré d'êtres humains que de se préparer un sandwich dans la solitude de son foyer. De la même façon, il est plus facile de se décomposer petit à petit tous les soirs devant la télévision plutôt que d'aller courir durant 30 minutes.

Le confort est cette drogue qui nous appelle comme une rage de sucre. En bout de piste, il donne lieu à des choix économiques discutables.

Renouveler perpétuellement des biens éveille en nous un autre type de confort, celui d'être optimal ou à jour. On refuse d'être dépassé. C'est comme un confort de l'esprit de ne pas « être dépassé ». On veut demeurer à l'affût de ce qui se fait de nouveau, comme si cela représentait une façon de rester jeune ou de vieillir moins vite.

Pourtant, cette recherche de confort ruine non seulement le portefeuille, mais aussi l'esprit. Elle s'imprime dans ce dernier et engendre une inertie de plus en plus grande. Si bien qu'un jour, au nom du confort, on ne veut plus changer : on stagne dans notre courbe d'amélioration. On atteint un sommet, une dérivée première donnant zéro sur la courbe de l'amélioration continue (celle-là, c'est pour les *nerds*).

Le confort amoureux

Dans ce voyage vers l'agrément, l'amour ne fait pas exception. Une vie amoureuse « confortable », bien établie, stoppe l'envie de recommencer à zéro une nouvelle fois. L'inconfort d'une relation insatisfaisante, mais stable, s'avère parfois un moindre mal que ce que pourraient créer l'incertitude et la douleur provoquées par une rupture.

De la même façon, il y a moins d'inconfort à mettre fin à une relation à peine entamée qu'à s'y investir. Le compromis est source de désagrément, l'atteinte de la perfection demeure impossible et sa quête entraîne un bien-être variable. Plus le confort nous plonge dans l'inertie, plus on se méfie du compromis, du partage de sa vie et de son évolution.

La comparaison perpétuelle

Se battre pour faire sa place, déployer cet effort soutenu pour atteindre ses buts, peut facilement être jugé par d'autres. On compare les degrés de confort. Au lieu de dire « elle travaille beaucoup trop », notre cerveau reformule en disant qu'« elle est prête à accepter beaucoup plus d'inconfort que moi ».

On revient à la notion d'envie. On envie la capacité qu'a son prochain de soutenir, d'accepter l'inconfort, parce que l'inertie de son propre esprit n'est plus à même de tolérer un tel écart de confort. Nier les possibilités offertes pour maintenir un confort dont on se satisfait devient comme un réflexe.

Notre rapport à l'environnement s'inspire aussi de cette volonté de confort. On se définit en tant que « vert » aussi longtemps qu'on ne doit pas faire d'effort supplémentaire pour adopter un comportement plus responsable. On mettra volontiers un contenant de plastique au recyclage, mais seulement si un bac est à notre disposition, et on optera pour celui-ci afin d'éviter l'inconvénient de devoir traîner le contenant de plastique jusqu'à la maison en vue de le recycler.

Il en est de même pour le confort psychologique procuré par le choix « vert » de la voiture électrique. Techniquement, on paye plus cher pour s'en procurer une, ce qui crée un inconfort substantiel. Par contre, est-ce qu'on réduira sa consommation d'énergie ? Pas à 100 %, car une solution verte consomme aussi de l'énergie au moment de sa fabrication et de son utilisation. L'énergie : une ressource rare, et, même si l'impact environnemental est moindre, il y a en a un.

Même chose pour la douche : au Québec, on préfère gaspiller de l'eau chaude plutôt que de se savonner en fermant l'eau. On troque de l'eau qui coule inutilement durant plusieurs minutes contre le bien-être apporté par la chaleur.

De la même façon, on chauffe sa maison à deux degrés de trop parce qu'on trouve agréable de porter des manches courtes l'hiver.

Et on n'a qu'à penser à la popularité de tous ces démarreurs à distance : un produit de la société de confort. **Après la société de consommation, on a atteint la société de « confortation ».**

Puis il y a ce désir un peu bizarre « d'être bien équipé » (au sens matériel du terme). Cumuler tous les biens pour effectuer toutes les tâches, bien qu'elles soient rarement exécutées. Une fois un certain degré de confort atteint, on tombe dans le ridicule de la collection.

Collectionner des choses, en plus d'occuper l'esprit, comble un vide. C'est comme une preuve tangible du temps qu'on accorde à quelque chose, une façon de colorer notre existence. Aujourd'hui, le désir d'accumuler des biens me semble bien futile.

Travail « confortable » et heureux ?

Au même titre que les relations de couple, le travail peut se transformer en grande source de confort ou d'inconfort. Un travail ordinaire procurant un salaire appréciable constitue souvent une entrave quand on souhaite être plus heureux professionnellement.

Par ailleurs, un travail satisfaisant ne couvrant pas les frais du loyer peut-il être défini comme suffisant ?

Professionnellement, il faut cumuler l'inconfort du risque, du travail, des heures supplémentaires, du développement des compétences et se faire « connaître par son marché potentiel » pour un jour vivre la satisfaction de se vendre à « juste prix ».

Prenons l'exemple de la « permanence » dans le système public et du régime de retraite à prestations déterminées : ce sont là deux sources de confort professionnel qui rendent l'employé prisonnier de son emploi. S'il aspire à autre chose, il prendra sa calculette. S'il sait compter, il verra qu'après 10 ou 15 ans de service, il n'osera pas faire le saut dans un autre type d'emploi, car le coût de renonciation sera trop grand.

Le régime à prestations déterminées n'est payant que si on atteint l'âge de la retraite pendant qu'on occupe le poste. L'euphorie des nouveaux défis et de l'accomplissement professionnels est troquée contre la certitude tranquille d'un emploi venant avec deux pantoufles.

Mais cette réalité demeure paradoxale : le fait de « survivre dans un poste » produit une assurance salaire rassurante, mais empêche souvent une personne de vivre quelque chose de plus grand encore parce qu'elle ne s'en donne pas la chance.

Ainsi, en matière de finances personnelles, on doit passer par une période d'inconfort pour un jour atteindre le confort. Il faut bâtir son actif net pour avoir une marge de manœuvre. À moins d'hériter d'une somme d'argent considérable ou de bénéficier d'un financement anormalement élevé pour la classe moyenne, on se bute un jour ou l'autre à l'inconfort. Il faut apprendre à vivre avec lui et à l'apprécier.

L'inconfort devient même, à un certain moment, une source de motivation, puisqu'on sait qu'on gagnera la capacité de s'adapter à tout et rapidement. Le confort touche au concept de gestion des attentes (voir le texte « Gérer les attentes : en as-tu vraiment besoin ? », page 295). Si on s'habitue à celui-ci, on abdiquera rapidement à la moindre manifestation d'inconfort.

Le confort peut donc être l'objectif à atteindre ou constituer un frein à l'accomplissement. Chose certaine, la quête du confort (ou son maintien) peut mettre des obstacles sur le chemin du bonheur

 absolu. Je suis, nous sommes, vous êtes, ils sont en quelque sorte esclaves de cet objectif, qui est de devenir confortablement cons. Voilà un concept qui aurait pu être une excellente adaptation d'un succès de Pink Floyd.

Le budget n'est plus équilibré ?

Tes rêves demeurent enfouis au fond de toi ?

Es-tu capable de réduire ton besoin de confort ? Ce fameux confort… en as-tu vraiment besoin ?

Ne pas se poser de questions constitue peut-être une manière insidieuse de se conforter. Mais sache que des dettes de consommation, c'est !%#*?& inconfortable quand on vise la liberté ! *Carpe diem !* (Tant que le compte d'épargne-retraite est bien garni).

LES !%#*?& DE CARTES DE POINTS EN AS-TU VRAIMENT BESOIN?

Une de mes chicanes de couple les plus inutiles et futiles a eu lieu en hiver au sujet des cartes de points.

Je me souviens très bien de ce moment. Au retour d'une soirée, ma conjointe me fait remarquer qu'on doit faire le plein d'essence. À ce moment-là, nous sommes tout près de la maison et d'un Petro-Canada.

Voyant que je m'oriente vers la station-service la plus près pour optimiser le déplacement, elle s'exclame: «Non, va au Shell!» Euuuh, pourquoi aller ailleurs? C'est de l'essence, ce n'est pas comme si notre voiture de l'époque, une magnifique Chrysler Neon tenant par la rouille, allait faire la fine bouche.

Chaque kilomètre supplémentaire exigeait d'elle un effort qui la poussait vers la fin de sa durée de vie utile. À l'aube de ses 200 000 km, cette voiture était tel un centenaire à moitié endormi soufflant les bougies d'un autre gâteau d'anniversaire. Alors, pourquoi aller chez Shell? Parce que Shell accepte l'%#*?&$? de carte Air Miles.

Ma conjointe sort alors cette phrase me puant au nez comme ce qui peut sortir du système digestif de mes propres fils : « On va avoir des Air Miles. »

Après avoir pogné les nerfs et expliqué le rendement insignifiant qu'on obtiendrait en se tapant ce détour absurde, j'abdique parce que j'ai juste envie d'aller me coucher (avec la discussion qu'on vient d'avoir, je peux oublier tout autre projet pour la soirée). Je passe donc de la rue Rachel à la rue Sherbrooke et franchis le 1,1 kilomètre qui nous mène au Shell.

Une fois à destination – youpi ! –, alors qu'on avait fait le détour pour les *!%#*?& d'Air Miles, un soir d'hiver, entre 22 h et 23 h, on a constaté que, comble du ridicule, le litre d'essence était plus cher que chez Petro-Canada. Donc, pour quelques milles Air Miles, non seulement on s'était pognés pour des bagatelles, mais on avait payé trop cher 40 litres d'essence. Bref, un outil de marketing débile a réussi à me faire gaspiller de précieuses minutes de ma vie.

Le taux de remise du programme Air Miles est microscopique. Il faut pratiquement payer l'équivalent de la valeur d'une voiture pour obtenir un mélangeur gratuitement. Lorsque ma conjointe me donne un coupon « Triplez vos milles de récompense avec tout achat », j'ai plutôt l'impression de me faire passer un coupon sur lequel il est écrit « Triplez trois fois rien ».

La fidélisation du *big data*

On sait pertinemment que les points représentent un outil de marketing utilisé à des fins de fidélisation de la clientèle et de profilage des habitudes de consommation. On sait aussi que si on ne participe pas à ce système, on payera de toute façon le prix de celui-ci pour ceux qui l'utilisent.

Sachez qu'**il y a une règle indubitable : consommer pour faire des points devient une lubie.** Ici, on ne parle pas des points de cartes de crédit, mais des points de fidélité « gratuits » liés à un système de cartes de magasins.

De plus, tout ça rend le portefeuille semblable à un classeur à six tiroirs. Avec toutes les chaînes de magasins qui ont leur programme de fidélité, on se retrouve avec une carte par épicerie, par pharmacie, par quincaillerie, par boutique de vêtements, etc. Sans oublier les cartes qu'un citoyen ou un parent doit avoir sur lui.

Elle est loin l'époque où je sortais, la clé dans le cou, sans portefeuille, sans argent, sans pièce d'identité. Oui, l'enfance est le dernier tronçon de la liberté. Le téléphone intelligent viendra éventuellement régler au moins une partie du problème de cette accumulation de cartes.

 Une chose est sûre, on ne peut se sentir plus épié que maintenant. Un genre de *Big Brother* du marketing nous surveille, compile nos données et effectue du profilage.

Pourquoi toute cette accumulation de données? Pour fidéliser le client, pour l'attirer, pour le vendre. Le commerce de détail ne vend plus que des produits, il vend des consommateurs acheteurs de produits et services. Ainsi, on peut l'attirer avec un produit-vedette vendu à perte et lui faire acheter une série de produits à plus grande marge de profit. Pour accumuler des points, ce client reviendra plutôt que d'aller chez le concurrent.

Dès qu'on utilise la carte de points, on choisit de laisser sa trace partout. C'est l'échange que nous acceptons maintenant comme client: donner nos informations en échange de bonbons. Nous sommes coincés dans un système de marketing auquel nous sommes forcés de participer sous peine de laisser un rendement financier sur la table. Alors, en moutons dociles, nous troquons notre vie contre quelques dollars.

Des exemples concrets

Des enseignes comme David's Tea proposent un programme de points dont tout solde inférieur à 100 points est remis à 0 tous les 31 décembre si on oublie de les échanger contre des produits. En somme, on force le client à retourner souvent consommer dans les commerces de cette chaîne pour profiter de ses points.

Il faut dépenser 100 $ en thé pour recevoir gratuitement 50 grammes de thé. Le client doit cependant savoir que « toutes les récompenses de thé gratuit expirent 60 jours après leur émission[1] ». L'entreprise sait bien que lorsque le client vient réclamer du thé gratuit, il sera tenté de consommer un peu plus.

Le but, c'est de l'attirer une nouvelle fois dans l'une de ses boutiques et de le persuader de ne pas aller consommer chez la compétition. De plus, puisque le thé est un produit différencié[2], il est très difficile pour le client de comparer les prix d'un commerce à un autre.

D'ailleurs, ce n'est pas le prix qui est vendu au client, mais la saveur. Ce n'est qu'à la caisse que le client comprend le coût de son achat. Tout de même, celui-ci est très content de payer son thé trop cher parce qu'il aura du thé gratuit dans trois mois. On ne fait pas de cadeau, on incite plutôt le client à… payer d'avance.

Il y a quelque temps, même la Société des alcools du Québec a instauré ce type de programme de fidélisation. Alors là, c'était le « boutte du boutte ».

La SAQ, le monopole de l'alcool au Québec ! Pardon, le quasi-monopole, parce que du vin d'épicerie, ça existe, et du vin de dépanneur aussi. En effet, quoi de mieux qu'un bon Caballero de Chile blanc pour déboucher son évier de cuisine ou pour détacher une chemise (d'accord, cynisme gratuit, mais ça fait du bien) ?

 Ce programme, appelé Inspire, ne m'inspire pas du tout. À la SAQ, on se défend d'appeler cela un *programme de fidélisation*, mais en réalité, la substance économique

---

1 www.davidstea.com/ca_fr/faq/grand-buveur
2 Il s'agit d'un produit auquel on « ajoute de la valeur » par le marketing, par des caractéristiques ou d'autres différences objectives ou subjectives. En favorisant la différenciation, deux sortes de thé ne seront pas considérées comme identiques par l'ensemble des consommateurs.

demeure la même : plus on consomme, plus on reçoit des produits gratuits.

Implicitement, on paye le programme par l'intermédiaire du vin acheté toute l'année. On nous dit que c'est pour mieux cibler les besoins de la clientèle. Ah bon ? À mes yeux, le véritable besoin de la clientèle, c'est d'être conseillée et d'obtenir un bon vin à bon prix.

Ainsi, la SAQ donne cinq points pour chaque dollar dépensé. Il faut avoir dépensé 200 $ pour obtenir 1 $ de récompense. Si on achète 100 bouteilles à 20 $, on obtient une demi-bouteille gratuitement.

Finalement, pour avoir droit à une bouteille à 10 $ gratuitement par année, il faut boire près de deux bouteilles par semaine à 20 $ chacune. Évidemment, on peut profiter des produits-vedettes et obtenir plus de points. Voilà le piège : on va m'offrir des bouteilles que je suis censé aimer, mais aussi me pousser des produits-vedettes dans la gorge à coups de points.

En somme, finie l'époque des rabais instantanés affichés sur les bouteilles. Ils sont remplacés par un autre système de points à la consommation. Je préfère les journées où la SAQ offre 10 % ou 15 % de rabais ou en remise sur tout achat de 100 $ ou plus. Ça permet de faire des achats pour trois mois, à meilleur prix. Aucun placement en ville ne permet d'obtenir un rendement assuré de cette façon. À côté de ça, le programme Inspire ressemble plus au programme Désespoir.

Ce texte est une prise de position corrosive contre les programmes de points basés sur la fréquence de consommation et la quantité de produits consommés. Il semble que ce soit trop compliqué de se distinguer en offrant simplement de bons produits, à bon prix, avec un bon service.

La seule façon de se battre contre les systèmes de points, c'est de consommer moins ou d'aller dans des commerces de proximité où la valeur ajoutée ne nécessite peut-être pas de se payer un système de fidélisation.

La prochaine fois qu'on me parle de points, j'entre dans la douche, je me place en position fœtale et j'y reste durant une semaine. Parce que les !%#?& de cartes de points, en ai-je vraiment besoin?

L'ÉQUIPEMENT HAUT DE GAMME EN AS-TU VRAIMENT BESOIN ?

C'est toujours surprenant de voir quelqu'un se saigner au travail pour pouvoir s'acheter de l'équipement haut de gamme. La plupart des gens n'ont pas les moyens de s'offrir ces achats.

Les produits haut de gamme existent pour nous faire rêver, pour nous faire croire « qu'on le mérite bien ». Entre mériter une chose et la désirer, il y a deux mondes. Avec le mérite, on n'est plus dans le désir : on est dans la béatification de l'objet.

Un bémol en commençant

Il est facile de confondre haut de gamme et qualité. On peut posséder un bien accessible et de qualité, qui n'est pas nécessairement de luxe ou haut de gamme. En somme, le bien est durable, il coûte plus cher que le bien jetable, peut-être, car il est associé à une marque, à une campagne marketing ou qu'il est simplement prestigieux.

Quand on achète un bien, c'est la qualité qu'on devrait acheter et non pas le prestige qui y est associé. L'équipement haut de gamme est souvent de qualité, mais il est surtout destiné à un expert, à un professionnel ou à un fanatique du domaine.

Certes, le haut de gamme coûte cher et n'est pas forcément ce dont nous avons réellement besoin. Cependant, acheter de la marde coûte aussi cher, car il faut toujours la renouveler.

Le terme à retenir quand on magasine, c'est « durable ». Il faut acheter des biens durables sans tomber dans le piège du prestige. Comme mentionné dans le texte « Les marques : en as-tu vraiment besoin ? » (page 37), une sacoche Louis Vuitton peut être synonyme de prestige et de haut de gamme. Par contre, la qualité et la durabilité de l'objet sont-elles proportionnelles au prix payé ? Pas nécessairement.

Des exemples classiques

Le vélo est un bon exemple. Aucun membre du club de vélo du coin ne va prendre part au Tour de France, aucun d'eux ne gagnera sa vie sur la piste d'un vélodrome. Pourtant, on aime tellement ça, le vélo, que payer 5799 $ avant taxes pour rouler durant l'été, c'est logique ! Je suis toujours sidéré du prix payé pour les vélos. Ça prend du carbone, t'sais bien ! Les boutiques spécialisées vont-elles bientôt offrir aux cyclistes des gourdes en carbone, des chaussures en carbone et des casques en carbone ?

En 1994, j'ai acheté un vélo neuf. J'avais économisé un long bout pour sortir les 534 $ nécessaires à l'achat de mon Giant Perigeé rouge. Ah, ce n'était peut-être pas du haut de gamme, mais c'était quand même un vélo de qualité à l'époque.

Chaque année depuis 10 ans, je vais faire un tour dans un magasin de vélos. Je suis alors tenté par un vélo de route que le vendeur me présente comme « d'entrée à milieu de gamme »… pour 2000 $. Chaque fois, je commence par retourner chez moi afin de ne pas craquer sous le coup de l'impulsion (voir le texte « Une stratégie de consommation : en as-tu vraiment besoin ? », page 289). Je laisse l'excitation de la consommation redescendre, puis je continue à jouer avec mon vieux vélo de route une année de plus, après m'être demandé : « Pierre-Yves, en as-tu vraiment besoin ? » (En passant, ici, on parle du vélo *seulement.* On ne parle pas encore des pédales, des chaussures, des vêtements et des autres accessoires !)

Quand on tombe dans le haut de gamme des chaînes stéréo, là, c'est la véritable décadence. On décide d'aménager une pièce dédiée à l'audio pour y intégrer une chaîne stéréo de plusieurs dizaines de milliers de dollars et un siège permettant une écoute optimale.

Cependant, lorsqu'on est enfin en mesure de débloquer ladite somme pour se procurer un tel bien, on a souvent perdu notre capacité d'audition : on est devenu dur de la feuille ! Alors, à quoi bon acheter de l'équipement dont on ne distingue pas la qualité supérieure ?

Ce questionnement peut s'étendre aux voitures, à l'équipement de ski, aux meubles, etc. Qu'est-ce qui se passe dans notre cervelet pour qu'on ait le réflexe d'acheter des objets qui dépassent nos véritables besoins ? Pourquoi sommes-nous attirés par de l'équipement de plus en plus luxueux ou haut de gamme ? Je ne saurais le dire.

Ce que je sais, par contre, c'est que posséder un bien n'est pas un accomplissement, ce n'est qu'un état de fait. En gros, je ne suis pas devenu quelqu'un parce que j'ai acquis le dernier amplificateur McIntosh à 20 000 $.

TRUC GRATUIT ☺

Le magazine *Protégez-vous* réalise des tests objectifs sur des biens de consommation. Avant d'acheter, trouvez une source d'information indépendante qui fait le point sur le produit que vous recherchez, ce qui vous aidera à effectuer de bons choix.

Donc, pourquoi s'entêter à rêvasser à du haut de gamme ? Parce que c'est une valeur ajoutée à notre personne ? Si telle est notre perception, on serait peut-être dû pour une visite chez le psychologue. L'équipement haut de gamme : en as-tu vraiment besoin ?

74

LE BUDGET
EN AS-TU VRAIMENT BESOIN?

Tu sais que ça ne va pas. Tu ne te sens pas bien. Tu entres dans le cabinet du médecin, il te tapote, te fait dire «aaaah». Il te dit de respirer un grand coup. Il prend ta pression artérielle avec son sphygmomanomètre. Il te pèse et colle ensuite son stéthoscope froid sur ta poitrine.

Pourtant, tu sais ce que tu as, tu veux juste des antibiotiques pour ta sinusite ou ton infection urinaire. Pourquoi le médecin fait-il un examen général alors? Pour facturer un acte médical de plus, mais ce n'est pas le point dont on parle ici. Le médecin cherche les symptômes du mal et, après, il ciblera les causes et te proposera une solution: un traitement, un médicament... ou des cubes énergie.

Quand c'est une question de santé, on réagit dès que les symptômes apparaissent. On consulte, on change de comportement ou on trouve une solution pour guérir.

On devrait aussi adopter cette attitude quand nos finances personnelles sont mal en point. Un seul remède serait alors suffisant: faire un budget. Mais dans ce cas, on s'en remet souvent au déni, outil d'évitement par excellence.

Quand les finances familiales perdent la carte

Les comptes ne s'équilibrent plus, tu creuses le solde de ta carte et de ta marge de crédit. Tu t'enfonces de mois en mois. Quelque chose t'empêche de dormir, et tu ressens un inconfort chaque fois que ton portefeuille sort de ta sacoche, de ton veston ou de ton pantalon.

Tel le petit pois qui empêche la princesse de dormir, ta précarité financière détruit ton sommeil, peu importe le nombre de matelas de déni sous lesquels elle se terre. Tu sais que t'as quelque chose, mais t'as peur de te faire dire quoi.

Alors tu tentes d'oublier, mais les symptômes perdurent. Tu connais la source du mal : tu dépenses plus que tu ne gagnes : t'es endetté. Ça s'est fait tranquillement. Tu pensais pouvoir reprendre le dessus, mais non, la situation reste difficile.

Il te faut te rendre à l'évidence : tu dois faire un BUDGET (clin d'œil à MARIE-CHANTAL TOUPIN QUI AIME ÉCRIRE EN MAJUSCULES). Non, pas ça ! Donnez-moi une corvée de lavage de couches, imposez-moi 10 km de jogging quotidien, un régime sans sucre, sans sel et sans goût, mais dites-moi pas de faire un budget !

On ne frappe pourtant pas sur un clou avec un chiffon. **Le budget, c'est le marteau de ton coffre à outils financier : l'outil de base universel.** Il te permet de frapper sur les « bonnes dépenses » et les investissements, puis d'arracher certaines mauvaises habitudes.

Le budget : ton sphygmomanomètre

Le budget, c'est l'outil de mesure de la santé de ton portefeuille. Techniquement, il comprend quelques colonnes identifiant chaque poste de dépenses. Pour chaque poste, tu dois établir le budget pour une période donnée. Par la suite, il faut déterminer le montant réel qui a été dépensé et tenter d'expliquer les écarts.

Un point important à soulever : il ne faut pas oublier de prévoir un poste de provisions pour les dépenses qui ne se présentent pas chaque mois. Par exemple, si le dernier rejeton a les dents comme celles de Râteau, le personnage de Jean-Michel Anctil, peut-être serait-ce une bonne idée de provisionner chaque mois une somme partielle pour pouvoir décaisser la somme totale chez l'orthodontiste le jour où ce sera nécessaire.

La provision des dépenses importantes et des investissements à long terme permet de bâtir rapidement un budget durable.

Extrait du budget du mois de septembre 2016

Poste	Réel	Budget	Écart	Explication
Restaurant	500 $	400 $	+ 100 $	Fête de François non planifiée.
Coiffure	100 $	60 $	+ 40 $	Ça prenait des mèches !
Vêtements	600 $	300 $	+ 300 $	Il va être bon pour longtemps, ce manteau Canada Goose.
Cadeau d'anniversaire	0 $	100 $	- 100 $	Mon conjoint manquait d'envergure ; je l'ai laissé une semaine avant sa fête.
[...]				

Donc, ces quatre postes budgétaires montrent que 440 $ ont été dépensés en trop dans le mois, et qu'une dépense prévue de 100 $ a été évitée. Ainsi, dans le budget mensuel, ces postes sont responsables d'un dépassement des dépenses de 340 $. Que faire pour rétablir l'équilibre ? Où couper ? « Nulle part » n'est pas une option pour le commun des mortels. À moins de pouvoir augmenter les revenus de manière considérable, il faudra corriger le tir.

Oui, on peut jouer sur les revenus. En revanche, ceux-ci sont imposables. Si notre taux marginal d'impôt (celui sur le prochain dollar gagné) est de 37,12 % (sur un revenu actuel de 50 000 $ par année), cela veut dire qu'on doit gagner 159,03 $ de plus pour payer 100 $ de dépenses. Augmenter les revenus est peut-être une solution, mais cela créera-t-il un déséquilibre important ? (Voir le texte « L'équilibre : en as-tu vraiment besoin ? », page 113).

Jouer sur les deux tableaux est aussi une option : augmenter les revenus et diminuer les dépenses. Rappelons que, selon Equifax, la dette de consommation moyenne d'un Québécois, au premier trimestre de 2016, était de 18 182 $[1], une somme qui comprend les paiements à tempérament de la voiture, les cartes de crédit, les marges de crédit et les autres types de prêts personnels. Cette dette exclut évidemment le remboursement hypothécaire.

Quand les nouvelles rapportent que les Québécois sont moins endettés que les citoyens d'autres provinces, c'est une comparaison boiteuse. En effet, nos voisins des autres provinces ont peut-être davantage de dettes, mais peut-être gagnent-ils un meilleur revenu et sont-ils ainsi mieux en mesure de payer leurs dettes.

Des outils pour vous aider

Afin d'établir un budget utile, il est nécessaire d'identifier l'ensemble des postes de dépenses à considérer. Pour ce faire, il existe déjà des outils sur les sites Web des institutions financières.

Entre autres, Desjardins offre un fichier PDF dynamique intéressant et exhaustif[2]. En voyant la liste des postes présents, on réalise l'ampleur et la diversité des entrées et sorties de fonds de la famille moyenne. Attention : en ouvrant ce fichier la première fois, vous risquez d'avoir un petit vertige.

1   www.finance-investissement.com/nouvelles/economie-marches/dettes-les-quebecois-parmi-les-meilleurs-payeurs/a/62952
2   www.desjardins.com/wcm/idc/documents/e35-budget-f.pdf

On peut aussi consulter nos relevés bancaires (comptes et cartes de crédit) pour déterminer la nature de certaines sorties de fonds. De cette façon, on pourra aussi quantifier chacun des postes en fonction des habitudes passées.

Le processus budgétaire

Dans les entreprises, le processus administratif se divise en quatre grandes activités, représentées par le sigle PODC : planification, organisation, direction et contrôle. Cette méthode peut s'appliquer également au processus budgétaire familial.

Pour bien comprendre ce concept, prenons l'exemple de la préparation d'une sauce à spaghetti (mon collègue, au cégep, aime expliquer ce genre de chose à partir de ce qui l'intéresse : la cuisine)

P : Dresser la liste des ingrédients et planifier d'aller à l'épicerie.
O : Mettre en place les ingrédients et organiser les tâches : couper les légumes, etc.
D : Passer à l'action en allumant le feu et en mélangeant les ingrédients.
C : Goûter pendant la cuisson et rectifier l'assaisonnement, lorsque nécessaire.

Reprenons cette logique, mais selon un processus budgétaire.

Planification

- On établit le budget.

- On détermine les postes à prendre en compte et les montants prévus.

- On répond aux questions suivantes: quel est le montant d'épargne mensuel souhaité ? ; quelle est la stratégie à adopter ? etc.

Organisation

- Quel est l'ensemble des tâches à faire dans le mois ?

- Qui fait la gestion des paiements ? De quelle façon ? À quel moment ? Par exemple, on fera des virements du compte personnel au compte conjoint à une date précise, s'il y a lieu.

- Quels types de dépenses seront acceptables et lesquels ne le seront pas ?

- Qui s'occupera de la préparation des repas ? Quel jour ? Chaque mois, quelle est la responsabilité de cette personne à l'égard du processus budgétaire ?

Direction

- On fait le suivi des factures, on effectue les paiements.

- On prend des décisions mensuellement pour déterminer si une dépense doit être faite ou non.

- On surveille l'état du compte de banque pour gérer les liquidités.

Contrôle

L'étape essentielle du budget concerne le contrôle budgétaire. Si on ne vérifie pas l'équilibre du budget en fin de mois, on ne peut pas corriger les habitudes ou réévaluer certaines décisions.

Pensons à la personne qui veut surveiller son poids, se pèse, prend la décision de se mettre au régime et pose des gestes en conséquence, mais qui ne valide ni avec le miroir ni avec le pèse-personne que son plan fonctionne. En cas d'échec, elle devra retourner à l'étape de planification.

En somme, si le budget ne s'équilibre pas à la fin du mois, plusieurs raisons peuvent expliquer cette situation. Par exemple :

- **Erreur d'estimation.** On avait oublié qu'on avait beaucoup d'anniversaires d'amis durant le mois (planification).

- **Mauvaise compréhension des responsabilités.** Par exemple, on a oublié de préparer le souper, et la solution a été de commander de la nourriture (organisation). (Voir le texte « Cuisiner : en as-tu vraiment besoin ? », page 315).

- **Mauvaises décisions.** Des dépenses non essentielles se sont ajoutées, comme l'achat impulsif d'une sacoche à 400 $ (direction). (Voir le texte « Les marques : en as-tu vraiment besoin ? », page 37).

- **Déséquilibre.** En comparant les revenus et les dépenses avec le budget initial, on s'aperçoit que les dépenses ont excédé les revenus (contrôle).

Comment changer ses habitudes ?

Mon grand-père est d'une autre époque. Pour préparer son budget, au lieu d'un fichier Excel, il utilisait un système d'enveloppes. Chaque fois qu'il recevait sa paye, il la répartissait dans des enveloppes identifiées par catégories : une enveloppe pour les vêtements, une pour la nourriture, etc.

Le crédit n'étant pas une option à l'époque, il s'empruntait à lui-même. Quand il dépassait le budget d'une enveloppe, il devait automatiquement piger dans le contenu d'une autre enveloppe. Il n'avait juste pas le choix. Chaque enfant supplémentaire venait plomber un peu plus chacune des enveloppes, jusqu'à ce que l'enfant soit en âge de contribuer au budget familial.

Sans refaire cette gymnastique, tenter de tout payer comptant ou par carte de débit durant un mois est un exercice intéressant : es-tu capable de payer les factures avec de l'argent qui entre dans le compte? Par exemple, si ta paye nette par mois est de 2000 $, est-ce que l'ensemble des sorties de fonds dépasse 2000 $?

Quand on n'a pas accès à la carte de crédit ou à la marge de crédit, on ne se gâte pas, on est confronté au solde potentiellement laconique du compte courant. C'est le moyen le plus simple d'être responsable : couper les cartes de crédit si la situation devient critique. Oui, mais mes points ! Je n'accumulerai pas de points ! Ah ! misère ! Va vite lire ou relire le texte « Les !%#*?& de cartes de points : en as-tu vraiment besoin? », page 65.

Le budget : un exercice permanent?

Il ne faut pas virer fou, mais faire un budget pendant une certaine période peut finir par modifier la façon de consommer. Une fois les saines habitudes de consommation revenues à la normale, on peut refaire le budget à des moments sporadiques ou au besoin.

Le budget permet un *reality check* de l'ampleur de ses petites dépenses quotidiennes. Si tu ne fais pas de budget, comment fais-tu pour établir le prix que tu peux payer pour un achat? Au *feeling*? Tu sors le doigt dehors et tu dépenses en fonction de la vitesse du vent? Tu ne te rends même pas compte que ce dernier est généré par ton accélération soudaine sur l'autoroute.

TRUCS GRATUITS ☺

Le processus budgétaire est facilité lorsqu'on adopte de saines habitudes en matière de classement. Voici quelques trucs bien personnels pour la gestion des finances familiales.

- *Ne pas s'éparpiller.* Concentrer nos finances dans une seule institution financière permet de minimiser les points de services. En ayant tous nos actifs au même endroit, on garde un pouvoir de négociation, mais, surtout, on minimise le nombre d'intervenants. On aura accès à des versions électroniques de tous nos comptes, de toutes nos cartes de crédit et des autres services dans un seul et même lieu.

- *Penser d'avance à l'impôt.* Chaque année, je prépare une grosse enveloppe (brune… ou blanche) dans un classeur. Chaque reçu, relevé, facture et autres documents nécessaires à ma déclaration fiscale iront dans cette enveloppe dès la réception. À la fin de l'année, je ne chercherai aucun papier : tout sera là.

- *Classer ou numériser les documents.* Microsoft, Google et d'autres offrent gratuitement de l'espace dans le nuage. Évidemment, certains me diront que Google, par exemple, épie le contenu de nos courriels et documents.

À chacun de déterminer le degré de confidentialité qu'il désire avoir. Chose certaine, il faut stocker de façon sécurisée les données numériques liées aux finances personnelles : reçus numériques, factures numérisées, documents dont on veut pouvoir consulter une copie n'importe où, à n'importe quel moment.

Avec mon cellulaire, je peux maintenant avoir accès à mon «Classeur maison» virtuel. L'achat d'un numériseur recto-verso aide à éliminer du papier qu'on n'a pas besoin de conserver.

En somme, un système de classement est primordial, surtout si vous êtes travailleur autonome, avec diverses sources de revenus, ou propriétaire d'au moins un immeuble à revenus.

En fait, as-tu réellement besoin de faire un budget si tu réussis à contribuer à ton CELI, à ton REER ou au REEE des enfants selon ton plan original, tout en évitant de t'endetter? Bien sûr que non.

Toutefois, si tu n'y contribues pas, tu risques, d'après les statistiques, de faire partie de ceux qui auraient intérêt à intégrer le budget à leurs habitudes.

On est souvent plus pauvre qu'on le pense.

Fais un budget pendant un seul mois, juste pour voir. Tu devras peut-être penser à te passer d'acheter du neuf pour un petit bout? (Voir le texte « Du neuf : en as-tu vraiment besoin? », page 181).

ÉCOUTER LES AUTRES EN AS-TU VRAIMENT BESOIN ?

Les autres. Ceux qui encouragent nos actions, les critiquent, les jugent. Nous sommes tous l'autre de quelqu'un. Le plus difficile demeure de le comprendre, cet « autre ». Quelle est sa motivation derrière son commentaire, son aide ou ses conseils ? Il veut parfois notre bien, mais il cherche souvent à se conforter dans ses choix, dans ses possibilités et dans sa façon de voir le monde.

Chaque fois qu'on fait un choix différent de celui de la masse, on heurte l'autre sans le vouloir. Cet autre porte plusieurs noms et entretient diverses relations – de travail, d'amitié, d'amour, parfois teintées de haine et d'envie – qui s'entrechoquent à notre contact. Les finances personnelles ne font pas exception : l'autre a même une opinion sur les nôtres, et son regard nous influence.

Un jour, un ami a prononcé une phrase qui s'est imprégnée dans ma tête comme une ritournelle de la Compagnie créole : **« Ce que les autres ont, ça ne t'enlève rien. »** Cette phrase peut paraître banale, mais elle mettait en relief quelque chose de beaucoup plus profond. Dans ce que je lui avais dit au cours de notre conversation, cet ami avait détecté de l'envie. L'envie ronge. On envie les autres d'avoir une autre vie, une autre réalité, une autre richesse. Mais pourquoi ne pas tracer son propre chemin et se réjouir de leur parcours ?

Sur le chemin tortueux des finances personnelles, copier le voisin est un comportement qui peut se révéler hâtif. Dans « finances personnelles », il y a un mot important : personnelles. Pourquoi ? Parce qu'on ne vit pas la réalité de l'autre : on n'a pas sa chance, son apparence physique, sa santé, on n'a pas fait les mêmes études ni connu les mêmes occasions. Chaque chemin de vie crée donc une réalité financière différente.

Ainsi, juger l'autre financièrement sur la base de ses dépenses, c'est manquer le bateau de l'approche holistique. Il faut avoir marché dans les souliers de l'autre pour comprendre son parcours, ses besoins à long terme, sa capacité à prendre des risques, sa réalité personnelle et ses exigences financières. Examiner seulement ses dépenses peut faire oublier qu'il possède un actif justifiant celles-ci.

Les autres

Et voilà, dans notre parcours financier, l'autre influence nos décisions. Le film *Le mirage,* de Ricardo Trogi, reflète bien cette réalité : notre façon de consommer est nettement influencée par ce que les autres désirent.

Quand s'arrête-t-on pour se demander si c'est vraiment ce qu'on veut pour soi ? **Pourquoi consommer autant ? Pour plaire à l'autre ? Pour se comparer à l'autre ? Pour vivre avec l'autre ?** La liberté n'est pas une marque de yogourt[1], mais n'est pas non plus liée à ce qu'on possède. La liberté, c'est le pouvoir de changer de vie.

La liberté, c'est aussi le pouvoir de ne pas s'emprisonner. Difficile de rester sain d'esprit dans un monde où la pression de consommer, de performer et de se dépasser vient de partout. On veut de l'excès, on ne s'impressionne plus de l'ordinaire.

---

1 Référence au livre de Pierre Falardeau paru en 1995.

Ainsi, passer une journée dans la nature sauvage est totalement déconcertant par rapport au monde urbain. On ne peut rien y acheter. On doit se divertir sans acheter une bière. D'ailleurs, avez-vous remarqué que la rencontre de l'autre est souvent liée à une invitation à consommer? On dit: « Est-ce qu'on va prendre une bière? » ou « Est-ce qu'on va au restaurant ensemble? » On sentirait un malaise de se dire simplement: « Est-ce qu'on se rencontre? » ou « As-tu envie qu'on prenne un verre d'eau? »

Notre rapport à l'autre invite à la consommation, comme si on avait peur de ne pas avoir de but, comme si on devait consommer pour que la rencontre se déroule dans une ambiance convenable ou réponde à un objectif logique.

Les influences

Mon manteau de sport d'hiver date de janvier 2003. Il me tient encore au chaud, il est encore bon. Pourtant, presque chaque fois que je le porte, quelqu'un s'exclame: « Ayoye, t'as encore ton manteau des Jeux du commerce de HEC? Pourquoi? » Parce qu'il est encore bon. L'autre n'aime pas cette réflexion. Il a changé le sien trois fois depuis ce temps, parce qu'il en avait « vraiment besoin ». Le curseur de la fermeture éclair est cassé? Qu'à cela ne tienne, on change le manteau.

Même si mon manteau est un peu défraîchi, je le garde, par conviction, par obstination peut-être. Juste pour me prouver que je ne suis pas un esclave de la consommation tous azimuts. Sans le regard de l'autre, je n'aurais aucune incitation logique à le changer. À 37 ans, on commence à se foutre pas mal de ce que les autres pensent de nos vêtements. C'est peut-être pour ça qu'on rit du look des plus vieux parfois. En fait, eux, ils ont peut-être compris. **Pourquoi jeter ce qui est encore bon? D'où vient ce désir de changer à outrance?**

Il faut dire que la vie d'étudiant est une extraordinaire période d'austérité financière. Je me souviens de mes souliers mangeurs

89

de camions[2] à HEC Montréal, ou de ce fameux chandail que je portais trop souvent. Un camarade de classe m'avait alors fait remarquer : « Tu l'aimes, han, ton chandail ?… » Il ne comprenait pas d'où je venais, il ne pouvait pas savoir. Faire son université avec deux ou trois pantalons portés en permanence, c'est une réalité pour plusieurs. Moi, j'avais peur des dettes comme de la peste.

Se forger une carapace pour faire face au regard des autres n'est pas une tâche facile. La perception des autres influe sur notre valeur sociale, notre « valeur marchande » en tant qu'individu. Dis-moi ce que tu portes, je te dirai dans quelle ligue tu joues.

Aussi bizarre que cela puisse paraître, à cause de Séraphin et des *Belles histoires des pays d'en haut,* il est presque mieux vu au Québec de vivre à la limite de son crédit que de se faire traiter de *cheap* comme Rénald dans *La petite vie.*

L'heure des choix

Pourtant, faire certains choix ne signifie pas être *cheap*; cela veut simplement dire qu'on préfère dépenser autrement. Ainsi, il se peut qu'on paye la tournée de bière à ses amis, mais qu'on se contente d'un vieux manteau. Il se peut qu'on roule en vieille voiture, mais qu'on favorise des vacances plus dispendieuses ou qu'on s'offre régulièrement des soupers au restaurant.

Personne ne peut juger l'ensemble de notre rythme de vie sur la base d'un seul poste budgétaire. Malgré cela, qui ne s'est jamais fait dire : « Ben voyons donc, t'as les moyens ! » ou « Tu travailles assez, tu peux bien dépenser un peu ! » ? Un fait demeure : nous ne sommes pas l'autre. La capacité de vivre avec un stress financier important varie d'une personne à une autre.

---

2 Dans la populaire émission *Passe-Partout,* Passe-Montagne portait des souliers ouverts aux extrémités. Ils bouffaient des camions tel un président du Conseil du trésor qui bouffe des marges de manœuvre. À l'université, je ne bouffais pas de camions, mais je n'avais pas de marge de manœuvre.

L'autre est souvent le pire ennemi des finances personnelles. L'autre « prudent » nous fera manquer un investissement profitable. L'autre « impulsif » nous fera faire une dépense qui limitera notre marge de manœuvre pendant plusieurs mois. L'autre « pragmatique » nous donnera l'heure juste, mais nous empêchera de rêver à nos possibilités ou de jouer nos cartes.

Au-delà de l'espérance mathématique (rendement possible multiplié par la probabilité de celui-ci[3]), il y a parfois des occasions qu'il faut savoir saisir. Et que dire de l'autre « jaloux » ou « envieux », qui nous dictera un chemin allant dans le sens contraire à nos ambitions ou à la « norme sociale » pour se rassurer dans ses propres choix ?

Ce qui nous manque généralement est un autre « franc ». Quand on dit tout haut « je n'ai pas le choix », quelqu'un de franc pourrait nous contredire. Bien sûr qu'on a des choix à faire, surtout en matière de finances personnelles.

Évidemment, cette prémisse n'est vraie que lorsqu'on ne vit pas dans la précarité. Disposer de moins de 20 000 $ par année permet de survivre, rien de plus. **Quelques mauvaises décisions liées à un faible revenu nous catapultent dans la spirale de l'endettement et des défauts de paiement pour le restant de nos jours.**

La personne affirmant qu'elle n'a pas le choix cherche en fait un regard approbateur. Si elle le trouve facilement, elle est rassurée et maintient son mode de vie. Pour changer, il lui faut un choc des idées. Il lui faut frapper un mur, celui qui la laisse écrasée par ses créanciers.

---

3 Par exemple, si on a 10 % de chances de faire un gain de 1000 $, l'espérance mathématique est 100 $. Le but est de calculer la valeur statistique de la rémunération potentielle.

Aspirer à être soi-même

Pour trouver un équilibre dans le regard des autres, la clé consiste peut-être à fréquenter des personnes de milieux différents. À force de vivre dans son cocon relationnel, on devient comme un compte Facebook : notre algorithme de réflexion se limite à notre cercle fermé de personnes qui mangent, consomment et vivent de la même façon que nous.

Faire une immersion périodique dans un autre milieu permet d'apprécier ce qu'on a, mais aussi de s'ouvrir à d'autres façons de gérer ses finances personnelles. **La mixité sociale est importante : elle nous permet d'aspirer à mieux et de vivre en étant conscient de sa chance... ou de sa situation lamentable.**

En fait, le meilleur « autre » qui soit, c'est probablement notre bilan financier : nos actifs et nos dettes juxtaposés à nos revenus et à nos dépenses. On ne considère pas souvent cet « autre ». On l'ignore systématiquement. Il ne joue pas d'amour, de sentiment ou d'impulsivité. C'est un être imaginaire, mais franc, honnête, pragmatique, qui nous donne l'occasion de vérifier si on peut faire preuve d'un peu de légèreté.

Les autres, par définition, ne sont pas nous. Ils ne vivront pas avec les conséquences de nos choix financiers. Le plus grand défi d'une saine gestion des finances personnelles est de résister à cette envie de vivre dans le regard des autres et de se définir par celui-ci.

Parce que le but ultime dans la vie, c'est de ne pas finir dans un CHSLD, limité à un bain à la débarbouillette par semaine. Il serait dommage que cette situation soit le fruit d'une série de mauvaises décisions financières passées, comme celle d'avoir porté un manteau Canada Goose de 600 $ à 25 ans ou d'avoir écouté les autres. Parce que ça, t'en as pas vraiment besoin.

UNE VOITURE NEUVE
EN AS-TU
VRAIMENT
BESOIN?

J'avoue ne jamais avoir compris l'obsession de l'être humain pour l'automobile. Probablement que ça vient de mon éducation.

En 1983, mon père avait un *station wagon* défraîchi dont les côtés étaient en imitation de bois. Il n'a jamais été du genre à l'entretenir, à le laver, à le chérir. Quand on roulait dans des flaques d'eau, on devait lever les pieds, car l'eau passait à travers les trous du plancher de la voiture. Il ne fallait pas échapper notre petit *change,* car celui-ci tombait directement sur la chaussée.

Au début des années 1990, quand ma sœur a été impliquée dans un accident (suffisamment sérieux pour que la voiture soit une perte totale), mon père n'a eu qu'un réflexe : « Est-ce que ça va ? » Il disait toujours : « C'est juste de la tôle. » Peut-être bien, mais en matière de voiture, je le trouvais négligent. Il y a une différence entre bichonner son auto et la négliger.

Qu'on ait besoin de se déplacer facilement est compréhensible. Mais, collectivement, on s'est mis à confondre le « besoin » utilitaire d'une voiture et le « désir » pressant d'en avoir une quand on a commencé à se définir par le modèle dans lequel on roule.

Comment peut-on faire un choix qui nous pénalise autant dans nos finances sans qu'on puisse au moins en optimiser le rendement ? Peu importe son prix, un véhicule doit répondre à un besoin primaire, qui est de se rendre du point A au point B. Tout le reste de l'argumentaire justifiant un tel achat fait référence à l'image, au confort, à la technologie (voir le texte « La dernière technologie : en as-tu vraiment besoin ? », page 29), à l'espace, etc. **En somme, une bonne partie de la valeur octroyée au véhicule automobile individuel ne concerne pas sa fonction première : se déplacer.**

Entre désir et réel besoin

Un jour, un collègue de travail, célibataire, me fait part de son désir de s'acheter un Jeep Grand Cherokee. Curieux, je lui demande pourquoi il tient à ce genre de véhicule dont l'espace offert ne lui serait pas vraiment utile. Il souligne alors l'aspect pratique de la camionnette lorsqu'il irait à la pêche – une fois par année – avec son père. Je lui fais valoir qu'il pourrait très bien acheter une voiture plus petite pour la moitié du prix et louer ce genre de véhicule une semaine par année.

Ça y est, sa justification était démolie… mais son désir persistait, et il se cherchait d'autres raisons pour se convaincre du bien-fondé de son achat projeté. Parce que le désir de consommer est plus fort que la raison, il devient facile de malmener sa rationalité financière pour fantasmer sur un objet de désir.

Dans notre société, la voiture constitue probablement une des dépenses les moins bien utilisées (**une dépense n'est jamais rentable**). Nos ressources financières ont-elles été optimisées ? Aurait-on pu faire un choix financier plus rationnel ? Pourquoi agir de la sorte ? Pourtant, la voiture reste stationnée la plupart du temps. On ne l'utilise pas, mais elle continue de monopoliser l'espace public, privant ainsi d'autres personnes d'en profiter.

Quand je vois des voitures stationnées en permanence dans la rue, je me demande parfois, en toute objectivité : « Et si on pouvait avoir une clé qui nous permettrait d'utiliser n'importe quelle voiture, à n'importe quel moment ? » Par la force du nombre, nous serions tous comblés, à un coût bien moindre que la somme nécessaire pour avoir une voiture bien à nous.

Nous voulons plutôt posséder « notre » voiture et nous nous identifions à celle-ci, et ce, même si cette possession est coûteuse et inefficace. Si on croit à une bonne allocation des ressources, on se trompe. Nous devons tous faire l'entretien de notre propre voiture, alors que celui-ci pourrait être partagé entre plusieurs propriétaires. Cela générerait un gain de temps et d'argent pour chacun.

À une fraction du prix, l'autopartage absolu en milieu urbain pourrait techniquement dépasser tous les avantages de la voiture individuelle. Ce serait comme un transport en commun, mais à usage personnel. Le meilleur des deux mondes?

L'épreuve des faits

Une étude publiée par CAA-Québec[1] démontre à quel point la possession et l'utilisation d'une voiture récente peuvent engendrer des dépenses importantes. Qu'on se le dise, ce que coûte réellement une voiture est, consciemment ou inconsciemment, sous-évalué par la plupart des automobilistes. Cette attitude est un mécanisme de protection.

Par exemple, une Honda Civic LX[2], un modèle très populaire au Canada, générerait près de 6500 $ de coûts de propriété les premières années, ce qui équivaut à un peu moins de 18 $ par jour pour une distance parcourue de 18 000 km. Cette somme inclut les assurances, le permis et l'immatriculation, la dépréciation et le coût de financement moyen.

À cela, il faut ajouter des frais de fonctionnement annuels d'un peu plus de 2600 $. Finalement, en cumulant les deux montants, on se retrouve avec un coût réel de plus de 9000 $ net par année.

---

1 www.caa.ca/wp-content/uploads/2012/06/CAA_Driving_Cost_French_2013_web-2.pdf
2 On parle ici du coût d'une voiture moyenne. Plus une voiture est luxueuse, plus ce coût augmente.

Ainsi, une personne dont le salaire annuel s'élève à 50 000 $ obtient un revenu net de près de 39 000 $[3] en se basant sur certaines hypothèses fiscales, comme l'inclusion du crédit lié au montant personnel de base. Donc, cette personne doit travailler environ 23 % de son temps dans l'année pour payer le coût de sa voiture, qui lui sert essentiellement à aller… travailler.

En d'autres mots, sur une base de 2000 heures (50 semaines) par année, il lui faudra travailler près de 11,5 semaines seulement pour payer les dépenses de sa casserole mobile, ce qui équivaut à plus de deux mois.

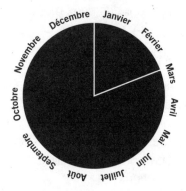

Selon Statistique Canada, le ménage moyen québécois dépense 10 443 $ annuellement pour le transport. Cela signifie plus de 15 %[4] des dépenses totales des ménages, lesquelles représentaient plus de 69 215 $ en 2014. Toujours selon l'organisme canadien, le transport représenterait 79 % du budget alloué au logement par les ménages québécois. On voit quelle est l'importance accordée au transport.

Ainsi, lorsqu'un citoyen fait le choix de s'acheter une maison éloignée de son lieu de travail, calcule-t-il le coût réel supplémentaire lié au transport? N'oublions pas que l'achat d'une habitation permettra de récupérer des coûts au moment de sa revente.

3 www.ey.com/CA/fr/Services/Tax/Calculatrice-impot-personnel-2016
4 www.statcan.gc.ca/tables-tableaux/sum-som/l02/cst01/famil130f-fra.htm

En revanche, les coûts inhérents au transport ne seront jamais récupérables. Par conséquent, habiter en milieu urbain près de son travail et abandonner sa voiture est un geste qui peut générer une économie de temps et d'argent.

La voiture neuve : une perte de valeur

Je n'ai jamais acheté de voiture neuve : le coût d'une telle voiture est disproportionné par rapport à son utilité. Les trois premières années engendrent la plus grande perte de valeur (il n'est pas rare que la dépréciation moyenne oscille entre 35 % et 50 % sur 36 mois). Donc, une voiture de 30 000 $ vaudrait moins de 20 000 $ après trois ans. Pourtant, elle peut rouler encore pendant plusieurs années, surtout lorsque certains choix de vie limitent le kilométrage parcouru annuellement.

La voiture neuve représente donc, en moyenne, un coût plus élevé par kilomètre parcouru ou par année de possession. Dans ce cas, rouler dans une voiture usagée est une façon de ne pas se casser la tête sur le plan financier.

À l'automne 2011, les hasards de la vie m'ont poussé à me procurer rapidement une « poubelle roulante » : une « rutilante » Honda Accord deux portes 1998 de couleur aubergine. Le prix d'achat : 2600 $ taxes incluses. Dans ma tête, cette solution allait durer un an, soit la durée d'un besoin temporaire. Puis, au fil du temps, il s'est toujours avéré financièrement plus logique de réparer la voiture que de la remplacer.

Deux ans après l'acquisition, il m'a fallu changer tout le système d'échappement plus quelques détails. Coût de l'opération ? Un peu plus de 1000 $. La plupart des automobilistes se diraient : « Pourquoi investir 1000 $ sur une voiture qui vaut moins de 2000 $ sur le marché ? »

Je voyais cela autrement. Si les 1000 $ de réparations me permettent de rouler une année de plus, je pourrai alors reporter de quelques mois un décaissement important, sans oublier que les frais à débourser pour chaque année d'utilisation de ma bagnole seront plus bas. Toute année supplémentaire passée avec un modèle en fin de vie est une année de sursis financier. N'importe quel modèle plus récent entraînerait automatiquement des taxes et des assurances plus élevées.

De plus, une voiture entièrement payée permet de se constituer une provision pour des dépenses ultérieures. **Je n'ai jamais été dans l'obligation de faire un paiement mensuel pour une voiture : c'est presque jouissif.** On a l'impression de se faire payer par les autres un parc automobile futur. Le chauffeur de minounes remercie ceux qui achètent une voiture neuve. Sans eux, sa réalité serait impossible.

Pour la petite histoire, j'ai revendu ladite voiture datant de 1998 au prix de 860 $ en mai 2016. En voilà une qui m'aura permis de me déplacer du point A au point B pendant cinq ans, à une fraction du prix d'une voiture neuve.

Récemment, j'ai covoituré avec une personne bien nantie. Celle-ci conduisait un beau véhicule utilitaire sport (VUS). Je dois l'avouer, c'était agréable. « Je l'ai acheté usagé, c'est un modèle 2011. De toute façon, dans le haut de gamme, qui peut vraiment voir la différence entre un modèle 2011 et un 2015 ? La différence sur le plan de l'utilité ne vaut pas la différence de prix », m'a-t-il lancé.

Sa réflexion m'a agréablement surpris. Même millionnaire, le gars comprenait que se payer une voiture neuve de 50 000 $ était un luxe relativement inutile pour lui. **Si tu as 50 000 $ à mettre sur une voiture, j'espère que tu as contribué au maximum à ton CELI, à ton REER et au REEE de tes enfants...**

Des vedettes et des pannes

 Puis il y a le fameux mythe de la panne. Et si je tombais en panne ? Comme si la fin du monde s'abattait sur nous quand une panne survient.

La voiture neuve, bien qu'elle soit plus récente, n'est pas immunisée contre une panne ou un problème mécanique. C'est pourtant la perception qu'on a fini par se forger. Avoir une voiture usagée entretenue et inspectée périodiquement minimise ce genre de problème. Qui plus est, un abonnement à CAA-Québec demeure le meilleur ami du conducteur de minoune. C'est une assurance contre les soucis en cas de pépin.

Même si, rationnellement, on comprend que, pour sa santé financière à long terme, il vaut mieux acheter une voiture usagée qu'une voiture neuve, il faut avouer que le marketing automobile est puissant. Pour vendre un tel produit, on engage des porte-parole drôles, sympathiques ou d'une beauté supérieure à la moyenne.

On ne nous vend alors plus un produit, mais une image, comme si un paquet de tôle avec une couleur, une forme et un logo différents pouvait réellement avoir une incidence sur notre valeur marchande sociale.

Dans les publicités de Hyundai, Guillaume Lemay-Thivierge sourit toujours. Pense-t-il au chèque qu'il recevra en échange de deux phrases en coréen apprises par cœur? Martin Matte pouvait bien faire le clown avec Honda : être payé pour faire des publicités de voitures permet probablement d'empocher un revenu beaucoup plus élevé qu'une série de spectacles d'humour présentés au Théâtre St-Denis.

L'industrie de l'automobile se bat avec véhémence pour pousser le consommateur à quitter le monde de la rationalité. Changer de voiture tous les quatre ans est le summum de la perte financière. On utilise une fraction de la durée de vie utile de la voiture, mais on en assume le plus grand coût annuel. D'ailleurs, le prix d'une voiture est tellement élevé que, dans les publicités, on préfère oublier son prix réel. Ce qu'on vend, c'est un paiement mensuel, bimensuel, hebdomadaire, ou simplement un mode de vie.

Un jour, ma cousine m'a refilé un truc sympathique. Chaque fois que lui prend l'envie de changer de voiture, elle fait nettoyer la sienne de fond en comble en vue de la vendre. Vous savez, le genre de nettoyage *pimpé* où on lave l'auto jusqu'au moteur ? En sortant du garage, elle la regarde et se dit : « Si ce n'était pas la mienne, je l'achèterais. » Voici quelques dizaines de dollars bien dépensés pour se convaincre de prendre une décision rationnelle.

Dans mes cours au cégep et à l'université, je ne compte plus les discussions que nous avons eues au sujet de l'automobile. À 18 ou 20 ans, l'achat d'une auto neuve ou très récente compromet considérablement la sécurité financière ou la capacité d'investissement.

Quand un étudiant en administration vient se plaindre que son budget est serré, mais qu'il roule en voiture de l'année, je n'ai pas d'autre choix que de lui pulvériser son incohérence en plein visage. Tel un cordonnier qui ne répare pas ses chaussures, cet étudiant en administration n'applique pas les principes qu'il vient d'apprendre.

Le mensonge financier

Qu'en est-il du fameux financement à 0 % ou à 0,9 % d'intérêt ? Cette offre est aussi mensongère que l'existence du père Noël. Une compagnie automobile est elle-même endettée ; elle ne va donc pas financer gratuitement ses clients. Alors comment peut-elle afficher un taux de financement si bas ?

Facile, elle inclut ce financement dans le prix de vente de la voiture. Ainsi, même si le concessionnaire n'offre aucun rabais au client qui paye comptant, cela veut dire que ce dernier, même en payant rubis sur l'ongle, subventionne implicitement l'acheteur qui profite du financement. En somme, l'achat à tempérament est devenu si courant que les concessionnaires développent leur modèle d'affaires à partir du financement des véhicules.

De plus, peut-être avez-vous déjà vécu ce moment où le vendeur vous dit qu'il profite d'une « faible marge » sur la voiture vendue. L'insulte suprême arrive lorsqu'il prétend la « vendre au prix coûtant ».

Peu importe les documents montrés au client, le concessionnaire n'étale pas la vérité. À la fin de l'année, il recevra une ristourne pour le nombre de véhicules vendus. Vendre des voitures neuves, c'est payant, et ce n'est pas l'acheteur qui fait la meilleure affaire. Point final.

Et que dire des coûts implicites qui ne figurent jamais dans la balance du calcul relié à l'automobile ? Par exemple, tout l'argent immobilisé pour construire, entretenir et chauffer un garage dont la principale utilité est de mettre à l'abri une ou plusieurs voitures. **Au paradis de la vie banlieusarde, il est choquant de constater l'importance accordée à la voiture individuelle : garage double, entrée surdimensionnée et lavage hebdomadaire sont des preuves tangibles de « l'autocentrisme ».**

Bien sûr, nous avons tous besoin d'utiliser une automobile à un moment ou à un autre. Notre monde s'est développé autour d'elle. Mais on devrait réfléchir à l'importance qu'on lui accorde dans le budget familial. Peut-on remettre en question la nécessité de la posséder ? Peut-on cesser de penser qu'elle reflète une partie de notre personnalité ?

N'oublions pas qu'un VUS luxueux à l'allure sportive peut très bien être conduit par un vieil obèse crasseux peinant à mettre un pied devant l'autre. Que la voiture de luxe peut très bien être conduite par un contribuable endetté jusqu'aux amygdales. Et qu'un passager d'autobus peut tout aussi bien être millionnaire que vivre de l'assistance sociale.

La voiture impressionne pendant quelques minutes l'observateur envieux.

Toutefois, quand nous conduisons nos belles voitures, sommes-nous plus libres, plus puissants ou plus en forme ? Sommes-nous plus attirants, plus compétents ou plus charismatiques ? Est-ce que la Jaguar empêche le *boomer* de se brancher sur le Viagra ? Le professionnel de faire une dépression ou le *nerd* d'être chétif ?

Nous sommes victimes de nos désirs. Nous sommes notre propre bourreau financier.

Il faut te poser la question suivante : une voiture neuve, au-delà des fonctions de base, en as-tu vraiment besoin ?
On peut même aller plus loin : une voiture tout court, en as-tu toujours vraiment besoin ?

UNE VOITURE
EN AS-TU VRAIMENT BESOIN?

Au-delà du questionnement sur le fait de posséder ou non une voiture neuve, on peut se questionner sur l'absolue nécessité d'en détenir une, tout simplement.

Chaque dollar consacré à l'automobile représente un coût de renonciation ailleurs. Réévaluer le budget mensuel destiné à l'automobile permettrait à plusieurs d'investir davantage dans leur épargne ou dans des projets de vacances.

En effet, il n'y a souvent pas de place dans le budget pour épargner en vue des études des enfants, mais il y en a toujours pour ajouter des options sur la voiture. Pourquoi ne pas juste travailler moins pour retrouver l'équilibre? Le dollar épargné dans le budget auto permettrait peut-être de profiter de la vie, en pratiquant de nouvelles activités? Mais penser ainsi n'est pas dans la tendance: au Québec, il s'est vendu 451 354[1] véhicules automobiles neufs en 2015, une hausse de 5,7 % par rapport à l'année précédente.

Puisque le Québec a développé une grande partie de ses villes en fonction de l'automobile (hélas!), il est utopique, en 2016, d'imaginer un monde sans voiture individuelle. Toutefois, en milieu

---

1 www.statcan.gc.ca/tables-tableaux/sum-som/l02/cst01/trade36e-fra.htm

urbain, n'est-il pas possible de revoir notre conception du nombre de voitures nécessaire ? Avec le Bixi, le début de l'autopartage et la révolution de l'industrie du taxi qui est en cours, il s'avère aujourd'hui hasardeux de ne pas réfléchir à sa façon de consommer le transport.

Une révolution technologique

Récemment, la contestation de l'arrivée d'Uber, pour des raisons fiscales et protectionnistes, a occulté une réalité plus grande : il existe ailleurs dans le monde des solutions limitant le besoin de posséder une voiture individuelle.

Nous pouvons donc concevoir la possession ou l'utilisation de celle-ci autrement. Chez nous, par exemple, la mise sur pied de Téo Taxi et l'arrivée cavalière d'Uber ont complètement transformé l'expérience du taxi à Montréal, en offrant de nouvelles possibilités :

- La commande d'un taxi par téléphone intelligent

- Le déplacement en voiture électrique

- Le Wi-Fi gratuit à bord du véhicule

- Le paiement mobile

C'est une révolution technologique à laquelle nous sommes conviés. Pourtant, cela demeure une conception traditionnelle du taxi. Nous ne sommes pas encore dans un concept de taxi partagé, ce qu'Uber offre ailleurs avec son service UberPool, qui propose de partager la route avec des inconnus recueillis sur le parcours.

Qui dit partage d'auto dit aussi partage de coûts. La recherche opérationnelle sur les transports a permis d'optimiser les déplacements des gens en transport en commun et de faciliter le partage des transports privés. En somme, les calculs mathématiques complexes permettent toute cette évolution technologique. Utiliser un service commun permet de partager les coûts de développement.

Un mode de transport pour chaque étape de la vie

Dans ma vie, j'ai vécu des périodes où je me déplaçais en transport en commun, en vélo, en voiture, en autopartage, etc. Selon les circonstances de la vie, les besoins varient.

Par exemple, depuis que je travaille partiellement à l'extérieur de Montréal et que mes enfants fréquentent une garderie éloignée de la maison, la voiture individuelle est devenue une solution facile. Comme plusieurs, j'ai le réflexe de prendre le volant à la moindre occasion. Par contre, quand les enfants seront en âge d'aller à l'école, il me sera possible de marcher davantage ou d'opter pour le transport en commun avec moins de désagréments, car l'époque de la poussette et du sac à couches sera révolue.

Chose certaine, en milieu urbain, si chaque personne possède une voiture et que cela devienne la normalité à long terme, il y a de quoi se questionner. Ma sœur et son conjoint n'ont jamais eu de voiture. Bien qu'ils n'aient pas d'enfants, ils sont l'exception dans ce monde : deux professionnels sans voiture se font regarder comme des extraterrestres.

En revanche, à plus de 40 ans, vivre sans voiture leur donne une marge de manœuvre financière intéressante. La maison est payée, les REER et les CELI débordent, et les voyages se multiplient : c'est peut-être ça, la véritable liberté.

Il en faut, des courses en taxi, des titres de transport en commun et des frais de voiture de location pour rivaliser avec le coût d'une voiture individuelle. Ce calcul, bien peu de gens le font. Plusieurs veulent « la liberté ». Pourtant, une voiture exige du temps, de la gestion et de l'entretien. Elle peut aussi enlever une portion considérable de liberté financière.

L'inefficience énergétique et financière

Jetons aussi un œil sur le poids des véhicules, qui a changé avec les années. Au cours des années 1970 jusqu'au milieu des années 1980, le poids moyen d'un véhicule a radicalement chuté[2]. Puis, pendant une vingtaine d'années, il a augmenté et garde une relative stabilité. Quand on y pense bien, c'est quand même fou de mouvoir plus de 2000 kilos sur des centaines de kilomètres dans le but de déplacer une personne de 80 kilos.

On le constate, la voiture individuelle n'a pas de sens sur le plan de la consommation énergétique. En comptant toutes les places vides dans les voitures qui roulent quotidiennement, on serait surpris de connaître la réelle efficience de ces dernières.

Avec les applications technologiques, il est devenu insensé de ne pas partager la route avec des gens de son quartier. Il est 7 h 30, je suis à Repentigny ; il doit bien y avoir des milliers de personnes qui se déplacent vers Montréal. Il est temps que la technologie nous permette d'entrer en contact et de partager notre temps et nos ressources avec d'autres.

Je ne cherche pas ici à exposer une vision antivoiture. Je souhaite simplement pousser la réflexion au sujet de la place qu'on accorde au véhicule automobile, et ce, dans une logique budgétaire. On croit, à tort, que le déplacement en transport en commun est une question de richesse.

Attention, ce n'est pas parce qu'on a les moyens de payer les coûts d'une voiture qu'on doit nécessairement le faire ! Le transport en commun, ce n'est pas réservé qu'aux pauvres ; c'est une vision différente des déplacements.

Il y a quelques années, je ne possédais pas de voiture. Un jour que mon beau-frère et moi attendions notre tour à la caisse du dépanneur du coin, une fille s'est exclamée : « En tout cas, mon prochain chum, je veux qu'il soit riche. Pas question de sortir avec

---

2 www.rncan.gc.ca/energie/efficacite/transports/voitures-camions-legers/achats/16756

un gars qui n'a pas de char. » Voilà, selon cette fille, nous étions pauvres. À ses yeux, posséder une voiture était synonyme d'un certain statut social.

Tout est parfois une question de perception. Redéfinir les concepts peut nous aider à y voir plus clair. Par exemple, si on dit qu'on possède une voiture sport de l'année, cela pourrait être perçu de la façon suivante : vous êtes un être humain qui a travaillé une partie de sa vie afin de se procurer un amoncellement de tôle roulant qui lui permettra de filer à vive allure pour se déplacer. Peut-être que cette définition est trop cynique au goût de plusieurs, mais elle représente tout de même la réalité.

Mettre en doute chaque nouvel achat

Donc, pourquoi posséder une voiture doit-il être considéré comme un choix incontournable ? Parce que ma voiture est bonne pour la ferraille ? Avant de me mettre à la recherche d'une autre, je pourrais me demander si, dans ma situation actuelle, j'en ai vraiment besoin. La vie évolue. Le oui d'hier sera peut-être un non demain.

Quand on a un travail stable, toujours au même endroit, la planification des transports est plus évidente. Personnellement, cumulant plusieurs emplois, j'éprouvais de la difficulté à gérer mes multiples déplacements sans voiture. Mais une fois que les enfants sont autonomes, pourquoi posséder une voiture quand on demeure à deux minutes de l'autobus, à moins de sept minutes du métro et à un mouvement de pouce d'un taxi ?

Même en région ou en banlieue, on peut se demander si on a fait un choix géographique optimal ou non. Le Québec développant sa banlieue comme au XXe siècle, c'est difficile de ne pas se dire victime du développement urbain. Par contre, nous avons contribué individuellement à maintenir et à soutenir ce type de développement dont les traces seront visibles pendant des décennies.

La banlieue manque de densité, et les commerces s'installent souvent à l'extérieur du quartier. Résultat : il y a un étalement urbain important et une difficulté de développer les transports en commun. Pourquoi abandonner les quartiers centraux ? Pourquoi ce fantasme de la solitude ensemble ? Tous ces choix de vie bien distincts cumulés font en sorte que l'avenir sans voiture (ou du moins, avec moins de voitures) devient souvent impossible à imaginer. Le transport doit faire partie intégrante de notre réflexion, au même titre que la proximité des services ou des écoles.

Une voiture, en as-tu vraiment besoin?

La réponse sera positive pour plusieurs, et je ne jette la pierre à personne. De nos jours, on compte une voiture par adulte à la maison. Il n'en demeure pas moins que j'aspire à une maison sans voiture.

Est-ce impossible à imaginer pour toi? D'accord, je comprends. Mais peux-tu envisager d'en éliminer une ou deux dans l'entrée de garage alors?

À chacun sa route, à chacun son effort, à chacun sa réalité…

L'ÉQUILIBRE
EN AS-TU VRAIMENT BESOIN?

L'équilibre que nous cherchons tant est possiblement un des concepts les plus galvaudés dans ce que j'appelle « la *business* du mieux-être ».

La réalité, c'est que tout le monde vit constamment des déséquilibres, et toutes les grandes réussites de ce monde en ont été teintées. Il y a toujours un coût à ce déséquilibre. Ce dernier influe donc sur les finances personnelles : il peut rapporter en générant des revenus, mais aussi coûter cher en entraînant des dépenses supplémentaires. Bienvenue dans le monde du déséquilibre !

Accepter le déséquilibre

Pour se bâtir une vie, pour se prouver sa valeur, pour dépasser les autres dans le domaine du travail ou celui de l'épargne, on se lance parfois dans le déséquilibre. En fait, on ne s'y lance pas. Il frappe. Sans avertir.

On se pense plus fin ou plus fort que les autres. On se dit : « Je suis capable d'en prendre ! Les autres sont paresseux, les autres sont faibles. » Ce n'est pas toujours le cas, même si on se plaît à le croire. Il n'y a que 24 heures dans une journée. Mais jusqu'où sera-t-on capable d'étirer l'élastique ? Quelles seront les conséquences de nos choix ? La tête et le corps suivront-ils ?

Un jour, au cours d'une conférence donnée devant des étudiants du cégep régional de Lanaudière, à L'Assomption, j'ai interrogé une cadre professionnelle participant au mouvement « Effet A[1] ». Durant notre échange, elle a affirmé : « Maintenant, j'accepte mon déséquilibre. »

Cela nous rassure quand quelqu'un reconnaît son déséquilibre et accepte d'en parler ouvertement. Comme des frères d'armes de l'inconfort assumé, on a alors l'impression d'avoir une mission commune.

À certains égards, le déséquilibre permet de grandes choses, de grands accomplissements, comme se préparer jour et nuit pour un examen ou une compétition sportive. En même temps, il mine quelque chose ailleurs : par exemple, trop de temps accordé au travail vient parfois nuire à la vie familiale.

Personnellement, je suis une des personnes les plus déséquilibrées que je connaisse (pas mentalement, évidemment). C'est drôle à dire, mais si je ne sais pas exactement à qui je veux prouver quelque chose, je me complais assurément dans un déséquilibre permanent.

Tout a commencé subtilement alors que je travaillais et étudiais en même temps. J'ai délaissé le sport, le sommeil régulier et les loisirs pour me concentrer sur ces deux aspects de ma vie. Un genre d'acte de foi semi-conscient à l'égard de la construction d'une carrière.

À ce moment-là, j'ai commencé à brûler la chandelle par les deux bouts. **Je devais étudier pour me démarquer de la masse. Je devais travailler pour me sortir de l'insécurité financière. Le devoir primait sur le reste.** Je me disais souvent : « Je ne suis pas brillant, je suis travaillant. »

Comme un zombie, j'ai été capable de m'oublier durant une longue période de ma vie. J'étais une machine. Une machine imparfaite dotée d'une capacité à se priver de

---

1 L'effet A est un programme conçu pour révéler le talent des femmes, les aider à adopter une attitude plus ambitieuse et propulser leur carrière. Source : effet-a.com

bonheur pour pouvoir survivre en ce bas monde. Aujourd'hui, je serais incapable de faire ça de nouveau. Pourquoi? Simplement parce que le rythme est insoutenable. Surtout, il provoque des réflexions et des comportements nocifs, en raison des frustrations nées du déséquilibre.

Le travail

Pour être reconnu professionnellement, il faut « livrer » plus que les autres. Il faut performer plus que les autres, il faut dépasser les autres et se dépasser soi-même. On ne se crée pas une valeur sans y mettre d'effort.

En effet, chez les personnes qu'on admire, on voit souvent un iceberg dont on ne distingue pas la base : les longues heures à développer leurs aptitudes, à peaufiner leur art, à aller là où les autres ne vont pas et à sacrifier une partie de leur vie personnelle.

Par contre, cela ne se fait pas sans conséquence. La phase du déséquilibre, lorsqu'elle s'étire trop longtemps, crée parfois un sentiment de manque, donne l'impression d'avoir laissé une partie de sa vie sur la paille ou encore, d'avoir roulé trop vite. Pendant que les autres attendent tranquillement en pause le long du chemin, on dévale la pente à une vitesse telle qu'elle empêche de prendre conscience de sa propre direction.

L'excès

Pour être conscient de son déséquilibre, il faut parfois tomber dans l'excès. Celui-ci varie beaucoup d'une personne à une autre : surconsommation, régime trop sévère, excès de travail, d'études, de bouffe, d'alcool, de drogues, de sexe, d'Internet ou de sport. Cet excès finit par jouer sur sa capacité à voir clair, à faire ce que doit, c'est-à-dire **respecter ses valeurs et ses buts.** L'excès arrive à la rescousse comme une compensation temporaire à la déprime, qui peut être causée par ce déséquilibre. La roue tourne.

On s'enfonce un peu volontairement dans l'excès en se disant qu'on pourra se rattraper plus tard. On se dit qu'on pourra sortir la tête de l'eau dans quelques semaines, puis quelques mois, et ces derniers deviennent finalement des années. Si bien qu'on frise la quarantaine sans avoir goûté à un peu de sérénité, et ce, au nom du rythme effarant qu'on choisit de s'imposer.

Personne ne force personne à s'enfoncer ainsi, mais les désirs génèrent des ambitions, et celles-ci, les habitudes de vie nécessaires à leur réalisation. Si bien qu'on finit par avoir la vue obstruée par les œillères qu'on a soi-même placées de chaque côté de son visage.

On finit par ne plus voir ce qui nous entoure, ne plus le comprendre, ne plus y faire référence. Le reste du monde paraît inconscient, alors qu'on périt soi-même dans sa mauvaise perception des choses.

Un exemple classique

Prenons l'exemple de Paul. Paul travaille fort pour faire sa place dans ce monde. À la fin de ses études, il est athlétique, jeune, frondeur et sympathique. Une des plus grandes firmes comptables de la planète vient de le recruter.

Pour lui, c'est l'aboutissement de dures années passées en mode survie. Le travail commence et, pour faire ses preuves, il travaille avec excès. Il ne le fait pas réellement de son plein gré. Dans ce milieu, on comptabilise les stocks selon la méthode FIFO (*First In, First Out,* ou premier entré, premier sorti). Le même principe FIFO s'applique aux employés… *Fit In or Fuck Out*!

Remarquez, dans cet exemple, je pourrais remplacer comptable par ingénieur, avocat ou n'importe quel emploi qui exige de la rigueur et du « bénévolat professionnel ». En somme, un travail pour lequel on paye un salaire fixe annuel. Chaque heure supplémentaire est une preuve d'engagement envers la firme. Toutefois, en réalité, ça représente surtout de la rentabilité pour les associés ou les actionnaires !

Pour maintenir cet engagement, on promet la carotte à certains : un jour, ils seront peut-être en haut de la pyramide du non-partage des bénéfices. C'est la carotte qui tient Paul au travail. Et il travaille fort. De plus en plus. Des heures comme il n'en a jamais fait auparavant. Un rythme de six ou sept jours par semaine.

En plus, pour bien paraître, il ne comptabilise même pas toutes ses heures travaillées sur la feuille de temps exigeant une justification toutes les six minutes (dixième d'heure). Vive les heures facturables aux clients ! Paul n'a plus vraiment de temps pour autre chose. L'heure de lunch prend le bord, il mange rapidement devant son ordinateur sans avoir vraiment le temps de planifier l'épicerie de la semaine. Bientôt, il ne rentre plus souper à la maison.

Bien que très actif au travail, Paul est physiquement sédentaire. Son tour de taille prend peu à peu de l'expansion. « C'est normal, c'est l'âge », se dit-il. Il ne décompresse plus. Sa conjointe lui martèle qu'il est toujours au travail. Il se convainc que c'est pour améliorer leur sort à tous les deux.

Paul commence à se sentir mal, mentalement et physiquement. Le couple tourne tranquillement de la complicité à l'adversité. Paul fuit la maison pour rejeter cette dissidence qui ne lui permet plus de fonctionner adéquatement. Déjà qu'au travail, ce n'est pas joyeux !

Des enfants arrivent dans cette course folle. Les exigences familiales sont de plus en plus grandes, Paul se croit plus fort que les autres, mais il finit par s'oublier. À force de ne plus manger à la maison, de multiplier les sorties et les loisirs pour compenser un manque, il finit par se complaire dans des choses à acheter.

Paul achète le nouveau machin, qui ne procure pourtant pas le bonheur espéré. Finalement, toute l'impartition des activités générées par l'excès de travail le ramène à la case départ : Paul n'est pas nécessairement plus riche.

En fait, il vit plus grand, plus gros, mais moins à la fois et moins souvent. Tout cela n'est qu'illusion. Puis le couple éclate à force d'erreurs, de manque de temps et de douleurs conjugales. Les cicatrices sont vives. Le cœur tombe en lambeaux et l'esprit tourne au cynisme. L'amour n'est plus, le cœur encore moins.

À ce moment-là, Paul comprend le coût de la déroute. La santé financière recule d'un pas quand vient le temps de la séparation des biens et de la pension alimentaire. L'excès le rattrape dans le détour. Les paroles frappent : il n'a pas été à la hauteur de ses ambitions.

Il devient une pâle copie des téléromans mal ficelés. L'échec causé par le déséquilibre est cuisant et fait mal. Parti d'une bonne intention, celle de se faire une vie meilleure, Paul s'est englouti dans une série de comportements corrosifs. L'âme s'oxyde et perd de son lustre.

Le cercle vicieux des déséquilibres

Comme un pont qui entre en résonance mécanique[2] pour s'effondrer ultérieurement, les déséquilibres (professionnel, financier, alimentaire, etc.) forment parfois une réaction en chaîne : reste à savoir lequel de ces déséquilibres en sera l'instigateur.

L'ordre dans lequel apparaissent ces déséquilibres peut varier d'une personne à une autre, mais l'essence du propos demeure la même : **le déséquilibre de quelconque nature peut affecter de façon importante les finances personnelles.**

 Faut-il reconnaître et accepter son déséquilibre ou s'y enfoncer tranquillement ? Difficile à savoir quand on n'a pas le temps de se questionner. Tout roule, tout est rapide et efficace.

2 www.youtube.com/watch?v=uhWQ5zr5_xc

- On ne fait plus l'amour, on consomme une baise.

- On ne mange plus, on s'empiffre.

- On ne boit plus, on se défonce.

- L'excès mène à l'excès.

Bien sûr, ce n'est pas toujours le scénario catastrophe. Parfois, il y a des nuances : au lieu de sombrer, on se limite à vivre des déceptions, des désillusions. Juste un faux sentiment de satiété. On se retrouve un jour dans une vie qui paraît sans saveur et sans odeur. Comment faire pour trouver l'équilibre parfait ? Quel est ce niveau ? Celui-ci étant propre à chacun, il faut se cogner le nez sur le déséquilibre pour le trouver. Enfin, j'imagine.

Une relation d'amour-haine avec l'équilibre

Autant on cherche à atteindre l'équilibre, autant on le fuit. D'un côté, on sait que, sans le déséquilibre, on n'aurait peut-être pas atteint certains objectifs ou réalisé certains rêves.

D'un autre côté, ce déséquilibre a eu son lot de conséquences qu'on voudrait éviter dans le futur. On tente donc de marcher sur la fine ligne du déséquilibre, tel un funambule de la vie personnelle. On marche sur la corde raide en se croyant parfaitement en contrôle de ses mouvements. Pourtant, une bourrasque et c'est la catastrophe.

Qu'est-ce qui pousse l'être humain à l'excès, à vouloir sentir continuellement l'ivresse de l'inconnu et à vivre la nouveauté perpétuelle ? Chose certaine, on aspire à autre chose. Cette autre chose en constant renouvellement. On est condamné à vouloir ce qu'on n'a pas.

Les finances personnelles au cœur de l'équilibre

Tout ça me fait penser au concept de la marge de manœuvre (voir le texte « Une marge de manœuvre : en as-tu vraiment besoin ? », page 13). Sans atteindre un certain équilibre, les finances personnelles finissent par entrer en ligne de compte dans tout ça. L'équilibre est nécessaire, même lorsqu'on tente de le fuir.

Notre capacité à générer des revenus et à payer nos rêves dépend de notre capacité à rester dans les limites du déséquilibre acceptable. Comment savoir si on a franchi la limite de l'équilibre ? Jusqu'où peut-on étirer l'élastique avant qu'il nous éclate en plein visage ?

Dans la gestion des finances personnelles, il est rare qu'on présente une approche holistique, où les chiffrent ne monopolisent pas le propos. L'équilibre est le nirvana duquel on sera toujours loin, car, même le jour où l'on croit s'en approcher, il s'éloigne aussitôt.

On a une tendance maladive à l'insatisfaction, à sentir le manque de quelque chose dont on ignore encore l'existence prochaine. Puis on se lance encore et toujours dans cette quête, inachevée, de l'équilibre.

Alors, l'équilibre, en as-tu vraiment besoin ?

Je rêve encore de l'atteindre.

LE MARIAGE
EN AS-TU
VRAIMENT
BESOIN ?

Mes parents se sont mariés le 3 août 1968, dans un Québec postreligieux où l'on devait encore, par principe d'acceptabilité sociale, se marier pour baiser, faire des enfants et vivre moyennement heureux jusqu'à la fin de ses jours. Cette époque est bel et bien révolue au Québec. Alors pourquoi a-t-on encore besoin de se marier ?

Selon l'Institut de la statistique du Québec[1], près des deux tiers des naissances au Québec surviennent hors mariage. Toujours selon l'ISQ, en 2008, on avait compilé 22 053 mariages et 13 899 divorces. Il faut se l'avouer, on est loin de la pensée magique évoquant le fameux « jusqu'à ce que la mort nous sépare ».

Pourquoi faire une promesse qui, statistiquement, est rompue dans plus de 50 % des couples ? Au référendum de la vie, cette promesse ne serait pas adoptée. Le parti de l'opposition contesterait la validité du vote, et on tiendrait une nouvelle élection conjugale.

On pourrait changer les habituels vœux de mariage par ceux-ci : « Je te promets d'être fidèle, de t'aimer et de te

---

1   www.stat.gouv.qc.ca/quebec-chiffre-main/pdf/qcm2015_fr.pdf

chérir jusqu'à ce qu'on change d'idée. » C'est peut-être moins romantique, mais voilà qui serait plus réaliste.

Autrefois, à l'époque où l'être humain avait une espérance de vie de 30 ans, c'était certainement plus facile de tenir une promesse de longévité dans le mariage.

Cynisme, quand tu nous tiens

Sur le plan financier, il y a de quoi être cynique à l'égard du mariage. Pourquoi tant de cynisme? D'abord, parce que pour plusieurs, cette journée exige de renouveler leur prêt hypothécaire sur 25 ans. Parce que, pour justifier une telle dépense à un moment névralgique de sa vie financière, on joue sur les sentiments, les apparences et sur une fausse association entre amour et argent.

La bague, c'est trois mois de salaire pour le marié! Quoi? Pourquoi payer des milliers de dollars un morceau de roche qui ne procure pas plus de plaisir ou ne démontre pas plus son utilité qu'un accessoire acheté chez Ardène? Ce que plusieurs appellent «la compétition de la garnotte» demeure superficiel et sans véritable lien avec l'amour. «Combien de carats, ta bague? Un ou deux? Quoi, ton diamant est inférieur à un carat? Quel sacrilège!»

Regardons les choses en face : **la bague est un symbole, pas un placement immobilier, ni un voyage dans un complexe hôtelier cinq étoiles.**
Qui peut réellement distinguer un diamant d'un zircon?

Après la bague vient la robe, qu'on pourrait définir comme la pièce de vêtement la plus coûteuse et la moins portée dans une vie. On la verra suspendue dans un *walk-in* durant des années, témoin nostalgique d'une époque où l'on se détestait moins.

Puis il y a tout le marketing autour du mariage qui fait son œuvre. C'est ce qu'on appelle la « prime mariage ». Un photographe « de mariage » coûte plus cher qu'un photographe en studio. Il passera sa journée à photographier de faux moments mis en scène pour créer de faux souvenirs. Il ne faut pas oublier la vidéo souvenir, avec toutes les scènes arrangées et reprises au moins deux fois. La prime mariage s'applique à tout : salle de réception, service de limousine, organisation de la soirée, prix du menu, etc.

Qu'on parle d'un mariage de 10 000 $, 20 000 $, 50 000 $ ou 100 000 $, on constate la même séquence. On supporte une célébration où les seuls à ne pas avoir hâte que ça finisse se trouvent à l'avant. Pour le reste, les invités ont chaud et n'attendent que le moment où ils pourront jaser entre amis et prendre un verre.

Avant, il y aura l'interminable file pour féliciter les mariés. Surtout, il ne faut pas oublier de dire à la mariée à quel point elle est jolie, sinon elle aura le sentiment d'avoir dépensé en vain pour une manucure, une pédicure, une coiffeuse, une styliste, une maquilleuse, une robe et des souliers à talons trop hauts !

La soirée commence enfin : cocktail, souper, tapage de cuillères sur la table, petit jeu d'animation avec un artiste manqué, lancer du bouquet, danse, alcool et bye bye on va se coucher. Évidemment, on aura droit à la chanson *YMCA* quelque part dans le déroulement de la soirée.

Voilà, le lendemain, la dette est inscrite dans le bilan financier, et on n'est pas plus heureux que la veille. On a juste fait un trop gros party qui aurait pu financer 200 ou 300 soupers entre amis à la maison, ou deux ou trois voyages !

Peu importe, on est mariés ! L'amour, ce n'est pas juste de l'argent, direz-vous.

Non, mais est-ce que ça en valait le coût ? Est-ce que ça valait la mise de fonds qu'on n'avait pas pour la maison ? Est-ce que ça justifiait le fait de devoir acheter à crédit les voitures au lieu de les payer comptant ? Est-ce que ça valait le coût de négliger sa retraite et de réduire sa contribution au régime d'épargne-études des enfants ? Parce que rien n'est gratuit, chaque choix a des conséquences, un coût de renonciation : chaque dollar dépensé dans un poste budgétaire nous empêche d'allouer ce dollar à un autre poste budgétaire.

Bah, pas grave, les invités nous ont donné des cadeaux, alors ça compense une partie des dépenses. Même que parfois, ça couvre pas mal le prix de la noce ! Ah oui ? Donc, **on fait subventionner son party par les parents, les amis, la famille,** sans ressentir une pointe de gêne ?

Une invitation... à la dépense

Le but ici n'est pas de « dégonfler la balloune » des futurs mariés qui optent pour ce type de mariage, mais de regarder la réalité en face.

Voici la réaction des amis chanceux qui reçoivent l'invitation à votre mariage :

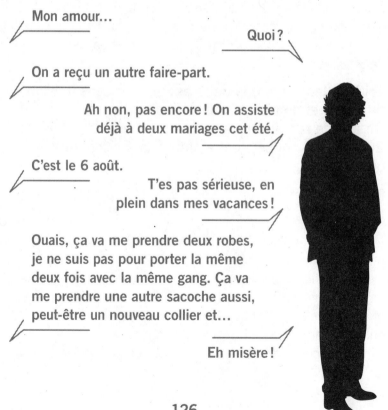

Mon amour...

Quoi ?

On a reçu un autre faire-part.

Ah non, pas encore ! On assiste déjà à deux mariages cet été.

C'est le 6 août.

T'es pas sérieuse, en plein dans mes vacances !

Ouais, ça va me prendre deux robes, je ne suis pas pour porter la même deux fois avec la même gang. Ça va me prendre une autre sacoche aussi, peut-être un nouveau collier et...

Eh misère !

Avec cette invitation, vous venez d'imposer une activité durant la période de repos de vos amis qui travaillent toute l'année comme des fous pour équilibrer le budget et sauver leur vie de couple. De plus, ils dépenseront pour s'habiller, se rendre au mariage et peut-être faire garder les enfants, afin de profiter du moment au moins pendant quelques heures.

Puis, la conjointe est choisie pour être demoiselle d'honneur! Allo la robe pastel qui fait passer les amies de la mariée pour du glaçage à gâteau. Voici une autre robe qui sera portée une seule fois parce qu'en dehors d'un mariage, elle n'est guère belle (oui, parfois, les goûts, ça se discute). De plus, il faut « pratiquer » le mariage pour être certain de ne pas le rater. Et moi qui croyais qu'on « manquait » son mariage après la cérémonie et non pendant celle-ci.

Puis viendra le moment fatidique où il leur faudra glisser le chèque dans l'enveloppe. Combien donne-t-on? C'est rendu combien, déjà, un cadeau de mariage? À ce moment-là, on tente de déterminer l'ampleur de la noce et le degré d'amitié qui nous lie aux futurs mariés pour faire un cadeau couvrant minimalement les frais de l'invitation. Ce chèque-cadeau est un autre 300 $ de moins dans le budget des vacances familiales.

Finalement, chaque invité aura dépensé des centaines de dollars pour une fête ne lui apportant pas le plaisir qu'il aurait eu ailleurs pour la même somme. En « se payant » le party de leur vie, les mariés ont amputé le budget de vacances des invités.

Jusqu'ici, on parle juste d'un mariage de base. Il faut souvent ajouter le coût de l'enterrement de vie de garçon (traduction libre : karting, beuverie, boîte de nuit et bar de danseuses) ou l'enterrement de vie de fille (traduction libre : journée au spa, souper, cocktails et boîte de nuit). En résumé, on ne s'en sort pas : **se marier, c'est imposer à ses proches de sortir le chéquier à contrecœur.**

Et que dire des futurs mariés aimant l'exotisme? Ils veulent se marier dans le Sud et disent : « N'apportez pas de cadeau, payez juste votre voyage. » Sans oublier la princesse qui voulait se marier à Walt Disney World en se prenant un peu trop pour la Reine des neiges. Dans ces cas-là, soit on décline l'invitation au mariage, soit on oublie la cotisation annuelle à son REER. « Rien ne se perd, rien ne se crée, tout se transforme », disait Lavoisier.

Le mariage dont on a vraiment besoin

Le mariage a toutefois son utilité : il procure aux époux la protection nécessaire en cas de décès ou de séparation. En effet, l'acte légal de la chose repose sur la signature des papiers, que le mariage soit religieux ou non.

Pourquoi se protéger ? Parce que cela génère des mécanismes automatiques en cas de problème. Par exemple, si le mari partait avec une autre femme de l'âge de sa propre fille, la séparation du patrimoine familial pourrait s'effectuer avec plus d'objectivité que si elle se déroulait dans une guerre d'insultes et d'avocats.

D'ailleurs, un contrat s'avère particulièrement important dans une situation où l'un des conjoints gagne un revenu nettement inférieur à celui de l'autre et s'occupe davantage des enfants. En revanche, quand des conjoints de fait se séparent, aucune valeur n'étant attribuée à l'un ou à l'autre, tout est une question de décisions personnelles. Le sujet de la protection du conjoint ou de la conjointe vulnérable doit donc avoir déjà été discuté.

Combien ça coûte, un mariage de papiers ? Pas grand-chose. Pour quelques centaines de dollars, on se retrouve mariés sans tambour ni trompette, en plein après-midi. Par la même occasion, on en profite pour faire son testament, ainsi qu'un mandat de protection en cas d'inaptitude, et voilà, l'avenir de la famille est pour l'instant réglé et tout le monde est protégé selon un contrat de mariage par défaut.

Avant de se marier, il serait aussi intéressant de s'informer sur les conséquences légales de l'acte, qui dépassent largement les photos du party d'amoureux sur Facebook.

Ce dont on a vraiment besoin, c'est :

- un testament ;

- un mandat de protection en cas d'inaptitude ;

- une planification financière (assurances, placements, etc.) pour le conjoint survivant.

TRUCS GRATUITS ☺

- Refusez toutes les invitations aux mariages de personnes qui ne sont pas « extrêmement » significatives pour vous. Dites-vous que les personnes qui tiennent une place spéciale dans votre vie sont très peu nombreuses...

- Ne vous en faites pas, les mariés ne vous en voudront pas. De toute façon, l'invitation vous a possiblement été envoyée par politesse !

Donc, as-tu vraiment besoin de te marier? Tu veux célébrer ton amour, soit. Alors pourquoi ne pas inviter famille et amis dans une cour et fêter le contrat que tu viens de signer? En cas de divorce, le party aura coûté moins cher, n'est-ce pas?

Le mariage, on peut parfois en avoir vraiment besoin. Le party à 30 000 $, pas vraiment.

L'ÉPARGNE
EN AS-TU VRAIMENT BESOIN?

Le problème avec l'épargne? Parlons plutôt du problème de l'absence d'épargne. Les conséquences ne sont pas visibles, pas immédiates et sont incertaines. C'est un peu comme le jeune fumeur de 16 ans : il ne voit pas ce que seront ses dents à 40 ans, sa peau usée, ses poumons cancéreux, sa dépendance, son pontage au cœur ou sa propension à « bander mou ». Il ne sent pas non plus le malaise des autres devant l'odeur qu'il dégage.

Ne pas épargner, c'est comme commencer à fumer : on y prend goût, on en fait une habitude, cela devient une dépendance, et on vit plus tard avec les conséquences négatives. Négliger l'épargne, c'est aussi refuser des opportunités à ses enfants quand ils seront plus vieux ou c'est payer de l'intérêt sur des dettes stressantes qu'on n'aurait pas dû contracter.

En revanche, **épargner, c'est avoir la liberté de tout plaquer, de changer de vie, de quitter ce qu'on ne veut plus.** L'important n'est pas de le faire, mais d'avoir la capacité de le faire. Ça libère l'esprit, détruisant du même coup la cage de verre qu'on a soi-même souvent construite. Son hermétisme finit par nous suffoquer.

Qui peut dire, à 20 ans, qu'il sera à l'aise et heureux dans son mode de vie jusqu'à la fin de ses jours? Qui peut prévoir une séparation ou une maladie grave, un accident, un traumatisme crânien ou une dépression subite? Personne. Personne n'est à l'abri de rien. Donc, l'épargne, sous forme de REER (régime enregistré d'épargne-retraite) ou de CELI (compte d'épargne libre d'impôt), c'est aussi une police d'assurance contre la rue, le ramassage de canettes et l'Accueil Bonneau.

Je sais, il faut bien vivre. Je suis d'accord. On ne parle pas ici de devenir une fourmi. La fable de La Fontaine est probablement la plus belle leçon de vie. Par contre, entre la cigale et la fourmi, il y a la « fourgale » : elle chante 30 % du temps, mais travaille 70 % du reste des jours ouvrables. Voici ce qu'on doit chercher à faire : épargner un pourcentage fixe de son salaire de façon systématique, comme on mange trois fois par jour ou comme on s'assoit sur le trône quotidiennement.

Il n'y a pas de mal à dépenser ou à vivre. Je ne dis pas de devenir un *freak,* mais il y a une limite à mettre soi-même la pédale au fond quand on se trouve à 50 mètres d'un mur de fumier.

Dans un monde qui nous fait croire qu'on doit être bien malheureux si on consomme peu, il faut exercer une certaine résistance temporelle : déplacer le bonheur ou le malheur de ne pas dépenser. Le fait de ne pas dépenser immédiatement donne l'impression de se priver à court terme, et cela peut rendre malheureux. Mais la retenue entraînera du bonheur à court, à moyen ou à long terme.

Ne pas laisser l'argent sur la table

Le REER et le CELI, malgré la simplicité de leur fonctionnement respectif, demeurent parfois incompris. Ce sont des enregistrements de placements, c'est-à-dire qu'on peut investir dans divers types de placements et les enregistrer dans un REER ou un CELI. Par exemple, il peut s'agir d'actions, d'obligations, de certificats de placement garanti, de parts dans des fonds communs de placement ou même d'un compte d'encaisse.

Pourquoi associer l'épargne à ces deux outils fiscaux? Parce qu'ils permettent de ne pas payer d'impôt sur certains rendements ou de reporter l'imposition. Quand un gouvernement propose un avantage fiscal de la sorte et qu'on décide de ne pas en profiter, on laisse de l'argent sur la table. Honnêtement, laisser de l'argent gratuit[1] sur la table, c'est comme aller au guichet, composer son NIP, voir sortir 200 $ de la machine et partir sans ramasser les billets. **Ne pas cotiser au REER ou au CELI, c'est donner au suivant.**

Parlant d'argent perdu, quand un employé décide de ne pas cotiser au maximum au régime de retraite (ou au REER collectif) avec contribution de l'employeur, il laisse aussi de l'argent sur la table. De la sorte, il renonce à une partie de la cotisation de l'employeur. C'est comme dire : « Merci *boss,* mais je vais me passer d'une portion de salaire! » Il faut être vraiment riche pour ne pas profiter d'un avantage salarial offert. C'est peut-être ça aussi, ne pas avoir les moyens d'épargner...

Paradoxalement, négliger l'épargne peut être perçu comme un geste égoïste : manquer d'argent à la retraite se répercutera sur l'aide que devra apporter la société. Une telle personne voudra une meilleure pension de la Sécurité de la vieillesse, ne payera pas ou peu d'impôt et exigera des services de santé.

On pourrait presque dire que ne pas épargner, c'est « voler les autres » de façon préméditée. Donc, épargner est un choix individuel aux conséquences collectives.

Est-ce possible de contribuer au maximum permis de son CELI et de son REER? Oui, pour les gens très aisés. Le « commun moyen » des mortels gagnant entre 40 000 $ et 60 000 $ par année peut tout de même y contribuer considérablement. Après, tout devient une question de choix. Personnellement, je me suis imposé la

---

1 Ne pas contribuer au CELI (compte d'épargne libre d'impôt) revient à ne pas profiter de l'avantage de ne pas être imposé sur le rendement du placement. Par exemple, si je place 1000 $ dans un CELI en actions d'une société et que celles-ci me rapportent un gain de 100 $, je ne serai pas imposé sur celui-ci. Ne pas utiliser le CELI, c'est renoncer à un avantage fiscal.

discipline suivante : toujours cotiser au maximum du REER. Est-ce facile ? Non.

Certaines années, comme celle de l'arrivée d'un enfant ou de l'achat d'une maison, ont l'impact d'un boulet de plomb dans le budget. Par contre, chaque fois que j'entends quelqu'un affirmer « je n'ai pas les moyens d'épargner », avec un salaire annuel de 40 000 $ ou 50 000 $, je reste dubitatif. Comment peut-on dire ça ? Plein de gens vivent pourtant avec beaucoup moins…

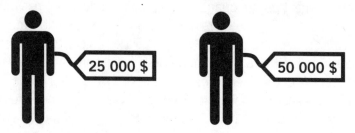

Si on compare une personne gagnant 25 000 $ par année avec une autre gagnant 50 000 $, il se peut que les deux n'aient pas d'épargne. Cependant, celle qui gagne 50 000 $ ne peut pas regarder l'autre dans les yeux en disant « je n'ai pas les moyens d'épargner ». Elle peut avoir un rythme de vie trop élevé par rapport à son revenu, mais elle ne peut pas gagner deux fois le salaire brut de l'autre et ne pas s'autocritiquer.

Et le CELI dans tout cela ? Je m'en suis servi pour contribuer à la mise de fonds d'un duplex à l'âge de 30 ans. Depuis ce temps, je n'y ai pas contribué, mais c'est une question de choix. Je le ferai prochainement.

L'investissement peut être immobilier aussi. On peut également décider d'investir dans une entreprise privée. Tout est une question de concentration de risque et de réalité personnelle. **Le message à retenir : il faut investir et s'investir, le plus tôt possible, peu importe la forme.**

Quand on parle d'épargne, il y en a toujours pour dire, comme sur un site de rencontre : « Moi, je suis un épicurien, j'aime la bonne bouffe, le cinéma et les voyages, j'aime vivre ! » Allo ? Qui n'aime pas cela? Qui n'aime pas sentir ses papilles gustatives jouir de bonheur à en baver? Qui n'aimerait pas être au bord de la plage en train de siroter un cocktail bien frais? Un peu d'originalité, s'il vous plaît. On pourrait très bien traduire cela par « moi, je mérite mieux que les autres, parce qu'eux se contentent de peu ». Nous aimerions tous avoir la vie facile. Un épicurien n'est-il pas tout simplement la cigale de la fable de La Fontaine?

L'autre perception de l'épargne

Socialement, on voit trop le REER ou le CELI comme de l'épargne-retraite. Changeons cette mentalité. Cotiser annuellement à ceux-ci, c'est se donner la chance de faire un beau voyage à 30 ans, de s'acheter une maison ou d'arrêter de travailler pour rien. Pour moi, cela signifie la liberté. La liberté de demain que je provisionne aujourd'hui. Comme un écureuil qui prévoit l'hiver.

Combien faut-il épargner? Chose certaine, il faut commencer à épargner avant d'avoir une famille, parce que, sinon, le choc sera brutal dans les habitudes de vie. Oui, oui, d'accord, mais combien d'argent faut-il avoir mis de côté à 35 ans? Chaque fois, je donne la même réponse relative, et chaque fois, on me lance des tomates.

Évidemment, on parlera ici d'une règle bien générale pour des gens ne gagnant pas le salaire minimum. Quantifions cela à partir d'un salaire médian. Et étant donné que c'est bon pour la prostate, je me risquerais à dire, en me basant sur des règles empiriques, qu'**il faut viser un actif net équivalant à plus de deux ans de salaire brut.**

Donc, pour un salaire de 50 000 $ par année à 35 ans, on devrait alors avoir mis de côté au moins 100 000 $ d'actif net sous diverses formes : capital sur la maison, capital sur un immeuble, REER, CELI, placements non enregistrés en Bourse, placement dans une entreprise privée, etc.

Donc, si après ses études, on met systématiquement de côté 18 % de son salaire brut dans un REER, on dépassera significativement la somme équivalant à deux années de salaire brut au moment d'atteindre l'âge de 35 ans (à moins, évidemment, que notre salaire ait augmenté de façon fulgurante entre la 34e et la 35e année). Toutes les possibilités sont là. Pour le commun des mortels qui ne fait pas de coup de circuit financier, c'est une règle proposée.

Évidemment, en lisant cela, plusieurs diront : « Oui, mais moi... bla bla bla... » Vous avez raison, je ne parle pas de celui qui a perdu beaucoup d'argent en raison d'une malchance en affaires, de celle ayant eu un cancer à 23 ans ou de celui qui, entre 20 et 26 ans, a eu six enfants de trois conjointes différentes.

En investissant dans un REER, on peut déduire sa cotisation et recevoir un remboursement d'impôt, mais on payera de l'impôt si on retire les sommes investies. Pour ce qui est d'un CELI, on y contribue avec de l'argent net d'impôt (aucune déduction ni remboursement au moment de la cotisation), et le rendement se fait à l'abri de l'impôt.

Ainsi, si je spécule fortement avec mon épargne, le CELI est intéressant parce qu'il générera la multiplication potentielle des revenus sans aucun impact fiscal au moment du retrait. Par exemple, si on met 1000 $ dans un CELI et que ce placement vaut 10 000 $ dans trois ans, le gain de 9000 $ ne sera pas imposable. N'est-ce pas merveilleux ?

Bref, à chacun sa stratégie. Aucune n'est parfaite, il faut simplement choisir celle qui répond à sa réalité économique, en fonction de ses choix et de ses obligations financières.

Si vous lisez ce livre, que vous avez terminé vos études et que vous n'avez jamais encore consulté qui que ce soit pour élaborer un plan d'épargne, c'est peut-être la bougie d'allumage qu'il vous fallait pour faire le premier pas. Est-il normal de planifier ses vacances, son voyage de pêche, ses enfants ou son mariage durant des mois, mais laisser la gestion de sa sécurité financière à l'abandon ?

Prendre le contrôle de sa vie financière

Ce qu'on cherche avec l'épargne, ce n'est pas une retraite en Floride pour user sa peau prématurément. Non, ce qu'on cherche avant tout, c'est un fonds monétaire pour nous permettre de dire « j'embarque », « je démissionne », « va te faire foutre », « fais tes valises, on part à Paris maintenant ! » ou « *Carpe diem !* » dans quelques années. **Épargner, c'est se donner le choix d'avoir des choix.**

Cela dit, il faut s'assurer de comprendre le système bancaire de première ligne. En succursale, le conseiller en épargne collective doit nourrir la machine. Son but premier est de conseiller, mais il doit aussi atteindre des objectifs de volume. En effet, annuellement, il doit « vendre » un certain volume de prêts hypothécaires, de placements, de cartes de crédit, de marges de crédit ou même d'assurances sur les différents types de crédit. Il ne faut pas lui en vouloir, il ne fait que son travail.

À ceux qui disent : « Ça ne vaut pas la peine d'épargner quand les rendements sont faibles », on peut répondre que les besoins futurs ne changeront pas pour autant. Ainsi, il faut davantage épargner lorsque les rendements sont inférieurs aux attentes. De cette façon, si les rendements finissent par être intéressants, on pourra obtenir du rendement sur une somme plus grande, ce qui compensera les années de vaches maigres.

Sachant tout cela, pourquoi le commun des mortels n'épargne-t-il pas davantage ? On peut faire le parallèle avec un régime alimentaire. **Épargner, c'est fixer un budget et limiter les mauvaises dépenses.** Tout comme un régime alimentaire correspond à se faire un budget de calories et à éviter les aliments à trop forte teneur en calories vides.

Dans les deux cas, la personne sait cela, mais elle est tentée par les mauvaises dépenses comme elle est tentée de manger un Big Mac. Beaucoup de gens sont en détresse financière et beaucoup souffrent d'embonpoint. Pourtant, à 18 ans, plusieurs d'entre eux étaient équilibrés tant sur le plan financier que sur le plan corporel. L'avantage avec l'équilibre alimentaire? Les excès finissent par paraître dans le miroir, et on peut alors réagir. Sinon, il y a quelqu'un qui risque de nous lancer : « Ouin, t'as engraissé, le grand ! »

En revanche, quand on n'a pas d'épargne ou qu'on est surendetté, il n'y a personne pour nous le rappeler quotidiennement. On glisse les relevés bancaires dans le tiroir et on vit dans le déni. Il est rare d'entendre : « Ouin, t'es rendu endetté, tu dois bien avoir pris 10 000 $ de crédit, le grand ! »

Comme dans le cas d'un régime alimentaire, l'épargne exige un contrôle constant et quotidien. Les petits efforts ou les choix quotidiens finissent par faire une grande différence sur plusieurs années. Ainsi, avoir l'équivalent de deux ans de salaire de côté à l'âge de 35 ans peut ressembler à avoir un ventre plat au même âge. On traite de chanceux ceux qui en bénéficient sans se dire qu'on aurait peut-être pu être au même point en faisant d'autres choix.

Alors, à la question « l'épargne : en as-tu vraiment besoin ? », la réponse est : as-tu les moyens… de ne pas épargner ?

Au fait, inutile de me dire : « Oui, mais moi, mon ami est mort à 30 ans dans un accident, il n'a pas emporté son argent au paradis. » C'est vrai. Tu as raison. Mais qu'aurait-il fait s'il n'était pas décédé dans ce tragique événement ? Nul ne le sait, mais il aurait sûrement constaté que, statistiquement, il risquait de mourir vieux !

UN BON DOSSIER DE CRÉDIT EN AS-TU VRAIMENT BESOIN ?

Parler à un jeune adulte de l'importance de son dossier de crédit revient à parler de Coca-Cola Classique dans un party de diabétiques : ce n'est pas le public cible. Pourtant, ça devrait l'être. Sa valeur est insoupçonnée.

Dans un monde de plus en plus impersonnel, le fait de dire : « C'est un bon p'tit gars, c'est le fils de Chose qui habite la rue Dion » ne suffit plus. Le dossier de crédit, c'est le test sanguin de notre comportement de consommateur. Il est sans parti pris et peut être analysé par un inconnu.

Le dossier de crédit détaille l'historique de notre relation au crédit, le financement et les emprunts. Le pointage, quant à lui, est un chiffre donnant une note globale à l'individu en matière de crédit.

Un jour, quand j'étudiais à HEC Montréal, nous avions eu un chargé de cours en remplacement, dont je tairai le nom. Le gars n'était pas réellement intéressé à parler de comptabilisation des actifs ou des revenus (le cours s'appelait pourtant « Actifs et résultats »). En fait, comme chargé de cours, il était mauvais. Très mauvais. Mais il voulait absolument nous parler de crédit.

Il avait insisté sur un fait : **sans bon pointage de crédit dans le monde d'aujourd'hui, on n'est rien.** Parlait-il de façon personnelle ? Faisait-il référence à un quelconque échec ? Peu importe, ce jour-là, il avait réussi son coup, car j'ai commencé dès lors à m'intéresser aux mécanismes régissant le dossier et le pointage de crédit.

L'habit ne fait pas le moine

À notre entrée dans une succursale bancaire, on a beau être aussi séduisant que Brad Pitt dans *Thelma et Louise,* porter le costard de Leonardo DiCaprio dans *Le loup de Wall Street* ou montrer un décolleté plongeant jusqu'au nombril, votre conseiller en succursale s'intéresse à d'autres éléments de votre profil. En effet, l'institution financière analyse généralement quelques facteurs, dont ceux-ci :

- la capacité de payer (les revenus, l'endettement actuel, le rythme de vie, etc.) ;

- les garanties offertes (ou endosseurs) ;

- le pointage de crédit.

Grossièrement, on peut regrouper ces trois éléments et considérer qu'ils forment le pilier de l'accès au crédit. Les gens sont habituellement très au fait de leurs revenus et des garanties qu'ils peuvent offrir. Par contre, la valeur de leur comportement de crédit, c'est une autre paire de manches.

Qui s'intéresse à votre dossier de crédit ?

Que ce soit la banque qui vous trouve bien gentil avec votre demande de prêt ou votre futur propriétaire inquiet de ne pas être payé, plusieurs raisons sont bonnes pour qu'on veuille avoir accès à votre dossier de crédit.

C'est le printemps et vous désirez acheter une nouvelle voiture ? Votre concessionnaire n'y voit pas d'objection, mais avant de vous financer, il voudra connaître votre pointage de crédit. Êtes-vous

« menteur et pas fiable » ou « organisé et diligent » ? Dans le dossier de crédit, on trouve des renseignements personnels, des renseignements sur le crédit (cartes, marges, etc.), des renseignements bancaires (comptes, chèques manquant de provision), des renseignements publics (ex. : faillite) et des données complémentaires.

Le pointage de crédit, comment ça fonctionne ?

En règle générale, le pointage de crédit varie entre 300 et 900. Pour avoir un excellent crédit, le dossier doit afficher un pointage de 760 et plus. Les données sont compilées par des bureaux de crédit. Au Canada, les deux principaux bureaux sont Equifax et TransUnion. Les clients (ex. : les banques) de ces deux organisations payent pour obtenir l'information désirée.

Théoriquement, votre autorisation est habituellement nécessaire pour qu'une personne ait accès à votre dossier de crédit. Évidemment, puisque cette demande est généralement en lien avec une demande de crédit, il est rare que vous refusiez une telle requête.

Comment détruire ou améliorer votre dossier de crédit ?

Le jour où vous aurez accès à votre dossier de crédit, vous serez peut-être déçu de votre pointage. Comme la fois où vous vous êtes rendu compte que l'amour-de-votre-vie-du-moment ne partageait pas vos sentiments. Comment ça, un pointage si bas ? Pourquoi ? Pourquoi ai-je un résultat inférieur à celui de mon frère ou de mon ami moins riche que moi ?

Ne paniquez pas, car certains comportements peuvent l'améliorer. Par contre, il n'y a aucune certitude quant à la manière dont ce pointage est calculé et à l'effet qu'ont sur lui les bons ou les mauvais comportements. En effet, la méthode de calcul du pointage est tenue bien secrète. Retenez toutefois que ce calcul peut être basé sur cinq grands facteurs[1].

1. Historique des paiements

Si vous êtes du genre à dépasser régulièrement le délai de paiement pour vos comptes en souffrance, il est possible que vous nuisiez à votre dossier de crédit. Si vous avez déjà reçu un appel téléphonique d'un agent de recouvrement menaçant, il est possible que votre pointage soit affecté.

2. Utilisation raisonnable du crédit disponible

Vous êtes du type à maintenir un solde impayé de 2000 $ sur la limite de 2500 $ de votre carte de crédit? Sachez que votre utilisation du crédit disponible doit généralement se limiter à 35 % du crédit de l'ensemble de vos limites accessibles.

3. Période couverte par les antécédents de crédit

Vous êtes du type à changer de carte de crédit selon la direction du vent? Retenez alors qu'il vaut mieux conserver un long historique de crédit avec ses comptes. Ainsi, si vous avez une relation platonique avec une carte de crédit depuis 10 ans, vous démontrez un plus long historique que cet ami qui change de carte de crédit pour obtenir un cadeau annuel de 20 $. Pourquoi ne pas garder les comptes les plus anciens? C'est un signe de stabilité.

4. Nombre de demandes de renseignements

À force d'adhérer à des programmes « Rien à payer avant l'an prochain », on finit par cumuler les demandes de crédit. De même, lorsqu'on va voir un match d'une équipe sportive et qu'on nous offre une serviette de plage contre l'adhésion à une autre carte de crédit, on envoie un signal qu'on cherche à se financer davantage.

Pas de doute, avant de faire une demande de crédit, il faut se demander : en ai-je vraiment besoin? Il faut aussi se poser d'autres

---

1 www.fcac-acfc.gc.ca/Fra/ressources/publications/creditPrets/Pages/Understa-Comprend-13.aspx

questions capitales du genre : ai-je vraiment besoin d'une serviette de plage ou d'une casquette supplémentaire ?

5. Polyvalence du crédit

Certains particuliers craignent l'utilisation de plusieurs types de crédit. Pourtant, avoir une diversité de types de crédit peut contribuer à améliorer son pointage de crédit. Ainsi, si vous avez une carte de crédit, il serait intéressant d'avoir aussi une marge, même si vous y avez rarement recours.

Remarquez, tous ces points sont parfois contradictoires à une certaine échelle. En effet, on nous demande d'avoir plusieurs sources de crédit, mais de limiter le nombre de demandes. L'important avec le crédit est d'agir raisonnablement.

Un principe de base demeure : payer ses comptes dès qu'ils sont dus. Avec la notion de solde minimum de remboursement, plusieurs particuliers gonflent à l'hélium leurs dettes jusqu'à ce qu'ils ne réussissent plus à les garder au sol.

Le pointage de crédit et l'amour

Ah ! je vous entends déjà crier : « Je ne vais quand même pas demander le pointage de crédit lors de mon prochain rendez-vous Tinder ! » Non, évidemment. Pourtant, le comportement financier du conjoint a une incidence directe sur la qualité de vie financière du couple.

Quand on désire louer un appartement et que le pointage de crédit du conjoint ressemble à celui d'un accro aux dépassements de délais de paiement, que faire ? Est-ce que cela mine la possibilité de trouver un loyer ? Et quand viendra le temps d'emprunter pour un condo, aura-t-il accès au crédit ?

TRUC GRATUIT ☺

La prochaine fois que vous ferez une demande de crédit,
comme le renouvellement de votre prêt hypothécaire ou une
renégociation de votre marge hypothécaire, demandez votre
pointage à votre conseiller bancaire : il l'a sous les yeux !
C'est simple, sans frais et plus rapide qu'avec Equifax ou
TransUnion. Ainsi, profitez de chacun de vos renouvellements
pour vous assurer que votre pointage s'améliore.

Protéger son dossier de crédit, c'est en quelque sorte ouvrir son univers à de multiples possibilités.

Ne valide-t-on pas son poids régulièrement en montant sur un pèse-personne? Ne mesure-t-on pas son tour de taille en vérifiant sa capacité à porter un pantalon?

Il faut aussi valider ton dossier de crédit. Est-il entaché? Qu'en sais-tu? Il faut absolument t'y intéresser.

Alors, à ton avis, après cette lecture, un bon dossier de crédit, en as-tu vraiment besoin?

AVOIR LES MOYENS
EN AS-TU
VRAIMENT
BESOIN ?

« **V**oyons, McSween, t'as les moyens de te payer ça, au salaire que tu fais ! »

Chaque fois que quelqu'un me lance cette phrase, je me demande toujours quelle analyse simpliste il a pu faire pour poser un tel diagnostic.

Premièrement, la plupart du temps, **on peut gagner un bon revenu annuel sans pour autant répondre à ses obligations à court, moyen et long terme.** Par exemple, on ne change pas les fenêtres de la maison chaque année, mais on doit provisionner cette dépense comme si on habitait un immeuble à condos.

Deuxièmement, on peut aussi gagner un excellent salaire, mais avoir des dettes plus élevées que ses actifs.

Chacun vit avec ses réalités, passées, actuelles et futures. Et vit aussi avec une bonne dose d'incertitudes à propos de l'avenir :

Serai-je un jour sans emploi ?

Devrai-je aider mes parents ?

Est-ce que mon équilibre mental résistera ?

Prévoir le futur se limite rarement à penser à ses vieux jours. Pour certaines personnes, « avoir les moyens », c'est disposer de liquidités dans leur compte de banque. Pour d'autres, c'est avoir accès à du crédit. Pour d'autres encore, c'est profiter d'un salaire permettant de voir aux décaissements (ou sorties de fonds) du moment.

Finalement, pour certains, « avoir les moyens », c'est une vue de l'esprit. Pour eux, tout est une question de perception et non une question de capacité financière. Ils seront surendettés, mais attendront de frapper un mur de béton avant de réagir. *Carpe diem!* Un peu comme l'obèse qui se met au régime seulement lorsqu'il a atteint les 350 livres.

Avoir les moyens de dépenser devrait vouloir dire ceci : être capable de couvrir l'ensemble des obligations de « l'adulte responsable ». OK, OK, c'est un concept bien élastique !

La vie de l'adulte responsable regorge d'obligations financières : REER, CELI, REEE, assurance vie, assurance invalidité, électricité, facture de télécommunications, paiement de loyer (prêt hypothécaire), taxes municipales, épicerie, etc. Par contre, tout cela n'est qu'une question de priorités, de rythme de vie et de tolérance au risque.

Certains considèrent plus important d'effectuer un voyage chaque année que d'assurer l'avenir de leurs enfants. D'autres ferment les yeux et se croisent les doigts – « Faut pas que j'aie un accident de vélo ou de ski » –, quitte à être sans le sou le jour où ça arrivera. À chacun ses priorités, à chacun sa vie !

La question demeure : ça veut dire quoi, « avoir les moyens » ?

Il faut revenir aux objectifs de base qu'on se fixe au départ. Veut-on vivre au rythme du vent et recevoir un imprévu comme un coup de 2 x 4 en plein visage à moins 20 degrés ? Si tel est le cas, on a les moyens de tout, mais il faut savoir encaisser les revers financiers. Parce qu'il y en aura.

Le plus difficile avec le concept de l'immédiat, c'est de ne pas savoir ce qu'on voudra demain. Le « moi immédiat », c'est-à-dire qui je suis en ce moment même, frappe à coups de 20 $ sur la réalité du « moi futur », celui que je deviendrai.

Que voudra mon « moi futur » ? Quel genre de vie mènera-t-il ? Quelles seront ses malchances ? La belle ligne droite prendra-t-elle une tangente non désirée ? Je serai le principal responsable de la trajectoire que prendra ma vie.

Le moment de l'entrée des liquidités et celui des sorties représentent tout sauf une équivalence parfaite. La vie est ainsi faite que les besoins ne correspondent pas toujours aux liquidités disponibles. On a alors deux choix : être à court de liquidités ou planifier. Dans la courbe de planification d'une vie, avoir des liquidités immédiates dans son compte de banque représente peut-être la marge dont nous aurons besoin dans cinq ou dix ans.

De la théorie à la pratique

Prenons l'exemple d'un planchiste amateur. Il possède déjà deux planches à neige dont la valeur dépasse largement les besoins qu'exige son talent. En entrant dans un magasin, il observe son nouvel objet de désir : la même planche Burton que Shaun White utilisait.

Le jour, il travaille dans un bureau. Son salaire est de 45 000 $ par année. Il contribue trop faiblement à ses REER, ses deux enfants sont au primaire sans compte REEE ouvert à leur nom, et le planchiste amateur cumule les frustrations.

En somme, les 2000 $ affichés actuellement sur son relevé de compte bancaire représentent les ressources financières qu'il veut attribuer à sa planche. Le hic, c'est que ces dollars n'ont juste pas encore été transférés dans son REER de cette année (il le fait toujours en janvier lorsque son conseiller l'appelle, mais il réduit aussi toujours sa cotisation, parce qu'il n'a « pas les moyens » à ce moment).

S'il tenait compte de ses objectifs et de ses obligations, son compte afficherait un solde négatif de 15 000 $. Comment ça, 15 000 $? Parce qu'une série de sorties de fonds l'attendent, même si elles ne sont pas dans son champ de vision immédiat : contribution au REER, réparation de la toiture, paiement sur la voiture, inscription du petit dernier au hockey, etc. Qu'à cela ne tienne, il achète la planche, « parce qu'il a les moyens ». Il voit les liquidités disponibles sans tenir compte qu'elles sont déjà implicitement allouées ailleurs.

Avoir les moyens, c'est entrer au bureau un matin, écrire un mot d'adieu à son supérieur et partir à 9 h 23... pour toujours. Avoir les moyens, c'est un gage de liberté de mouvement, d'agir et d'être. Ça représente un petit motton dans le compte *Carpe diem* (dans un article que j'ai lu, on avait appelé ça le *Fuck Off Fund*[1]).

Voilà ce que représente réellement « avoir les moyens ». Être capable de tout quitter au moment désiré. Le but n'est pas de le faire, mais « d'avoir les moyens », le pouvoir de le faire. Donc, avoir les moyens d'une dépense, c'est quand tous les autres postes essentiels, comme le compte *Carpe diem,* ont été pris en charge.

La moyenne

Théoriquement, quand on gagne le salaire moyen au Québec, la marge de manœuvre financière est mince. Pourquoi ? Parce que dans un marché équilibré, au point de croisement entre l'offre et la demande, on obtient le juste prix du bien ou du service : la limite de la capacité de payer de la moyenne. Par conséquent, le contribuable moyen sera toujours à court d'argent s'il ne fait pas des choix rationnels.

---

1 www.thebillfold.com (cliquer sur *A story of a Fuck Off Fund*).

En effet, les gens gagnant un salaire élevé ont toujours les moyens de faire monter les prix. Prenons l'exemple de l'achat d'une maison. Plusieurs acheteurs participent à une visite libre. Neuf acheteurs présentent une offre à la limite de leurs moyens, entre 350 000 $ et 375 000 $. Par contre, un dixième acheteur potentiel fait monter les enchères et offre 400 000 $. Est-ce que les neuf autres acheteurs feront le choix irrationnel d'élever leur offre initiale ou iront-ils tout simplement magasiner dans un autre quartier ?

Plusieurs couples ont vécu ça à Montréal. On rêvait d'une maison à Outremont pour finalement acheter un duplex dans Homa. La loi de l'offre et de la demande a frappé. La moyenne des ours est pratiquement condamnée à vivre à la limite de ses moyens.

Toute la question du futur change la réflexion. Peut-être ai-je les moyens aujourd'hui, mais que demain je ne les aurai pas. Ou bien l'inverse, peut-être qu'aujourd'hui mes liquidités sont limitées, mais que demain elles seront plus élevées… comme mes besoins !

Un concept relatif et non définitif

On ne peut pas déterminer de manière définitive si on a les « moyens » ou non de faire quelque chose. Tout est une question de perception et d'objectifs. Par exemple, si on est prêt à manger du macaroni au fromage 300 jours par année, on crée une marge de manœuvre pour consommer quelque chose de mieux dans un autre contexte. Qui est vraiment prêt à ça ?

De même, certains sont disposés à vivre dans la pauvreté de 65 à 95 ans en échange d'une jeunesse vécue à fond de train. À chacun ses objectifs, tant qu'on est conscient de ses choix et conséquent avec eux.

En gros, les chiffres n'ont pas de signification absolue, mais ils doivent être assez ambitieux et réalistes pour représenter notre propre vie dans 10, 20 ou 30 ans. Planifier sa stratégie financière de façon immuable en fonction de ses besoins à 20 ans revient à vouloir devenir propriétaire d'un club vidéo pour les 30 prochaines années : rien n'est définitif.

Quant aux voisins dont le crédit ressemble à un ballon gonflé à l'hélium de la consommation, ils ne se questionnent pas souvent : leur réalité, gorgée d'apparences, est souvent à la merci de l'aiguille de l'imprévu. Un ballon gonflé à l'hélium, ça finit par se dégonfler[2].

Vous commencez peut-être à pester : « Ça veut dire quoi, d'abord, « avoir les moyens », si ça peut signifier tout et son contraire dans un monde relatif ? » Bon, vous aimeriez probablement que je me branche. OK, OK.

En règle générale, « avoir les moyens » veut dire « avoir prévu pour le prévisible ET l'imprévisible ». Ce n'est pas être prudent à l'extrême, mais bien être conscient que les obligations financières résultent en une finalité beaucoup plus grande que ce qu'on peut imaginer.

Par exemple, ai-je les moyens de ce voyage ou suis-je en train de manger les droits de scolarité de mes enfants ? Ai-je les moyens de cette voiture sport ou suis-je en train de m'obliger à faire des heures supplémentaires pendant quatre ans et finir par faire une dépression ? Ai-je les moyens d'une douche en marbre ou suis-je en train de dépenser l'argent du compte urgence-toit-qui coule ?

Certains me diront : « Oui, mais on a juste une vie à vivre ! » C'est vrai, mais c'est le cas pour tous les consommateurs, ce qui fait en sorte que les désirs ne pourront tous être comblés.

---

2 Petite suggestion cinématographique : *La famille Jone$* (version française de *The Joneses*) est une comédie dramatique américaine réalisée par Derrick Borte en 2009.

Avoir les moyens : en as-tu vraiment besoin ? Faut bien vivre, mais à quelles conditions et à quel prix ? Un homme m'a dit un jour : « Je suis riche, je n'ai pas de dettes. » C'était une façon bien simple de dire qu'il ne devait rien à personne. Il avait donc les moyens de sa liberté, mais pas des obligations à venir.

Le jeu de l'argent n'est pas toujours facile. Pourtant, il équivaut souvent à faire la différence entre boire un Coke ou un verre d'eau : tout est une question de choix (assumé ou non).

L'AMOUR
EN AS-TU
VRAIMENT
BESOIN ?

L'amour. Le grand amour. On y aspire tous (en fait, j'imagine). Oui, on en a vraiment besoin, comme un sens unique dans la ruelle du bonheur !

L'amour s'exprime sous plusieurs formes : les sentiments, l'amitié, le désir, le partage, le compromis, l'expérience, le sexe, le pardon, la disponibilité, la reproduction (pour le meilleur et pour le pire), etc. L'amour, c'est un peu tout cela à la fois et bien plus encore.

Être aimé, c'est comme recevoir une lettre quotidienne dans laquelle est écrit : « J'ai envie que tu sois dans ma vie. » Évidemment, l'amour compte divers degrés et prend plusieurs formes selon les individus. Certains n'en auront jamais assez et d'autres en recevront trop. Et certains n'auront pas la chance d'y goûter, ne serait-ce que minimalement.

La répartition de l'amour est un peu comme celle de la richesse dans notre société : une infime partie de la population naît avec une cuillère d'amour dans la bouche, tandis que l'autre se battra toute sa vie pour avoir sa juste part. Le lien avec les finances personnelles ? Ça prend beaucoup d'amour pour survivre à la vie économique. Oui, l'amour est f?%$?%$ économique. En fait, il n'y a rien de plus économique ou financier que la relation de couple.

Le couple : une relation économique

« Heille, le comptable ! Arrête de mélanger argent et amour. L'amour, ce n'est pas de l'argent, c'est des sentiments ! »

Vrai… Au début, c'est juste des sentiments.

Lorsque s'amorce la vie commune, la finance débarque avec ses gros sabots. Le rationnel entre en ligne de « compte ». La vie devient une réalité financière quotidienne : on partage le paiement de la voiture, du loyer, de l'électricité, des coûts liés aux enfants, etc. On fait des projets à deux, on fait des voyages à deux, on rénove la cuisine à deux, on planifie à deux. On consomme à deux et on a une stratégie d'épargne à deux.

En fait, le couple partage non seulement les coûts, mais aussi les investissements et la gestion du risque. **Bref, le conjoint ou la conjointe est un partenaire en amour, mais aussi en affaires.** Notre mode de vie et nos choix influent sur notre réalité financière individuelle et commune.

Le couple ne devient pas nécessairement une marque de commerce comme Louis et Véro. « Quoi ?! Mais Louis et Véro, ce n'est pas une marque de commerce ! Ah non ? » Pourquoi sais-tu exactement de qui je parle alors ? Parce qu'au-delà du couple qu'ils forment, ces deux artistes ont mis en œuvre une marque de commerce qui dépasse leur propre relation, c'est-à-dire que l'image de leur marque est devenue plus grande que leur vie à deux.

Véro est l'image de marque sympathique, et Louis est le conjoint qui dit tout haut ce qu'elle pense tout bas. C'est Louis et Véro, l'image de marque. Je m'égare. On n'est pas obligé d'avoir une telle valeur marchande pour que la relation conjugale soit économique.

Elle l'est *de facto*.

Les premiers moments

Il fut une époque où les gens se rencontraient en vrai et apprenaient à se connaître au fil du temps. De nos jours, cette réalité est inversée : plusieurs se rencontrent virtuellement et vont conclure la transaction amoureuse dans le monde du réel.

Peu importe comment le scénario s'écrit, peu importe la plateforme utilisée, l'amour est une transaction. C'est une question d'équilibre de marché : les gens qui ont la même « valeur amoureuse » sur le marché de l'amour finissent par former des unions à court ou à long terme, s'ils le désirent.

Combien vaut l'un ?

Combien vaut l'autre sur le marché de l'amour ?

Pas en argent, mais en valeur amoureuse. Quand les deux valeurs se ressemblent, on a des chances de former un couple. À chaque torchon sa guenille, comme on disait dans le temps. Jusqu'ici, on parle de valeur sur le marché de l'amour.

Par contre, assez rapidement dans le processus de formation du couple viendront les questions servant à cerner la réalité financière de chacun. Voulez-vous des preuves ? On ne demandera pas directement : « Es-tu riche ? » ou « Combien gagnes-tu ? » Non, la discussion sera beaucoup plus subtile :

Q. : Qu'est-ce que tu fais dans la vie ?
R. : Si la réponse est « président d'entreprise » ou « commis chez Couche-Tard », on se fait immédiatement une bonne idée de la différence de niveau de vie.

Q. : Quel est le modèle de ta voiture ?
R. : Ça ne veut pas dire grand-chose, me dira-t-on, car il y a des BS chromés qui pullulent au volant de voitures que le crédit peut acheter temporairement.

Q. : Où habites-tu ?
R. : La réponse peut varier de Westmount à Pointe-aux-Trembles ou Rivière-des-Prairies. Disons qu'une vue sur le centre-ville, le fleuve ou le mont Royal, c'est plus exotique qu'une vue sur une raffinerie de l'est de la ville.

Q. : Aimes-tu les voyages ? Dans quel coin du monde aimerais-tu aller ?
R. : Old Orchard, ce n'est pas tout à fait Saint-Barthélemy, dans les Petites Antilles.

Q. : Gères-tu beaucoup d'employés ?
R. : Voilà une façon détournée de demander le rang hiérarchique et d'évaluer le revenu de l'autre.

Q. : Quel est ton restaurant préféré ?
R. : On s'entend, un souper à l'Europea, c'est comme une année complète de frites à La Belle Province.

Ces quelques exemples démontrent que, par des questions indirectes, l'information financière sur la personne convoitée transparaît : reste à savoir où se situe le critère financier dans la hiérarchie de nos valeurs du moment.

QUAND LES FINANCES TUENT L'AMOUR

Une fois que la relation a collé, il faut maintenant s'entendre sur le rythme de vie qu'on veut ou qu'on peut soutenir. Un jour, un collègue est entré dans mon bureau, avec le moral sous le tapis usé de l'endroit. Dans la boîte, nos emplois n'avaient rien en commun, mais il respectait mon travail et je respectais le sien.

Il m'a confié que, financièrement, son couple était au bord du gouffre. Une rationalisation des finances était imminente. Le prêt hypothécaire dépassait maintenant le prix initial de la maison. Comme bien des couples, il avait grugé dans le gain en capital de la maison année après année afin de rembourser les dettes de consommation.

En somme, le couple dépensait le capital de la maison. Aucune marge supplémentaire n'était disponible. Lucide, mon collègue s'en était rendu compte. Il voulait redresser la situation, mais pas elle. Ça a été la fin de leur histoire. Évidemment, le couple vivait d'autres problèmes, mais la préoccupation financière étant omniprésente, le bateau a fini par couler.

Bien plus que le partage des dépenses

Dans un couple, il faut donc s'entendre sur un plan, sur un mode de vie à adopter. En clarifiant les attentes de chacun dès le début (voir le texte « Gérer les attentes : en as-tu vraiment besoin ? », page 295), on évitera bien des conflits, même si plusieurs autres apparaîtront assez rapidement.

Plusieurs personnes pensent qu'une simple entente sur le partage des dépenses est suffisante. Non, car les finances peuvent devenir une source de frustration permanente entre les conjoints, surtout lorsqu'ils cohabitent. Bien sûr, les objectifs de vie peuvent changer en cours de route, mais, à la base, on doit s'entendre sur des principes financiers qui tiendront à moyen et à long terme. En voici quelques exemples :

- *Niveau d'endettement.* Quel est le niveau d'endettement acceptable pour les deux parties ? Y a-t-il un mode de vie qui empêchera l'autre de dormir ?

- *Objectifs d'épargne annuelle.* Quel est notre objectif d'épargne par année ? Quel pourcentage de notre salaire doit-il y être réservé ? Veut-on épargner en vue de cotiser au REER, au REEE ou pour faire des rénovations ?

- *Quartier.* Quel mode de vie désire-t-on ? La vie de banlieusards à Boucherville ? La vie trépidante du centre-ville ? Un appartement petit et sobre ou une maison avec trois salles de bain ?

- *Enfants.* T'en veux vraiment ? Si oui, on sait maintenant combien il vaut mieux en avoir (voir le texte « Les enfants : en as-tu vraiment besoin ? », page 219). Certains disent qu'on ne devrait pas décider du nombre d'enfants qu'on aura en fonction d'un budget : ils diront ça à mon grand-père Anatole et à ma grand-mère Léona, qui ont eu 13 enfants, en plus d'avoir vécu quelques fausses couches.

- *Dépenses.* En quoi consiste une dépense individuelle par rapport à une dépense commune? On épargne pour acheter une motoneige, mais est-ce vraiment un plaisir commun? Doit-on financer cet achat avec le budget familial?

- *Lutte de pouvoir.* S'il y a un écart considérable entre les revenus des deux conjoints, il faut aborder la notion de domination. En effet, dans les discussions, c'est trop facile de dire: « Je paye plus, j'ai le dernier mot », et ce, que ce soit de façon implicite ou explicite. Clairement, si l'écart des revenus est marqué, cette discussion aura lieu.

- *Rêves.* Réaliser ses rêves est important. On a tous besoin de s'accomplir, mais, dans un couple, rien n'indique que les rêves de l'un seront en accord avec ceux de l'autre. Si l'un rêve de vivre à New York et l'autre, à Saint-Lin–Laurentides, on ne parle pas de la même planification financière. Est-ce conciliable?

Ces exemples ne constituent que quelques sujets à aborder.

Comment partager les dépenses?

Oh! le sujet épineux! Une pomme de discorde majeure chez les couples, selon les sondages proposés dans les revues de matantes (et quelques publications sérieuses). Contrairement à ce qu'on pense, il n'y a pas de réponse universelle à cette question. Plusieurs pistes de réflexion peuvent être envisagées. Histoire de mettre la chicane dans certaines relations, en voici une.

Tout d'abord, voici une tentative de schématisation pour représenter l'axe de l'amour financier. Sur l'axe suivant, où en est-on dans sa relation?

« Chacun sa part »   « Le tout pour le tout »

Au début d'une relation, on peut comprendre le « chacun sa part ». Toutefois, lorsqu'il y a dans le portrait un mariage légal, des enfants ou une relation à long terme, on se dirige normalement vers « le tout pour le tout ». Évidemment, quand on est très riche, la rencontre avec un avocat en droit familial se révèle une avenue intéressante pour connaître les implications financières et légales d'un mariage.

Le **« chacun sa part »**. Entente selon laquelle le couple profite des économies d'échelle des dépenses communes, mais où la répartition des paiements est établie en fonction d'une méthode acceptée par les deux conjoints.

> **Avantage :** réduction du sentiment « d'injustice » en cas de séparation et facilitation de la répartition des biens. Adéquation entre l'effort fourni et la « valeur obtenue ».

> **Désavantage :** suivi très fastidieux de chacune des dépenses, ce qui peut devenir lassant, exigeant et source de conflit. Quand l'amour se transforme en gestion de fichiers Excel, on finit par laisser tomber les bons moments à deux.

« Le tout pour le tout ». Entente selon laquelle le couple ne forme qu'une entité. Tous les revenus et dépenses sont fusionnés et traités comme une seule personne financière.

> **Avantage :** grande simplicité de gestion.

> **Désavantage :** très grand potentiel de conflit lorsque les deux conjoints ne s'entendent pas parfaitement sur ce qui est une dépense « acceptable » ou « inacceptable ». Risque d'abus, volontaire ou non, de la part d'un des partenaires.

Constat : à mon avis, une position évolutive demeure la meilleure solution. Au début, il faut gérer la relation économique du couple comme celle de colocataires (« chacun sa part »), puis évoluer vers « le tout pour le tout » à l'arrivée d'un premier enfant, notamment, ou quand un autre événement exige un engagement particulier du couple (par exemple, un des deux conjoints décide de se lancer en affaires, ce qui pourrait mener au succès ou à l'échec des finances conjugales).

Définir le « chacun sa part »

Le concept de « juste part » ou de « chacun sa part » peut être très variable en fonction de la perception de ce qui est juste, de la consommation et de la réalité économique de chacun.

Le 50/50

Le concept de tout séparer 50/50 peut sembler juste pour certaines dépenses. Quand on est célibataire, il faut se loger. Ainsi, séparer le coût du loyer moitié-moitié est logique si la portion de chacun est inférieure à ce qu'un autre logement coûterait en format solo. Une fois ce constat fait, on peut appliquer la même réflexion au chauffage, aux frais de communications et aux autres dépenses connexes.

Par contre, si le couple emménage dans une maison ou un logement dans un quartier non abordable pour l'un des deux conjoints, il est normal qu'on observe un déséquilibre dans les paiements. Celui ou celle qui désire absolument habiter le quartier huppé devrait payer davantage si l'autre ne peut se l'offrir.

En pourcentage du salaire ?

Pourquoi ne pas séparer les dépenses en pourcentage du salaire de chacun ? À moins d'avoir des salaires très stables, on risque de se retrouver dans une chicane perpétuelle. Quel salaire doit-on prendre en compte ? Le brut ? Le taux d'imposition moyen n'est pas le même. Le net ? Est-ce que l'un des deux tire des revenus partiellement « en dessous de la table » ? Est-ce qu'on doit inclure le régime de retraite dans la rémunération globale ?

Si un conjoint cotise à un régime de retraite à prestations déterminées et que l'autre n'a pas de régime de retraite de l'employeur, quelle est la part de REER qu'on doit déduire du revenu pour calculer le salaire de référence ? Toutes ces questions peuvent devenir un enfer. Ajoutons à cela des enfants dans une famille reconstituée et « ce qui est juste » peut vite devenir un casse-tête.

Je soulève beaucoup de questions auxquelles je ne fournis pas de réponses. C'est voulu. **À chacun d'analyser sa situation et de déterminer comment il se sent au sujet de sa contribution financière au sein de son couple.**

Imaginons la situation où l'un des conjoints est entrepreneur et se verse un faible salaire, par choix, pour réinvestir les surplus dans sa compagnie. Aussi, il peut arriver qu'une personne ait un revenu variable avec de grandes volatilités.

Par exemple, une année, elle décide de s'accorder un salaire de 50 000 $, tandis que l'année suivante, elle choisit plutôt de se verser un petit dividende de 20 000 $ et de laisser les surplus dans l'entreprise. Quel est le « juste revenu » pour la base de calcul ? Oh que ça sent la chicane à l'horizon !

En fonction de la consommation de chacun ?
Qui a utilisé le plus le téléchargement sur Internet ce mois-ci ? Comment se fait-il qu'on ait autant de téléchargements ? Est-ce qu'Internet a profité aux deux partenaires ? Qui a mangé plus que l'autre au restaurant ? Qui se paye plus de gâteries ? Qui prend la douche la plus longue ? Qui mange le plus de ketchup, achète le plus de bière et boit le plus de vin ?

Voilà une façon de séparer les dépenses qui multipliera les conflits. En même temps, on introduit un concept d'utilisateur-payeur. Le suivi que cette méthode impose est cependant très difficile et lourd, en plus d'être un tue-l'amour presque garanti. « C'est toi qui payes le condom ! Pourquoi ? T'as joui et pas moi ! » (#humour)

Comment compenser le travail non rémunéré ?

Imaginons le scénario suivant : un des deux partenaires s'occupe de toutes les tâches ménagères, des courses et prépare les repas tout en occupant un emploi rémunéré. L'autre apporte une contribution minime au ménage, mais apporte une rémunération substantielle à la maison. Si l'un passe ses temps libres à rénover la maison sans compter, combien ça vaut? Comment quantifier l'apport de chacun si on veut être « juste » ? Dans un seul texte, on vient de lancer un cocktail Molotov dans la bonne entente financière !

Le cas du transport

Le transport est un beau cas de figure. Disons que le couple achète une voiture, mais que l'un des deux partenaires l'utilise principalement pour le travail. En dehors des heures de travail, la voiture sert aux deux à parts variables, selon les semaines. Qui plus est, le conjoint qui n'utilise pas la voiture aux fins d'affaires se déplace en transports en commun. Comment séparer la facture?

Ça dépend d'un paquet de facteurs : est-ce que c'est un choix commun de s'établir loin du travail de l'un par rapport à celui de l'autre? Dès qu'on se pose des questions, on complexifie la « séparation équitable des dépenses ».

Le transport doit être vu comme un tout. La voiture, le transport en Bixi, la carte de métro, etc., tout doit être réparti d'une façon logique et commune. Qui paye quoi? À quelle hauteur et pourquoi? Au-delà des décaissements individuels, il y a des choix communs influençant ceux-ci.

L'INDÉPENDANCE FINANCIÈRE

Une mère prévient sa fille[1]: « Ne sois jamais dépendante de quiconque financièrement. Donne-toi la chance de faire des choix, fais en sorte de ne pas être confrontée à des considérations économiques que tu n'aurais pas souhaitées. »

Voilà de bien sages paroles. Cette mère ne veut pas que sa fille ait besoin d'une autre personne pour vivre sa vie, pour faire ses choix ou pour décider à sa place. Elle ne veut juste pas que sa fille ait à quémander pour obtenir ce qu'elle veut,

---

1 Dans cet exemple, on utilise le féminin, mais la mère pourrait aussi bien parler à son fils.

ni qu'elle ait besoin de demander à qui que ce soit de vivre la vie dont elle rêvait. C'est peut-être le message à sa fille d'une mère qui n'a pas pu négocier à armes égales.

Un jour, une dame m'a écrit un courriel : « Je n'avais pas les moyens de quitter mon mari, mais je l'ai fait quand même. » Au nom du grand amour, on oublie souvent une simple notion : il est important de garder son indépendance et d'avoir les moyens de prendre la porte lorsque la situation l'exige.

Prévoir la séparation : la protection de l'autre

Ce n'est pas un manque d'amour que de prévoir une éventuelle séparation. C'est une preuve de rationalité. Une preuve qu'on est assez logique pour regarder autour de soi et constater que, malgré les bonnes intentions, tout n'est pas toujours rose. Récemment, j'ai vu beaucoup de couples d'amis se séparer. Au-delà de la tristesse que cela peut provoquer, la notion financière entre bien vite en scène.

Comment séparer les biens ? Qui avait payé davantage la maison ? Qui avait fourni la mise de fonds la plus élevée ? Qui aura le plus souvent la garde des enfants ? À combien s'élèvera la pension alimentaire ? Dans quel quartier décide-t-on de demeurer (pour les écoles et les amis des enfants) ? Qui garde la voiture ? Qui garde la maison (si possible) ? La complexité administrative de la séparation met en relief à quel point le couple est non seulement une relation d'amour, mais est devenu plus que jamais une relation d'affaires.

Alors, qu'a-t-on prévu en cas de séparation ?

Est-ce qu'on a gardé les investissements chacun pour soi ?

Est-ce que l'un a épargné pendant que l'autre a payé les dépenses de la maison ?

Est-ce que l'un s'est investi dans son entreprise pendant que l'autre s'occupait davantage de la famille ?

167

Chose certaine, lorsqu'on délaisse sa carrière pour des raisons familiales, à moins d'obtenir un gain spectaculaire ou de s'appeler J.K. Rowling, on réussit rarement à combler l'écart entre le revenu qu'on a et celui qu'on aurait pu avoir dans un autre contexte.

Donc, en cas de séparation, concéder des pertes financières pour le bien de l'autre, n'est-ce pas la plus grande preuve que cet amour a bel et bien existé? Évidemment, s'il ou elle vous quitte pour votre meilleur(e) ami(e), vous pouvez vous attendre à un combat épique.

Pas encore convaincu?

Comme ça, le couple, c'est uniquement des sentiments. Ah oui?

Est-ce que ton conjoint est assuré en cas de mort prématurée? Qui est le bénéficiaire de cette assurance?

T'as contribué au REER de ton conjoint?

Tu savais qu'au décès du conjoint, l'autre bénéficie de certains avantages fiscaux?

Et si ton conjoint dépense votre avenir financier, c'est pas grave, tu dis? Bien sûr que ça l'est!

L'amour est aveugle, mais le compte de banque ne l'est pas.

Ce texte vient peut-être de jeter un peu de désillusion dans le discours amoureux, selon lequel celui-ci est composé d'amour et d'eau fraîche. On ne contrôle pas sa relation amoureuse à 100 %. L'érosion du quotidien fait son œuvre et les beaux sentiments d'autrefois peuvent faire place au désenchantement de la lourdeur du temps. La relation peut se terminer contre notre gré ou par notre faute.

En revanche, on peut voir venir les coups et gérer sa vie amoureuse. Parce que si on s'aime, ce n'est pas pour se laisser dans la misère; il faut s'aimer suffisamment pour amortir financièrement l'éventuel chagrin.

Il n'y a pas de façon parfaite de partager les finances du couple, il faut simplement se sentir à l'aise avec la méthode de calcul retenue et demeurer ouvert à aborder la discussion plus tard.

Donc, l'amour, en as-tu vraiment besoin ? Tellement ! L'amour est la seule chose qui donne du sens à notre temps emprunté sur cette terre. Trouvons-le, où qu'il soit.

Et gérer financièrement cet amour alors ? Encore plus.

Note : ce texte n'est pas une réflexion sur les aspects légaux, car le droit familial et la fiscalité sont d'une grande complexité. Un couple devrait toujours s'informer sur les conséquences légales de ses décisions, car elles peuvent avoir des conséquences financières très importantes, surtout en cas de séparation. Ce qu'on croyait la réalité n'est pas toujours ce que la loi impose.

TRAVAILLER
EN AS-TU VRAIMENT BESOIN ?

À moins d'être le riche héritier d'une fortune familiale, le commun des mortels n'a pas vraiment le choix de travailler contre rémunération.

Le travail doit-il toujours demeurer le même au fil des ans ?

Doit-on occuper le même type de poste toute sa vie ?

Peut-on un jour gagner sa vie grâce à ce qui était son passe-temps favori à une certaine époque ?

Ce texte démontre l'importance de créer sa propre valeur marchande pour pouvoir passer du statut de « travailleur » à celui d'« investisseur ». Une fois devenu un investisseur, le contribuable peut fantasmer sur sa rente. La structure financière de la société est ainsi faite.

Au fur et à mesure que le corps vieillit, on passe de la population très active pour ensuite s'intégrer à la population des rentiers. Le jour où le corps ne suivra plus la cadence ou ne générera plus de valeur marchande, il faudra alors avoir accumulé une rente. C'est factuel.

Commencer quelque part

Juin 1996.

J'ai presque 17 ans et je retourne à la maison avec mon chandail et ma casquette de McDonald's. Il s'agit de ma première vraie expérience professionnelle; une entreprise a accepté de m'embaucher et m'offre un salaire de 6,10 $ l'heure. J'ai mis un certain temps à être productif, mais au bout de quelques quarts de travail, j'y suis parvenu. En vérité, je ne sais pas si je « produisais toujours plus » ou si je « trouvais le moyen d'aller de plus en plus vite en toute sécurité ».

Ce que certains voyaient comme un travail, je le voyais comme une discipline sportive : il y a des règles, il faut performer, il faut apprendre. Qu'ai-je appris aujourd'hui? C'est la question que je me suis toujours posée dans chaque emploi occupé, dans chaque activité pratiquée et chaque jour d'école. Est-ce que je perds mon temps ou est-ce que je développe quelque chose de nouveau? Suis-je en train de me répéter ou de consolider des acquis?

Notre premier emploi est très important ; en effet, il exercera une influence sur tous ceux qui le suivront. Choisir un travail exigeant et reconnu comme tel, c'est investir dans son curriculum vitæ. Au début, on travaille pour un salaire horaire de crève-faim. Le but ultime : ne plus travailler à un tarif horaire minimal. Il faut plutôt travailler pour un résultat et au nom d'une valeur intrinsèque plus grande qui dépasse le principe de « faire du temps ». Il faut développer sa capacité à devenir investisseur.

Mon objectif a toujours été d'être un jour payé pour une valeur intangible, une expertise ou une valeur marchande, et non en fonction du temps de travail effectué. Concevoir sa vie en heures de travail représente une vision ouvrière du travail.

En effet, faire du temps ne confère pas nécessairement de valeur au travail accompli. Ce qui a de la valeur, c'est ce qui est produit ou créé pendant un certain temps. Par exemple, passer quatre heures à peinturer un mur avec minutie ne donne pas, aux yeux du client, plus de valeur à ce mur que s'il avait été peint avec adresse en 30 minutes. C'est pourquoi le client ne veut pas payer à l'heure, mais préfère payer en fonction du résultat. La différence de temps entre ces deux scénarios n'offre aucune valeur ajoutée au client. Pourquoi alors le maintien de cette mentalité de la rétribution à l'heure ?

Passer de salarié à investisseur : une mixité nécessaire

Dès qu'on commence à travailler, il faudrait penser en investisseur. Pourquoi ? Parce que le *cash* se dépense plus rapidement qu'il ne se gagne. Il y a un décalage entre les entrées de fonds et les sorties de fonds. Ainsi, croire qu'on peut toujours faire face à ses obligations avec la paye de la semaine démontre une ignorance totale de la réalité financière dans laquelle on souhaite se retrouver.

Certaines dépenses, comme celles reliées aux études ou à la préparation de la retraite, doivent être planifiées, d'où la nécessité de penser en investisseur. Et pour faire des investissements, il faut accumuler quelques dollars.

L'erreur fondamentale du jeune travailleur est de penser à dépenser ou à se récompenser avant d'investir. On appelle ça « penser en cassé ». Ce devrait être complètement l'inverse. La dépense devrait être le budget résiduel après investissement.

Investir dans ses études pour ne pas avoir l'impression de travailler

« Au départ », expression fétiche de mon oncle Jacques, on investit parfois dans ses études. La question demeure : est-ce que j'augmente vraiment ma valeur marchande en étudiant dans ce domaine ? Je sais, je vois déjà un certain prof de philosophie me traiter d'utilitariste à la solde d'intérêts néolibéralistes. J'accepte la référence gratuite. Ça lui fait tellement plaisir de jeter un peu de fiel : l'enseignement de la philosophie ne protège pas contre l'utilisation abusive du sophisme.

En 2016, étudier pour acquérir un savoir à l'état pur, est-ce une avenue logique ? L'accessibilité de l'information ne permet-elle pas, justement, de ne plus payer un professeur dans un contexte de cours magistral pour qu'il nous recrache ce que des ouvrages énoncent déjà explicitement ? Par exemple, pour lire *Théorie de la justice,* de John Rawls, je n'ai pas besoin d'un baccalauréat en philosophie, surtout si je n'ai aucunement l'intention d'enseigner cette matière.

En somme, si on étudie dans un domaine dont le diplôme n'est pas synonyme d'expertise utile à une carrière professionnelle, a-t-on vraiment besoin du diplôme ? Le savoir n'est jamais inutile, c'est vrai. Le diplôme est une certification ; il authentifie des qualifications et des compétences. Si on n'a pas l'intention ou la possibilité de s'en servir professionnellement, est-ce qu'on a vraiment besoin de l'obtenir ?

La question est toujours la même : comment cet investissement me permettra-t-il d'augmenter ma valeur et mon bonheur ? Et on n'oublie pas cet objectif, qui est de passer de travailleur à rentier. Est-ce que mon parcours d'étudiant y contribue ?

Ce que j'écris en fera sursauter plus d'un, mais est-ce une bonne idée de passer plusieurs années à l'université pour étudier dans un domaine où les débouchés conduisent directement à la même place que le Collège de secrétariat moderne[1] le ferait ? En matière d'investissements financiers, c'est un non-sens.

Certains diront : « Oui, mais il n'y a pas juste l'argent dans la vie ! » C'est vrai. Tout à fait vrai. Par contre, pour vivre certaines expériences, ça en prend, et beaucoup. Faire des études universitaires sans se soucier de ce qu'on pourra récolter au bout

---

1 Maintenant connu sous le nom de Collège supérieur de Montréal.

constitue un investissement discutable dont les conséquences financières seront importantes.

Quand j'entends des finissants universitaires se plaindre d'être sans emploi malgré leur maîtrise, je me demande toujours ce qui les a poussés à faire les études qu'ils ont choisies. Pour chaque programme, les statistiques sur l'emploi sont disponibles au moment d'entrer à l'université.

Si on ne croit pas être le meilleur dans un champ d'expertise ou être en mesure d'y faire sa place, pourquoi y consacrer autant de ressources financières? Investir financièrement dans ses études, c'est investir dans son capital humain.

Évidemment, il y a toujours un contre-exemple qui transforme un diplôme en quelque chose de peu conventionnel. Prenons l'exemple de Luc Langevin, l'illusionniste : il utilise ses connaissances de la physique pour réaliser ses numéros de magie (ou de physique optique). Donc, il a réussi à établir un lien entre son diplôme scientifique et ses aspirations artistiques, bien que ce ne soit pas le chemin habituel auquel mène sa formation scolaire.

Malgré tout, il faut s'investir dans un domaine qui nous ressemble et qui nous permettra de faire ce qu'on aime. Ici, on ne parle pas de choisir quelque chose de facile, mais un champ d'études qui nous passionne. Voilà qui n'est pas toujours évident à 18 ou 20 ans.

Trouver une voie qui nous passionne fera en sorte de n'avoir jamais l'impression de travailler. **Aspirer à aimer son travail, c'est tout de même un objectif louable et réaliste.** Pour plusieurs, c'est la quête d'un nirvana inaccessible, pour d'autres, c'est une évidence.

Se lancer dans le vide

Le système scolaire nous apprend à être des salariés : il fournit de la main-d'œuvre au marché du travail. Quand on parle à un orienteur ou qu'on nous convie à des foires de l'emploi, on nous vend des débouchés, des salaires ou des conditions.

Je ne me souviens pas d'avoir rencontré souvent des entrepreneurs dans notre système scolaire. Être entrepreneur, ce n'est pas réservé au commerce des objets. Au contraire, Luc Langevin, Gregory Charles et Fred Pellerin sont tous, à leur façon, des entrepreneurs : ils ont créé de la valeur culturelle à partir de leur bagage et de leur inventivité.

Alors, comme entrepreneur, il est nécessaire de travailler. Chaque minute consacrée au travail sert à définir sa propre vision de l'entreprise et à faire augmenter sa valeur. Mais gare à ceux qui pensent se lancer en restauration ! Ça semble plus beau que ça ne l'est réellement : heures de fou, grande concurrence et risque élevé de fermeture.

Se lancer en affaires pour se lancer en affaires n'est pas recommandé. Il faut plutôt avoir la conviction que ce qu'on a à offrir possède une valeur et qu'on peut protéger cette valeur à long terme et la faire fructifier[2].

L'entrepreneuriat, ce n'est pas fait pour tout le monde, mais un investissement en temps et en argent est nécessaire pour la majorité. Il faut donc apprendre à investir, quitter sa mentalité de payeur et tenter de développer une mentalité de receveur. On y revient encore : est-ce que devenir son propre patron est un passage obligé quand on cherche à devenir investisseur ?

Faire de l'argent pendant qu'on dort

Le but premier quand on investit en Bourse ou dans une entreprise privée, c'est d'obtenir du rendement pendant qu'on alloue son temps à autre chose. Devenir un investisseur, c'est faire de l'argent pendant qu'on dort. Si on possède un immeuble à revenus payé un juste prix, celui-ci génère techniquement du rendement durant la nuit aussi. Le locataire dort, mais il nous rémunère pour occuper l'espace pendant qu'il se repose.

---

2 Petite suggestion de lecture : *Le bonheur comme plan d'affaires,* de Jean-François Ouellet, Les Éditions Transcontinental, Montréal, 2014.

C'est la même chose avec les placements en Bourse : pendant qu'on s'occupe à autre chose, l'argent travaille pour nous. Ça semble inaccessible à 16 ans, mais ça devient la norme à 50 ans et une obligation implicite vers 65 ou 70 ans. Eh non, la retraite, ce n'est pas une période de repos. C'est une période où, dans une plus grande proportion, on passe de travailleur à investisseur. Si notre corps ou notre tête ne travaille plus contre rémunération, notre argent, lui, travaille encore de cette façon.

Travailler : un concept qui évolue

Ainsi, a-t-on besoin de travailler continuellement ? La réponse est positive si on n'a jamais été en mode investisseur. Ça semble une évidence, mais c'est le travail d'une vie que de passer de travailleur à investisseur au bon moment et de façon progressive. Pourtant, beaucoup de Québécois ne prennent pas cette réalité au sérieux.

Retarder l'investissement, c'est éventuellement payer. Opposer investissement et plaisirs de la vie est erroné parce que les dollars dépensés à un jeune âge, soi-disant au nom du plaisir, auront une incidence malheureuse sur la qualité de vie au cours des décennies suivantes. **La voiture sport acquise dans la vingtaine correspond à la mise de fonds sur une maison au début de la trentaine.** Nous vivons dans un monde de vases communicants, ne l'oublions pas.

Dans un rapport sur les cotisations aux régimes enregistrés d'épargne-retraite (REER), Statistique Canada indique : « À l'échelle nationale, la contribution médiane s'est établie à 2930 $ [en 2012], en hausse de 3,5 % comparativement à 2011. La médiane est le point auquel une moitié des cotisants ont déclaré une somme supérieure à 2930 $ et l'autre moitié, une somme inférieure[3]. »

Est-ce qu'avec ce volume de contribution à leur REER, les Québécois passeront de travailleurs à investisseurs ? On peut en

---

3 www.statcan.gc.ca/daily-quotidien/140325/dq140325b-fra.htm

douter. Avec les faibles rendements en Bourse, il faut de plus en plus de capital pour devenir un investisseur à temps plein au moment de la retraite. Et cela dans un contexte où l'espérance de vie est de plus en plus élevée.

L'investisseur d'aujourd'hui doit faire trois constats. Il doit :

1 **épargner plus de capital,** car les rendements seront plus faibles dans le futur que par le passé et que la période de retraite risque d'être plus longue.

2 **prendre davantage de risques** pour espérer un rendement équivalent à celui de la génération précédente.

3 **investir sur une plus longue période de temps.**

Travailler, en as-tu vraiment besoin ? Si tu ne veux pas investir, si tu ne veux pas que l'argent travaille pour toi, la réponse est oui.

Ici, on ne prône pas le fait de devenir riche, mais simplement de faire du mieux qu'on peut avec le peu qu'on a. Une fois qu'on est investisseur, rien ne nous empêche de travailler pour le plaisir une fois rendu à la retraite, pour simplement s'occuper et non pour mettre du beurre sur la table. N'est-ce pas cela, la véritable liberté ?

Mais posons-nous une autre question : qu'est-ce qui nous fait croire qu'on sera toujours employable à 65, 70 ou 75 ans ? Ah qu'on aime jouer à la roulette russe au Québec, qu'on aime donc ça…

179

DU NEUF
EN AS-TU
VRAIMENT
BESOIN ?

«J'aime ça! Ça sent le neuf!»
Hmmm… Non seulement l'odeur du neuf est souvent celle des composés organiques volatils (COV), considérés comme toxiques, mais on est tous un peu obsédés par le neuf. Comme si le fait d'être le premier à utiliser un bien augmentait sa valeur de façon substantielle.

En outre, **il y a un écart majeur entre le prix à payer pour un bien neuf et l'utilité ainsi que la satisfaction réelles qu'il procure.** Le principal avantage d'acheter un bien neuf est sa disponibilité immédiate, mais on la paye très cher, cette disponibilité. Un phénomène bizarre se produit : même si, en optant pour un bien usagé, on augmente sa qualité de vie à moindre coût, on continue de penser qu'on « mérite » du neuf.

Pourtant, ce n'est pas une question de mérite ; il s'agit plutôt de savoir de quelle somme on dispose dans son compte. Le fils de riche de Westmount ne « mérite » pas de consommer tout ce qu'il consomme, mais il en a les moyens.

Les biens usagés, c'est pour les pauvres !

Richesse et biens usagés créent une dissonance cognitive dans la tête. En effet, comme on aspire à la richesse (ou à moins de pauvreté), on semble croire qu'avoir les moyens d'acheter un objet neuf doit être notre premier réflexe de consommation. Mais un des gestes économiques les plus rationnels à faire est sans aucun doute acheter de seconde main.

Pourquoi? Parce que le prix du bien usagé baisse plus rapidement que son utilité. Un marteau neuf coûtera 25 $, mais on pourra en trouver un à 3 $ dans une vente-débarras. Ce dernier peut-il encore frapper des clous comme au premier jour? Bien sûr que oui. Souvent, la réponse à ce type de question est positive. La baisse de prix n'est donc pas proportionnelle à l'utilité du produit.

Avec les sites Web et les applications de petites annonces qui mettent en relation les vendeurs et les acheteurs à toute heure du jour et de la nuit, il est difficile d'affirmer que la quête de l'objet usagé exige un grand effort. Généralement, quelqu'un, quelque part, cherche à vendre l'objet de notre quête.

De plus, comme la recherche d'articles usagés demande du temps, je fais automatiquement un lien avec la stratégie d'achat (voir le texte « Une stratégie de consommation : en as-tu vraiment besoin ? », page 289) : le temps passé à chercher l'objet désiré permet de laisser infuser l'idée d'un tel achat, pour prendre ensuite la décision de se procurer ou non cet objet. Dans le domaine de la consommation, le pire ennemi est l'empressement, et le meilleur ami est le temps.

Si on aspire à être moins pauvre et à maintenir un niveau de vie intéressant, la principale priorité devrait être de cesser d'acheter des biens neufs et de profiter de tous ceux proposés par ces vendeurs qui ont eu autrefois des désirs… aujourd'hui usagés.

Également, l'achat de biens usagés permet de se procurer des articles à prix moindre que leur équivalent tout neuf, et d'éviter de payer 14,975 % de taxes au voisin qui vend sa tondeuse. Acheter des biens usagés permet de comparer la valeur des choses et leur utilité.

Prenons le mobilier de salle à manger. Un ensemble payé 4000 $ en magasin finira inévitablement par être liquidé dans une vente-débarras. Heureusement, si les choses perdent de la valeur, elles conservent souvent leur utilité.

Ainsi, quand viendra l'envie de changer de mobilier de salle à manger, malgré qu'on y mange encore très bien, il faudra s'assurer de fuir le catalogue IKEA ou les revues de décoration. Partons plutôt à la recherche de l'« autre », cette personne qui cherche aussi une table neuve et qui voudra nous vendre la sienne !

Oublions l'achat de la table neuve, qui coûte vraiment trop cher et dont on n'a vraiment pas besoin. Vous voulez absolument travailler pendant des semaines à un salaire ordinaire pour un ensemble de salle à manger qui aura perdu de son lustre dans peu de temps de toute façon ?

N'oublions pas qu'un bien n'est plus neuf à partir du moment où il quitte son emballage. A-t-on vraiment besoin d'être le premier à le déballer ?

APPRENDRE DE SES ERREURS

J'ai acheté beaucoup de biens neufs, notamment toutes mes guitares. Si c'était à refaire, ferais-je la même chose ? Probablement pas. Je fais partie de ces musiciens du dimanche qui n'auront pour public que leur miroir ou un quelconque enfant perdu dans la maison.

La guitare étant un bien qui dure une vie entière, pourquoi ne pas récupérer l'objet de désir d'un musicien qui se prenait à tort pour Jimi Hendrix ? Les petites annonces regorgent de guitares à vendre par des musiciens cassés ou ayant tourné la page sur une partie de leur vie.

Réparer : le retour aux sources

En plus de vouloir systématiquement acheter du neuf, un autre réflexe de la société de consommation est de jeter ce qui ne fonctionne plus au lieu de le faire réparer. Allez, jette, ça coûte moins cher d'acheter du neuf que de réparer. Vraiment ?

Il est vrai que beaucoup de biens, surtout l'équipement électronique, sont conçus pour être irréparables ou pour que les coûts de réparation soient supérieurs à la valeur du même bien à l'état neuf, fabriqué en Chine. Par contre, certains objets peuvent être restaurés.

Prenons l'exemple du vélo. L'autre jour, un ami a dépensé 150 $ pour remettre à neuf un vélo de 1990. Un vélo équivalent coûte aujourd'hui 500 $ plus taxes. Résultat : il a un vélo qui roule, son besoin est comblé, et il a épargné quelques centaines de dollars.

Cette approche brillante s'applique à plusieurs biens : voiture, ensemble de patio, barbecue, causeuse, table de salon, mobilier de chambre, etc. La propension à tout changer ce qui est encore utile, mais qui a besoin de réparation ou d'un peu d'amour, démontre qu'on est riche… ou qu'on ne sait pas compter.

Un autre bon exemple : les chaussures. À coups de visites chez Payless ShoeSource, on jette ce qu'on y a acheté. Pourtant, changer un talon, une semelle ou appliquer un peu de cire à chaussures peut vous transformer le look d'une paire de chaussures supposément prête pour la poubelle.

Idem pour les manteaux aux fermetures éclair brisées (souvenez-vous de celui que je porte depuis 13 ans et dont le curseur était défectueux ; voir le texte « Écouter les autres : en as-tu vraiment besoin ? », page 87). Une vidéo YouTube et un achat de 5 $ en ligne plus tard, on a redonné quelques années audit manteau. Tient-il encore au chaud ? Protège-t-il encore des intempéries ?
Ah, ça fait longtemps que tu l'as ? Et puis ? T'as peur qu'on te dise que t'es pas à la mode ?

Évidemment, il ne faut pas réparer pour réparer ; il faut aussi faire des calculs. La règle d'or est la suivante : la réparation doit « acheter des années de vie » au bien et éviter des sorties de fonds démesurées. Par exemple, si je fais réparer un article qui vaut 500 $ et que ça me coûte 200 $, je dois m'assurer que la dépense est logique. En effet, même si l'article est vieux, si sa réparation permet de ne pas débourser les 300 $ de différence plus taxes durant cinq ans, je viens d'acheter du temps, donc de l'argent.

S'acheter du temps

Le bien usagé permet de s'acheter du temps. Disons qu'un travailleur gagne 1000 $ nets par paye de deux semaines. Quand il paye 500 $ un bien usagé au lieu de 1000 $ à l'état neuf, il vient de s'acheter une semaine de vacances immédiate en liquidités.

Aussi, cela lui permet de se procurer le bien plus tôt, car il n'a besoin d'épargner que 500 $ nets au lieu des 1000 $ qu'aurait coûté le bien neuf. En procédant ainsi :

- il retarde le décaissement (sortie de fonds) de la somme équivalant à la différence entre le coût du bien neuf et le coût lorsqu'il est acheté de seconde main ;
- il devance la possession et l'utilisation du bien.

Cette logique s'applique parfaitement aux biens durables parce que la longévité de certains biens usagés risque d'être aussi grande que celle d'un bien neuf. Le mobilier de salle à manger constitue encore un bon exemple : à moins d'un feu ou d'un bris accidentel, l'ensemble usagé peut durer toute une vie au même titre que l'ensemble flambant neuf.

Les articles pour enfants

Les enfants représentent un marché de richesses infinies pour le commerce de détail. Tous les biens les concernant sont trop chers et leur durée d'utilisation est courte.

C'est un attrape-concombres : on joue sur l'amour que le parent porte à son enfant pour lui vendre de l'inutile et du superflu. Presque tout ce qui touche le monde de l'enfance se trouve dans le marché de seconde main : des vêtements à la couchette en passant par les couches lavables et les jouets.

Il ne faut pas avoir peur de dire : « Je t'achète tout ton stock pour 1000 $ » à un parent qui a terminé sa période de procréation. Pour ne pas avoir le trouble de tout vendre à la pièce, beaucoup de parents seront heureux de faire un ensemble de vêtements, jouets, meubles, etc.

Pourquoi acheter un traîneau pour enfants neuf ?

Pourquoi vouloir une couchette parfaitement agencée à la chambre ?

Un vélo neuf ? J'espère que c'est une farce, parce que la bicyclette d'un enfant ne dure pas plus d'un ou deux étés.

Même chose pour les patins à glace, les jouets, les vêtements !

Le parent qui paye les factures finira par revenir à la raison et évitera la fausse corrélation entre dollar dépensé et amour voué à ses enfants. Il achètera à la poche les vêtements usagés et non à l'unité, il recyclera les jouets du premier pour le deuxième. Il ira jusqu'à emballer des jouets qui avaient servi pour le premier enfant quelques années auparavant. J'ai acheté beaucoup de livres neufs à mes fils. La personne qui achètera le contenu de leur bibliothèque fera une affaire d'or pour une fraction du prix.

Il ne faut pas oublier non plus que l'achat de biens usagés peut aussi correspondre à une croissance des besoins. Ainsi, on peut posséder l'ancienne table à dîner des beaux-parents durant 20 ans, puis en acheter une neuve lorsqu'on est plus à l'aise financièrement. Mais on pourrait aussi la restaurer pour lui donner une seconde vie. Pourquoi pas ?

Dans une société où l'endettement individuel et collectif est de plus de 18 182 $[1], l'achat d'un bien usagé demeure une planche de salut accessible. Avant de se démener pour gagner 400 $ de revenus imposables de plus par année, ne pourrait-on pas revoir sa façon de consommer afin de couper dans la colonne des dépenses?

Du neuf, en as-tu réellement besoin? N'oublie pas que le vide que tu tentes de remplir en consommant (du neuf) ne sera jamais comblé: c'est un trou sans fond.

1 www.finance-investissement.com/nouvelles/economie-marches/
dettes-les-quebecois-parmi-les-meilleurs-payeurs/a/62952

POSSÉDER
EN AS-TU VRAIMENT BESOIN ?

Est-ce vraiment important que les choses nous appartiennent ? Au fur et à mesure que l'humain avance dans la vie, il accumule des objets. Plus on vieillit, plus cela devient un exercice épique et fastidieux que de déménager nos biens. Y a-t-il une façon de « posséder mieux » ?

La glorification de l'objet

Dès l'enfance, on glorifie la possession de l'objet. On demande à l'enfant : « Qu'est-ce que tu aimerais avoir pour ta fête ? » Implicitement, on lui demande quel objet il voudrait posséder. En procédant ainsi, on présente l'achat d'objets comme quelque chose de rare, incitant l'enfant à considérer la nouvelle possession comme une récompense synonyme de fête ou d'événement exceptionnel.

L'enfant grandit donc avec cette perception et, à mesure qu'il vieillit, il veut se récompenser davantage. D'ailleurs, son attachement aux objets s'exprime dans ces mots : « C'est MON camion » ou « MON vélo ». Pourquoi l'être humain est-il foncièrement attaché à ses choses ?

Je n'ai pas de réponse.

La collection : une aberration soi-disant logique

Collectionner. Quel drôle de passe-temps, n'est-ce pas ? Lorsqu'on collectionne, on ressent une certaine fierté à rassembler, à conserver et à classer des objets.

Plus jeune, j'ai collectionné les cartes de hockey. J'étais attiré par la valeur de ces cartes sur le marché de la revente. Par contre, pour vendre, il faut d'abord trouver un acheteur. Vingt-cinq ans plus tard, je peux confirmer que peu de gens ont quelque chose à cirer de la carte recrue de Kevin Hatcher ou de Joe Sakic. Surtout que les

 cartes de hockey de l'époque ont été imprimées en tellement d'exemplaires qu'elles n'ont pas la valeur qu'on leur donnait à l'époque.

Par la suite, j'ai tripé musique très fort. Ma passion pour la musique m'a amené à rassembler une collection d'environ 1800 disques sur une période de 25 ans, ce qui m'a probablement coûté des milliers de dollars. Presque tous ces disques sont aujourd'hui entièrement accessibles grâce à un abonnement mensuel à Google Play ou à d'autres services similaires pour quelques dollars par mois.

Mon but n'était pas de collectionner des CD. Je voulais juste écouter ce dont j'avais envie sans faire comme Carole-de-Laval, c'est-à-dire appeler l'animateur du poste de radio pour lui demander de jouer *Love is in the air,* de Martin Stevens.

Aujourd'hui, il n'y a plus de logique économique à posséder de la musique comme à une autre époque. La musique est partout et peut être écoutée à peu de frais. N'en déplaise aux artistes, le modèle d'affaires a changé.

Un jour ou l'autre, toute collection finit par perdre de son sens. À long terme, peut-on vraiment trouver une signification à l'accumulation d'objets ? Voici une question bien personnelle.

TRUCS GRATUITS ☺

1. La règle des trois ans

C'est une règle que je me suis fixée. Si cela fait plus de trois ans qu'un objet ne sert pas, il est fort possible qu'il ait été conservé pour rien. On peut alors considérer s'en départir.

2. Le déménagement

Chaque déménagement soulève un questionnement sur ce qui pourrait être conservé ou non. Déménager force le Québécois moyen à faire l'inventaire de ses avoirs et à se départir des biens inutiles.

3. La vie dans un espace limité

La petitesse d'un espace de vie force à réfléchir avant d'acheter un objet. Quand l'occasion d'acheter quelque chose d'imposant se présente, on se dit : « Où vais-je mettre ça ? » La plupart du temps, on repousse l'achat.

4. Le neuf pousse le vieux

Il est 13 h, on décide d'acheter un nouveau livre. Pourquoi ne pas se départir d'un objet chaque fois qu'un nouveau entre dans la maison ? En établissant une logique d'entrée et de sortie systématique, on se force à remettre en question la nécessité de posséder l'objet.

La pauvreté et l'accumulation

C'est facile de dire qu'il faut se débarrasser d'objets, mais, d'un certain point de vue, c'est difficile à rationaliser. **Vivre dans une maison épurée est un luxe de gens aisés.** Pourquoi ? Parce qu'ils ont les moyens de payer plusieurs fois pour un même bien et de s'en départir chaque fois qu'il est endommagé. La personne vivant dans la pauvreté garde l'objet de trop pour le moment où il pourrait encore servir.

Le coût des objets

Une fois qu'on a accumulé des objets, on doit les conserver, les entretenir, les nettoyer, les ranger, les classer, etc. **Les objets nous obligent à avoir des tablettes, du rangement et de l'espace.** Combien de pieds carrés dans nos maisons servent uniquement à les ranger et les contenir? La réponse pourrait surprendre.

Une grande partie des maisons est consacrée à maintenir des objets dans l'enclos de la possession. Selon un article du *Los Angeles Times*[1] paru en 2014, un ménage américain moyen posséderait 300 000 objets. Ça semble énorme, mais si on se met à compter, le total peut monter très vite.

Quand on achète une maison avec sous-sol en banlieue, il arrive qu'on perde le contrôle sur la quantité d'objets qu'on possède. Il ne faut pas oublier que si on achète une maison principalement pour loger des objets, on se retrouve à rénover, à chauffer et à assurer des pièces simplement pour garder des objets en place.

Est-il possible de réduire l'espace dont nous avons besoin en nous départissant de certaines possessions? Nos maisons sont-elles trop grandes? Restreindre la taille de sa demeure force à limiter le nombre d'objets qui y entrent et qui y sont entreposés.

Qui plus est, si on respectait tous les guides de l'utilisateur des articles qu'on achète, il faudrait passer sa vie à les entretenir. Comme le temps est limité, posséder des objets, c'est implicitement perdre une partie de sa vie à s'en occuper. Et comme dit le dicton, le temps, c'est de l'argent!

---

1 articles.latimes.com/2014/mar/21/health/la-he-keeping-stuff-20140322

LA LEÇON DU VIEUX VOISIN TRANQUILLE[2]

Chaque jour, il m'envoyait la main. Mon voisin de 86 ans mangeait sa soupe quotidiennement sur son perron d'en avant. Sympathique, il prenait de mes nouvelles et me regardait creuser mon sous-sol à la main.

Il faisait partie de ma vie, en quelque sorte. Je l'avoue, j'aime les « vieux », leur expérience, leurs histoires, leur mémoire, leurs souvenirs. Je les trouve inspirants parce qu'ils ont cultivé une autre vie, une autre réalité.

Puis un matin, il m'annonce : « Je vais vendre ma maison. »

Il s'y était résigné. C'était le temps pour lui de passer à une prochaine étape. Déménager une dernière fois, faire le deuil de sa vie, car « il en reste moins long qu'il en restait », comme disait mon oncle Maurice au dernier souper de Noël.

Quelques heures plus tard, mon vieux me croise à la crémerie du coin : un cornet de crème glacée à la vanille faisait partie de sa routine hebdomadaire. Il m'invite alors à visiter sa maison.

Tout à coup, je me suis retrouvé en 1979. Dans ce tableau d'une autre époque, seuls un four à micro-ondes datant de 1998 et un téléviseur à écran cathodique Sharp faisaient figure d'anachronismes. C'était une demeure sans traîneries, sans éclat. Un tapis recouvrait une partie du bois franc et une unique couleur couvrait tous les murs, marqués par des années de cigarettes, une habitude qu'il avait perdue à un moment donné.

Cet homme n'a jamais connu Internet et il ne se sentait pas dépourvu pour autant. Une chose a alors marqué mon esprit : il ne possédait rien. Rien dans le sens contemporain du terme. Dans la pièce qui lui servait de bureau, il n'y avait

2 Version remaniée d'un texte publié initialement dans le blogue de Voir.ca : voir.ca/pierre-yves-mcsween/2014/06/20/jaime-les-vieux

qu'un bureau vide en métal et en bois, vieux de quelques décennies. En ouvrant la porte d'une garde-robe, il me dit : « Ici, c'est les finances. C'est un peu à l'envers. » Deux pochettes de quelques centimètres d'épaisseur contenaient des papiers et représentaient ce « un peu à l'envers ».

Parfois, les personnes âgées ont cette capacité de ne plus éprouver le besoin de posséder des choses inutiles. Pourquoi posséder quelque chose qui ne servira plus d'ici notre fin de vie utile ? En ce qui concerne mon vieux voisin, ce n'était pas une question de faibles moyens ; il a même vendu son immeuble à un prix dérisoire : « Pourquoi vendre plus cher ? Je n'ai pas vraiment besoin d'argent. Je n'ai pas d'héritier, à quoi bon en accumuler plus ? »

Raison, il avait.

Après, quand je suis revenu chez moi, déprime totale devant l'échec du matériel[3]. Pourquoi avoir tous ces objets inutiles, toutes ces choses qui nous rendent malades, qui demandent de l'entretien, provoquent du stress et prennent de notre temps ?

À quoi bon garder les pochettes de CD quand seule la musique est importante ? Pourquoi garder des livres qu'on ne lira plus ? Pour l'intellectuel, la bibliothèque remplie de livres peut s'apparenter aux muscles du *douchebag* : c'est une façon de montrer physiquement le résultat de son travail. Donner ses livres et les laisser voyager, c'est un peu laisser aller la preuve apparente de tout cet investissement en connaissances.

Et tous ces vêtements qu'on a portés une seule fois ?

Des emballages-cadeaux ? Va-t-on vraiment donner 54 cadeaux cette année ?

---

3 N'est-ce pas, Daniel Bélanger ?

Pourquoi garder le *making of* de *Die Hard*? Qui a vraiment le temps de regarder les *special features* et les *making of...* d'un film de Bruce Willis?

La liste des choses inutiles est longue, et notre temps est limité.

Par la simplicité de leur mode de vie, les vieux nous parlent. Discrètement, ils nous enseignent quelque chose. Malgré cela, on ne les écoute plus vraiment. En leur proposant un bain par semaine lorsqu'ils perdent de l'autonomie, on les juge non contributifs. Pourtant, à leur façon, ils mettent un frein au rythme effréné de la vie actuelle.

Oui, j'aime les vieux. Parce qu'ils sont en quelque sorte un miroir de notre futur.

À la fin de notre vie, ne devrait-on pas être considéré comme un actif plutôt que d'être considéré pour ses actifs? À ce moment, il me restera au moins des choix existentiels à faire, comme décider si je veux manger un Jell-O ou un pouding au riz.

Oui, j'aime les vieux avec leur horloge grand-père qui ronronne au salon, qui dit oui, qui dit non, qui dit: « Je vous attends[4]. »

Louer ou acheter?

Ah! l'éternelle question! Louer ou acheter? C'est en rénovant mon duplex que j'ai réalisé à quel point la location d'outils était intéressante. À quelques minutes de la maison, l'entreprise de location permet une forme de partage des ressources. Tout se loue, de la rallonge électrique au bidon d'essence.

Pourquoi acheter et conserver ce qui ne servira pas souvent? Pourquoi acheter un équipement de ski si on

---

4 Clin d'œil à Jacques Brel.

descend les pentes une fois par année ou de l'équipement de camping pour une nuit à la belle étoile tous les cinq ans? Tout se loue, même un sac de couchage. De même, n'est-il pas illogique que tous les voisins possèdent leur propre tondeuse à gazon ou leur nettoyeur à haute pression (un « Simoniz »)?

Le gardage

L'artiste Mathieu St-Onge a réalisé une intéressante série de vidéos sur le « gardage[5] ». Il y présente singulièrement les raisons qu'invoquent les gens pour garder des objets divers.

Si j'avais écouté ma mère, on aurait conservé mes Lego de 1990 à aujourd'hui! Oui, bien sûr, j'aurais aimé jouer avec mes fils avec ces mêmes pièces Lego. Mais en les donnant, l'année où Jean Leloup était « dans la coalition », ils ont fait le bonheur d'autres enfants pendant 25 ans au lieu de végéter sur des tablettes.

Combien d'objets sont-ils ainsi conservés inutilement pendant trop longtemps?

---

5 www.matstonge.com/gardage.html

Garder des objets coûte cher.
En les donnant ou en les prêtant,
en les louant ou en les vendant,
on influence nos finances
personnelles. Parce que la saine
gestion des objets passe parfois
par l'emprunt et non la
possession. Donc, posséder,
en as-tu vraiment besoin?
Pas toujours…

LE REEE
EN AS-TU
VRAIMENT
BESOIN?

Pendant la grève étudiante de 2012, dans un reportage télé un peu populiste, on décrivait la situation difficile d'une mère de famille dont les enfants étaient aux études. En gros, la dame manifestait son désarroi devant la facture des frais reliés à l'université.

« Comment payer des dizaines de milliers de dollars pendant trois ans pour mes enfants avec un revenu familial moyen ? » : telle était la question de la mère inquiète. Le journaliste n'a jamais mis en doute la logique de celle-ci.

N'y avait-il pas là une incohérence ? Depuis quand attend-on le début des études universitaires pour prévoir une telle dépense ? Dans le reportage, on ne faisait aucune mention du régime enregistré d'épargne-études (REEE) !

Faisons le parallèle avec le remplacement d'une toiture. Disons que la toiture neuve coûte 10 000 $. Évidemment, il est difficile pour le commun des mortels gagnant 40 000 $ par année de payer cette somme pour remplacer la toiture en question (en passant, comme le chantait Rudy Caya, « [...] il paraît qu'on gagne sa vie. Mais moi, j'ai rien gagné, je l'ai travaillée »).

Même si on peut compter sur deux salaires de 40 000 $ par année, une toiture de 10 000 $ est synonyme d'un coup de pelle en plein visage du budget familial. On est rapidement K.-O. C'est pourquoi on doit provisionner des dépenses importantes chaque année en vue de prévoir le coup. J'entends souvent : « Mais voyons, personne ne fait ça ! »

Personne ? Bizarre, mais quand vient le temps de dépenser 25 000 $ pour une voiture, même avec un salaire annuel de 40 000 $, plusieurs ne sourcillent même pas. Ils achètent un paiement mensuel, et voilà. Et les études des enfants ? Ah ! Ce n'est pas pareil ?

On met des enfants au monde, on leur paye une panoplie de bonheurs et de choses. À 18 ans, ceux-ci sont en droit de nous demander : « Qu'avez-vous prévu pour mes études ? » « Rien ou très peu », n'est-ce pas un peu décevant comme réponse ? Bien sûr, je ne parle pas ici aux gens à très faible revenu : quand on est en mode survie, ce n'est pas évident de se lancer dans une planification scolaire à long terme.

Ne pas cracher sur de l'argent gratuit

Les gouvernements (provincial et fédéral) fournissent des avantages sous forme d'abris fiscaux et de subventions. Donc, tous les Canadiens ont droit à la Subvention canadienne pour l'épargne-études (SCEE), représentant un minimum de 20 % des sommes cotisées au REEE tant qu'on se trouve sous le plafond de la subvention permise. Au fédéral, la subvention canadienne totale peut aller jusqu'à 40 % sur la première tranche de 500 $ versés dans le REEE.

Au provincial, une subvention gouvernementale équivalant à 10 % des cotisations nettes est versée au REEE. Cette subvention se nomme l'« incitatif québécois à l'épargne-études ». Donc, quand on met un enfant au monde, on reçoit annuellement un minimum de 30 % des cotisations en subvention dans le REEE si on y cotise déjà soi-même (soit 20 % du fédéral et 10 % du provincial). En français, cela veut dire que pour une contribution annuelle arbitraire de 1000 $, on reçoit au moins 300 $ en subvention dans le REEE.

Malgré l'évidence de cette assurance minimale de rendement, nombreux sont ceux qui aiment encore une fois laisser de l'argent sur la table. On se plaint de la faiblesse des rendements en Bourse, mais quand vient le temps de sauter sur un minimum de 30 % de rendement gratuit, on passe notre tour.

Bien sûr, normalement, il ne faut pas cotiser plus de 2500 $ par année au REEE, puisque la subvention est plafonnée à l'atteinte de ce seuil. L'optimisation fiscale est donc obtenue si on dépose 2500 $ par année ou 208,33 $ par mois.

À cette fréquence maximale, c'est-à-dire si on contribue au REEE à raison de 208,33 $ par mois pendant 14 ans et des poussières, on atteindra le maximum cumulatif des subventions durant la 15e année de contribution, soit 10 800 $ (7200 $ du fédéral et 3600 $ du provincial), pour des cotisations totales s'élevant à 36 000 $.

Pour les familles à très faible revenu, le gouvernement fédéral ajoute un cadeau : le Bon d'études canadien (parce que tout commence par un « Q » et finit par un « BEC »). Sans même que la famille ait à déposer un seul cent dans un REEE, le gouvernement pourrait verser au profit de l'enfant une somme allant jusqu'à 2000 $. Ce montant se répartit de la façon suivante : 500 $ à l'ouverture du REEE et 100 $ par année jusqu'à l'année civile où l'enfant atteint l'âge de 15 ans.

Vous êtes une famille à faible revenu ? Pourquoi ne pas vérifier si vous laissez passer de l'argent gratuit ? On ne crache pas sur de l'argent gratuit, n'est-ce pas ? Tout ce qu'on a à faire, c'est ouvrir un REEE et s'informer un peu. C'est ce que j'appelle du temps bien investi.

Les avantages du REEE sont multiples :

• La somme au moment du retrait sera imposée dans la déclaration de revenus de l'enfant. Comme son revenu sera faible durant ses études, il n'aura pas ou aura peu d'impôt à payer.

- L'impôt sur le rendement sera reporté durant les années de cotisation : l'argent fructifiera ainsi à l'abri de l'impôt.

- Le capital appartient au parent cotisant au REEE.

- Le rendement et la subvention appartiennent à l'étudiant.

À mes yeux, si quelqu'un a déjà « investi » 500 $ et plus dans l'achat d'une sacoche avant d'avoir ouvert un REEE pour ses enfants, on peut qualifier son geste d'insouciance financière ou de déni. Je dis « sacoche » ici, mais j'aurais pu faire référence à n'importe quelle dépense où la valeur de l'argent investi n'a pas de lien avec l'utilité obtenue. On aurait aussi pu parler d'une soirée au hockey ou d'un vêtement dont le prix est démesuré. À chacun ses choix et à chacun sa liberté, mais tout a un prix.

La question est taboue, mais sommes-nous en train, collectivement, de manquer « d'amour économique » à long terme pour nos enfants ? Pouvons-nous nous priver un peu pour leur bonheur futur ? Serait-il possible de couper 100 $ ou 200 $ mensuellement, dans n'importe quel poste budgétaire (celui de la voiture, par exemple), pour atteindre ses objectifs d'épargne ? Ce n'est pas un « luxe » que tous peuvent se payer, mais cette réflexion doit absolument être amorcée.

Les enfants aussi peuvent contribuer

Si votre enfant travaille dès l'âge de 16 ans, ne serait-il pas normal qu'il contribue partiellement au financement de ses études en gérant son budget de façon très serrée ? Au Québec, le coût des droits de scolarité est faible par rapport à ce qu'il représente dans le reste du Canada.

En plus de cet avantage, contribuer au REEE lui enlèvera une pression énorme des épaules. On l'affirme souvent : le REEE peut être le placement le plus rentable en ville en proportion du risque encouru. Il serait dommage de ne pas en profiter !

Avant de contribuer au régime enregistré d'épargne-retraite (REER) ou au compte d'épargne libre d'impôt (CELI), on devrait, lorsqu'on a des enfants, considérer la possibilité de commencer par le REEE. Si on a une belle relation avec ses enfants, voilà une excellente façon de fractionner son revenu.

En effet, ce sont les enfants qui profiteront de l'usufruit du REEE et lequel sera ensuite imposé. Le capital n'est pas imposable, contrairement au rendement (intérêts, gains et subventions, qu'on regroupe sous le nom de « paiement d'aide aux études » [PAE]) attribué fiscalement aux enfants. On pourrait leur demander de payer une partie des frais de subsistance de la famille qu'on aurait payés avec son propre salaire ou son rendement de portefeuille personnel.

Donc, avant que le cordon ombilical soit coupé, que la première photo du petit soit prise et publiée sur Facebook, ou que son premier cadeau soit déballé, un parent averti ouvrira un REEE. Ça peut paraître peu original, mais, à long terme, ô combien bénéfique.

Quand le fils de ma sœur est né, je ne lui ai pas acheté d'ourson en peluche ni de vêtements *cute* à 100 $. Je n'ai pas non plus contribué à l'achat d'une poubelle à couches ou d'une poussette de luxe. Non, **en comptable plate, j'ai offert à mon neveu Théo une somme symbolique en guise de première cotisation à son REEE.**

Parce que la cotisation au REEE équivaut au paiement d'une facture de télécommunication : une fois qu'est installée l'habitude de payer, on oublie ce qu'on ne s'offre plus en contrepartie. La magie avec les retraits automatiques du compte bancaire repose sur un principe très simple : quand on n'a pas l'argent dans son compte, on est moins porté à le dépenser.

Garder ou non le secret?

Devrait-on mentionner à notre enfant qu'on épargne mensuellement pour lui? Les avis sont partagés sur le sujet. Est-ce que l'enfant minimisera son effort ou sa contribution personnelle sachant qu'il aura une aide substantielle pour financer ses études, ou est-ce une occasion de lui apprendre à rêver à plus et à viser mieux?

Un collègue a eu une stratégie intéressante avec sa fille. Il lui a dit: «Quand tu seras aux études, je t'aiderai.» Il ne lui a pas dit à quelle hauteur l'aide se situerait, mais sa fille sent moins de pression à l'idée de payer une forte somme dans les prochaines années.

Aussi, on peut se servir du capital du REEE comme outil de négociation avec l'enfant. Par exemple, si l'enfant obtient son diplôme dans les délais prévus, on peut lui transmettre une partie du capital résiduel pour l'aider à démarrer son compte d'épargne.

TRUC GRATUIT ☺

Pour intéresser un enfant aux placements, on peut acheter des actions de sociétés qui l'intéressent (par exemple, des actions de Walt Disney, Caterpillar, etc.) – si le placement donne un bon rendement et correspond à votre profil d'investisseur.

Ainsi, on rattache l'investissement à quelque chose que l'enfant connaît pour capter son attention sur ce sujet. Le REEE pourrait ainsi servir de véhicule d'initiation au monde fabuleux du placement.

Peu importe la stratégie retenue, un REEE, lorsqu'on a des enfants, demeure dans la catégorie du *no brainer.*

En as-tu vraiment besoin? Euh, oui!

DEVENIR PROPRIÉTAIRE EN AS-TU VRAIMENT BESOIN?

Pourquoi tant vouloir posséder une maison? C'est peut-être une façon de faire son nid, un symbole de réussite ou de sécurité. Parfois, posséder sa maison répond simplement au désir de vivre dans un environnement à son goût ou à son image.

Peu importe la raison, pour plusieurs, s'établir et devenir propriétaire donne un sentiment d'accomplissement. D'ailleurs, on s'empresse de publier sur Facebook une photo de soi à côté de la pancarte «Vendu». On ouvre la porte et on prend possession. Mais, sur le plan des finances personnelles, est-ce nécessaire? La propriété est-elle forcément un investissement?

Le rêve immobilier

Le problème, avec l'immobilier, c'est qu'on entend toujours parler de ceux qui y ont fait fortune, mais on ne parle jamais des circonstances, de la chance, du contexte économique, etc., qui ont favorisé cette réussite. Malgré cela, on trouve bon nombre de livres détaillant des recettes de succès dans ce domaine.

D'ailleurs, un des trucs souvent avancés pour pouvoir faire de l'argent, c'est « d'acheter un immeuble à un prix inférieur à la valeur marchande ». Pour vrai ? Sérieusement ? On n'y avait vraiment pas pensé… Blague à part, la chance est un facteur très important dans la réussite de l'investisseur immobilier : on ne contrôle pas l'évolution des conditions économiques et sociodémographiques.

Des conditions gagnantes

Prenons l'exemple de ceux qui ont acheté un immeuble à revenus à Montréal juste avant la crise du logement au tournant du millénaire. Une série d'astres se sont alors alignés. D'abord, la pénurie de logements a encouragé les gens à devenir propriétaires pour s'assurer d'avoir accès à un logement décent, disponible et sans risque d'être repris par un propriétaire.

À cette époque, les prix des propriétés immobilières augmentaient parce que la demande grandissait plus rapidement que l'offre. Qui plus est, avec l'éclatement de la bulle technologique en Bourse, certains cherchaient à diversifier leurs placements en investissant davantage dans l'immobilier.

Puis les taux d'intérêt se sont mis à baisser pendant une longue période, si bien que plus les taux de financement baissaient, plus les acheteurs pouvaient emprunter une grosse somme et plus les prix des maisons augmentaient.

Avant le 15 octobre 2008[1], on pouvait acheter une maison en empruntant sur une période de 40 ans sans aucune mise de fonds ! Après, on se demande pourquoi le marché a explosé : on a permis à des cassés de s'endetter à fond pour se payer une propriété. On voulait tellement que les Canadiens deviennent propriétaires qu'on a fait fi de leur capacité de l'être à long terme.

---

1 www.fin.gc.ca/n08/data/08-051_1-fra.asp

Selon RateHub.ca[2] un site Web donnant accès à des données sur les taux concurrentiels de prêts hypothécaires et les avantages de cartes de crédit au Canada, voici la courbe des taux hypothécaires fixes de cinq ans (ce sont les taux affichés : ils sont toujours plus élevés que les taux négociés, mais la courbe des taux négociés se base sur les taux affichés).

Taux hypothécaires fixes d'une période de 5 ans affichés
1973 au Présent

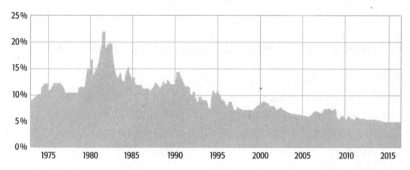

On constate qu'entre 1981 et 2016, les taux ont baissé progressivement. Une petite tendance à la hausse a été contrecarrée par les mesures interventionnistes de la Banque du Canada après la crise de liquidité qui a créé une onde de choc mondiale en 2008. Si bien que, depuis ce temps, plusieurs ont fait de bons coups immobiliers. D'ailleurs, cette courbe permet de comprendre à quel point les années 1980 et le début des années 1990 offraient une perspective d'emprunt complètement différente.

Un renversement

Ces gains rapides ont convaincu plusieurs investisseurs que le secteur immobilier assurait un coup d'argent. Mais ce n'est pas

---

2 www.ratehub.ca/historique-taux-hypothecaire-5-ans-fixe

toujours le cas. Pourquoi? Tout dépend du moment où on entre et où on sort du cycle immobilier. La croissance moyenne du marché immobilier sur une longue période ne génère pas des gains nécessairement spectaculaires quand on intègre honnêtement l'ensemble des coûts. En effet, beaucoup de gens oublient de calculer la totalité des coûts réels lorsqu'ils tentent de démontrer la rentabilité d'un projet.

En fait, les conditions actuelles décrites ci-dessous portent à croire que les acheteurs récents seront loin de faire un profit considérable à court terme:

Changements dans les conditions d'emprunt

Avant son départ de la politique, en 2014, Jim Flaherty, ex-ministre des Finances au sein du gouvernement Harper, a voulu ralentir l'accès à la propriété et la flambée des prix de l'immobilier au Canada en réduisant la période d'amortissement d'un prêt hypothécaire. Depuis 2008, le gouvernement fédéral a fait baisser la période d'amortissement maximale des prêts assurés (mise de fonds de moins de 20 % du prix de l'immeuble).

- On a fait progressivement passer la période d'amortissement maximale pour ce type de prêt de 40 à 25 ans[3].

- On a aussi haussé la mise de fonds minimale pour les immeubles de plus de 500 000 $.

- On ne pourra plus assurer le prêt d'un immeuble dont le prix atteint un million de dollars et plus.

Ces mesures inciteront certains à reporter l'achat d'une propriété et en pousseront d'autres à chercher un logement plus abordable.

---

3 www.cba.ca/fr/media-room/50-backgrounders-on-banking-issues/657-changes-to-canadas-mortgage-market

Abondance de copropriétés sur le marché

Au cours des dernières années, de nombreux projets de construction de copropriétés ont envahi le marché des habitations neuves. À un certain moment, en 2016, on a jugé que le prix des condos était trop élevé dans la région de Québec. En juin 2016, on annonçait que le prix des condos avait baissé de 5 % à Québec[4] en raison d'une surabondance de l'offre.

Déjà, en décembre 2015, le nombre de condos neufs invendus à Montréal avoisinait 2500 unités[5]. En ce moment, on craint une surchauffe du marché immobilier dans les régions de Vancouver et de Toronto[6]. Ces données démontrent que l'investisseur qui pense faire de l'argent à tous coups avec l'immobilier regarde ce secteur avec des lunettes roses.

Ratio d'endettement élevé

Bien qu'il semble stagner, le ratio d'endettement des particuliers atteignait 165,3 % au cours des trois premiers mois de l'année 2016[7] (dette des ménages/revenus disponibles). Évidemment, ce ratio inclut le prêt hypothécaire.

Il est normal que le ratio d'endettement soit élevé quand on est jeune : en théorie, avec le temps, le remboursement du capital réduira ce ratio d'endettement. Malgré tout, le ratio est considéré comme très élevé, ce qui influence la capacité des ménages à emprunter davantage et à payer un prix plus élevé pour une résidence.

---

4 www.journaldequebec.com/2016/06/06/les-prix-des-condos-en-baisse-de-5-a-quebec
5 affaires.lapresse.ca/economie/immobilier/201604/27/01-4975596-immobilier-surevaluation-elevee-a-quebec-et-moderee-a-montreal.php
6 affaires.lapresse.ca/opinions/chroniques/rudy-le-cours/201606/10/01-4990396-lendettement-des-menages-fragilise-leconomie.php
7 www.conseiller.ca/nouvelles/lendettement-recule-un-peu-59042

Dette de consommation élevée

La dette de consommation des Québécois atteignait 18 182 $[8] pour le premier trimestre de 2016. Cette dette individuelle en croissance vient plomber la capacité des Québécois d'investir dans une résidence ou un immeuble à revenus.

Vieillissement du parc immobilier

Aussi, en raison des coûts élevés de la rénovation, selon les tarifs de la Commission de la construction du Québec (CCQ), il deviendra de plus en plus difficile d'entretenir à tarif raisonnable les immeubles à revenus que le propriétaire n'habite pas.

Le marché est rempli d'immeubles peu ou insuffisamment entretenus, ce qui vient plafonner la valeur d'une portion du parc immobilier. En d'autres mots, les coûts de rénovation déclarés sont devenus prohibitifs pour l'investisseur. Avec les règles de la Régie du logement, il est difficile de récupérer son investissement dans un délai raisonnable.

Taux d'inoccupation des logements

En décembre 2015, la Société canadienne d'hypothèques et de logement (SCHL) prévoyait qu'en 2017 le taux d'inoccupation des logements locatifs de la région métropolitaine serait de 4,4 %. Il faut comprendre que le point d'équilibre théorique se situe généralement à 3 %[9]. Donc, quand le quidam a le choix entre acheter une résidence ou louer un logement, la disponibilité des logements peut influencer sa décision et jouer sur la demande pour la propriété.

---

8 www.finance-investissement.com/nouvelles/economie-marches/dettes-les-quebecois-parmi-les-meilleurs-payeurs/a/62952

9 affaires.lapresse.ca/economie/immobilier/201512/03/01-4927375-immobilier-signes-de-surevaluation-eleves-a-montreal.php

Ce ne sont là que quelques facteurs qui viendront expliquer une réalité. Les investisseurs immobiliers récents ou futurs ne peuvent pas espérer vivre une période aussi glorieuse dans les 15 prochaines années que leurs homologues au cours des 15 dernières. Il ne faut pas oublier que les *boomers*[10] mourront massivement au cours des prochaines décennies (je sais, c'est froid comme réalité); la courbe démographique influencera donc l'offre du parc immobilier.

Voilà donc une bonne raison de faire preuve d'ouverture envers l'immigration, laquelle nous aidera entre autres à maintenir la valeur des maisons et à corriger minimalement les faiblesses de notre évolution démographique. Comme quoi les finances personnelles ont même un aspect politique!

Pyramide des âges, Québec, 1er juillet 2015

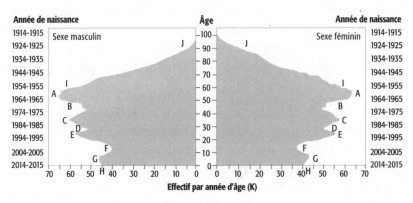

Note: dans ce tableau, dont les données sont tirées du *Bilan démographique du Québec – Édition 2015*[11], la section A représente les *baby-boomers*.

---

10 www.stat.gouv.qc.ca/statistiques/population-demographie/bilan2015.pdf
11 *Idem.*

L'épargne forcée

On entend souvent dire que l'investissement immobilier est une forme d'épargne forcée. Pour certains, il est vrai que la seule façon « d'investir » est de faire un paiement hypothécaire. Cela ne veut pas dire que c'est la meilleure façon d'épargner pour obtenir le meilleur rendement.

Par contre, le gain en capital sur le logement qu'on habite n'entraîne pas d'impôt à payer s'il est désigné comme résidence principale pour la durée de possession. Voilà un avantage fiscal intéressant, mais qui ne peut justifier à lui seul une concentration du risque dans le seul secteur immobilier. Si on habite dans un endroit de grandeur raisonnable et accessible, ce n'est pas à 65 ans qu'on aura nécessairement envie de vendre et de s'en aller ailleurs.

Par conséquent, affirmer que sa résidence est son régime de retraite démontre une vision limitée de l'avenir. Il faut habiter quelque part. La maison ne donne pas de chèque pour payer l'épicerie. Si c'est notre plan de retraite, il faudra la vendre. On n'aura alors plus d'endroit où se loger, donc il faudra payer un loyer. C'est la quadrature du cercle!

Payer sa maison ne constitue pas un régime de retraite suffisant ni une façon de faire face aux coups durs de la vie. Mes grands-parents n'ont jamais quitté leur dernière maison, mes parents non plus et j'espère bien faire de même. Je souhaite éviter de me faire entasser dans un *parking* pour vieux où l'on me servira des pogos avec des patates en flocons.

L'argent et les fenêtres

Plusieurs croient que payer un loyer équivaut à jeter son argent par les fenêtres. Affirmer une telle chose, c'est une fois de plus faire une analyse incomplète et peut-être involontairement biaisée de la situation. Le locataire paye un loyer, ce qui lui offre la liberté de quitter son logement à la fin du bail, de ne prendre aucun risque financier lié à la possession du logement, de ne pas assumer les coûts de sous-traitance de l'entretien de l'immeuble, etc.

En somme, le locataire se fait servir : il paye pour qu'on lui fournisse un logement en état contre un prix fixé à l'avance. **Donc, affirmer que payer un loyer, c'est jeter son argent par les fenêtres est une des expressions les plus réductrices qui soient.** Habiter quelque part coûte de l'argent, point final ! Peu importe qu'on possède ou non l'espace habitable.

Prenons l'exemple d'un duplex à Montréal. Disons que le locataire occupe 40 % de l'espace habitable. Si le propriétaire paye des taxes foncières et scolaires de 5800 $, cela veut dire que le locataire a 2320 $ de taxes théoriquement incluses dans le prix de son logement. Aussi, pour acquérir un logement équivalent, il payerait de l'intérêt sur le prêt.

La discipline

Si on achète un condo, on doit prévoir des centaines de dollars pour les charges de copropriété afin d'assurer les frais communs et le fonds de prévoyance. Je le répète, se loger a un coût, ce n'est pas qu'un investissement. Ainsi, quand on paye un loyer, on sous-traite des risques liés à l'investissement.

Quand on est locataire, on est souvent incapable d'être assez discipliné pour épargner la différence entre le montant qu'on payerait si on était proprio d'un condo et le coût de notre loyer. Cependant, si une personne faisait des retraits automatiques d'un montant équivalent à cette différence pour l'investir à long terme, on pourrait être surpris à quel point le rendement pourrait équivaloir à celui du condo sur une période définie.

Par ailleurs, quand un propriétaire affirme : « J'ai fait 100 000 $ de gain avec ma maison en 15 ans » cela ressemble à un rendement de 2,8 % à capitalisation annuelle sur un investissement de base de 200 000 $. Dans ce calcul, il ne compte pas les rénovations, les frais courants et l'entretien.

Par contre, en règle générale, les 100 000 $ de gain sont non imposables sur la résidence principale. Notons aussi que ce calcul ne tient pas compte de la valeur de l'argent dans le temps. Les 200 000 $ de 2001 n'ont pas la même valeur que les 200 000 $ de 2016.

Taux fixe ou taux variable ?

Je ne sais pas combien de fois on m'a posé cette question récemment. S'il existait une réponse facile et universelle, on opterait *de facto* pour le plus avantageux des deux taux. À vrai dire, il faut plutôt nuancer, en fonction de la réalité et du profil de l'investisseur.

Le taux variable (surtout négocié) est souvent plus avantageux que le taux fixe, mais il comporte une part d'incertitude. Donc, au lieu de répondre et de répéter ce qui a déjà été dit maintes fois, je citerai Gérald Fillion dans son blogue[12] :

« Dans le livre que François Delorme et moi avons publié en 2014[13], nous faisons référence aux conseils du site canadianmortgagetrends.com à ce propos. Avant d'opter pour le taux fixe ou le taux variable, il faut se poser cinq questions :

1 Vos revenus sont-ils prévisibles ?

2 Votre taux d'endettement est-il soutenable ?

3 Pouvez-vous refinancer votre dette en fonction de la valeur de votre maison ?

4 En cas de coup dur, avez-vous des liquidités pour rembourser votre hypothèque pendant six mois ?

5 Une hausse de taux de 2,5 points de pourcentage peut entraîner une hausse de vos paiements de 30 %. Le saviez-vous ?

---

12 blogues.radio-canada.ca/geraldfillion/2015/08/21/alors-taux-fixe-ou-taux-variable
13 Fillion, Gérald, et François Delorme. *Vos questions sur l'économie,* Montréal, Éd. La Presse, 2014, 231 p.

En répondant à ces questions, vous serez en mesure de voir si vous êtes capables de vivre avec un taux variable ou si vous dormez mieux avec un taux fixe. Historiquement, on paye moins d'intérêt avec le taux variable. Cela dit, le taux fixe demeure plus populaire que le variable[14]. »

En fin de compte, il faut comprendre que même si le taux variable augmente sur une période de cinq ans et dépasse le taux fixe qu'on aurait pu négocier au début du terme, on peut tout de même être gagnant. En effet, si on profite d'un taux variable nettement plus faible que le taux fixe durant les deux ou trois premières années, cela peut compenser un taux plus élevé les deux années suivantes.

Pourquoi ? Parce que le taux d'intérêt des premières années se calcule sur un plus important solde de capital. Notons aussi que les institutions financières aiment beaucoup le taux fixe sur une période de cinq ans, voilà pourquoi on aime bien vous vendre ce terme de cinq ans.

Pourquoi devenir propriétaire ?

Attention, tous les vendeurs qui vantent leurs succès immobiliers ne parleront jamais des gens qui ont tout perdu en investissant dans cette avenue. Un certain contexte mène au succès de l'investisseur, et ce contexte n'est pas toujours synchronisé au moment où l'on voudrait investir.

Quand on choisit une résidence pour l'habiter, il faut la sélectionner en fonction de sa réelle capacité de payer (une fois les autres obligations financières couvertes) et non en fonction d'un gain spéculatif éventuel.

Est-ce que votre propriété est un investissement ? Peut-être, si vous avez été chanceux d'investir à un moment considéré comme favorable *a posteriori*. Peu importe, l'important en investissement, c'est la diversification. Êtes-vous « diversifié » ? Non, je ne parle pas de destinations voyage diversifiées !

---

14 blogues.radio-canada.ca/geraldfillion/2015/08/21/alors-taux-fixe-ou-taux-variable

Être propriétaire, en as-tu vraiment besoin ? Non. L'important, c'est d'investir. L'immobilier n'est pas l'unique option en matière d'investissement. « Comme le rideau sur une corde », le rendement monte et descend. N'est-ce pas, Serge Fiori ?

LES ENFANTS
EN AS-TU
VRAIMENT
BESOIN ?

Cette portion du livre risque de faire grincer des dents à quelques-uns. On rouspétera : « La vie n'est pas que comptable ou économique. »

Je suis d'accord… mais en partie seulement : d'un point de vue économique, notre société s'est organisée depuis des décennies pour favoriser certains modèles familiaux et en défavoriser d'autres.

Dans ce texte, je propose une réflexion sur la façon dont nos choix individuels (par exemple, décider d'avoir des enfants et combien) sont soumis aux réalités économiques du monde dans lequel on vit. Attention : mon but n'est pas de porter un jugement sur qui que ce soit. Je veux simplement, par la lorgnette de l'économie, analyser la famille et le nombre de joueurs qui la composent.

En avoir ou pas ?

Avoir des enfants peut être un geste altruiste, car tout à coup, une grande partie de notre temps est dévoué à ce petit être pour lequel on fera preuve de beaucoup d'abnégation.

En effet, pour la première fois, on se « met de côté », on prend nos décisions en fonction du nouveau venu. On n'écoute même plus notre corps, car la petite bête mène le bal, peu importe l'heure du jour ou de la nuit. Et il en sera ainsi pendant quelques années.

D'un autre côté, ce désir de se reproduire est aussi un peu égoïste. On rêve que sa propre histoire se poursuive. On souhaite un prolongement de soi. On veut se trouver une raison d'exister.

Je connais des gens qui n'ont pas eu d'enfants. Par choix ou par malchance. D'autres ont vécu des naissances multiples, alors qu'ils désiraient moins d'enfants. On ne contrôle pas la naissance à 100 %. On a beau vouloir une famille comptant deux enfants, il se peut que la nature en décide autrement à cause d'une erreur ou d'un coup du sort.

Contrairement à ce que véhicule l'idéal populaire, ne pas avoir d'enfants apporte son lot de bons côtés. Si on n'a pas d'enfants, on gardera notre liberté, et notre vie nous appartiendra. Notre relation amoureuse ne sera peut-être pas érodée par le torrent du quotidien. On profitera de la légèreté que permet la désorganisation, on pourra vivre dans un espace plus restreint et se laisser border par la douceur de l'inattendu, de l'impulsivité et du désir d'autre chose.

Il y a deux côtés à la médaille de la vie de famille : avec ou sans enfants. La société dans laquelle nous vivons semble pourtant ne valoriser officiellement qu'un seul modèle, celui de la reproduction. Est-ce par jalousie que certains jugent les couples ne montrant pas d'ambition de procréation ?

La famille de quatre et le marketing

Pour ce qui est de la famille, notre société a développé ce qu'on appelle un *habitat préféré*. Tant qu'à fonder une famille, on privilégie celle de quatre personnes. Depuis le début des années 1980, les familles avec enfants comptent en moyenne deux enfants et moins[1]. Le monde économique a suivi le courant, et l'offre commerciale s'est tranquillement adaptée à la famille de quatre. Par exemple :

---

1 www.mfa.gouv.qc.ca/fr/publication/documents/sf_portrait_stat_complet_11.pdf (page 145)

- À plusieurs endroits, on offre un laissez-passer familial pour « deux adultes et deux enfants ».

- La nature ayant bien fait les choses en dotant les poulets de deux cuisses et de deux poitrines, les Rôtisseries St-Hubert peuvent offrir un « familial 4 ».

- Quand on voyage, les chambres d'hôtel sont souvent dotées de deux grands lits.

- Un enfant en bas âge (deux ans et moins) peut voyager gratuitement en avion, sur les genoux d'un adulte : limite de deux enfants par famille.

- Dans plusieurs restaurants dits familiaux, « tout enfant de moins de X ans (l'âge est arbitraire) mange gratuitement s'il est accompagné d'un adulte ». Comme une famille compte au maximum deux adultes, on favorise du coup la famille de quatre.

Quand vient le temps d'acheter une voiture, on note la même formule : une voiture compacte, une sous-compacte ou une berline loge confortablement quatre personnes. Un troisième enfant pourra parfois prendre place dans le véhicule en chevauchant l'essieu (la place inconfortable de la troisième roue du carrosse), si cette place est pourvue d'une ceinture de sécurité.

On oublie souvent qu'à une autre époque, on pouvait voyager à six dans une berline. Eh oui ! On trouvait dans ces voitures une grande banquette à l'avant qui permettait à trois personnes de boucler leur ceinture. Puis, petit à petit, on a transformé une option à six places en une option à quatre places confortables. On s'est adapté… à la famille de quatre.

Le logement favorise les petites familles

En matière de logement, l'offre ne correspond pas aux besoins des grandes familles. Sur un plan strictement économique, il est difficile de justifier la construction de grands logements de plus de trois chambres à coucher.

Pourquoi ? D'abord, si la demande existe pour un certain prix, le constructeur privilégiera les logements plus petits : il rentabilisera davantage la vente de petits logements que de logements de grande taille parce que le prix n'est pas parfaitement proportionnel au nombre de pièces. La grande famille se bute aux lois du marché : elle ne fait pas partie du public cible du domaine de la construction en série.

En règle générale, plus on peut vendre d'unités pour une grandeur de terrain donnée, plus on attire les promoteurs. D'un point de vue purement économique, un propriétaire offrant des logements pour le marché locatif préférera proposer cinq petits logements plutôt que trois plus grands, car cela lui permettra d'augmenter ses revenus de location et de fractionner le risque de défaut de paiement. La famille nombreuse voit ainsi se réduire l'offre de logements locatifs.

Prenons un exemple concret. On peut diviser un grand logement de cinq ou six pièces en deux petits de trois pièces. En procédant ainsi, au lieu de louer le grand logement 1200 $ par mois[2], le propriétaire pourrait en tirer, par exemple, deux fois 700 $ par mois. Même s'il y a plus de cuisines et plus de salles de bain à gérer, à réparer et à assurer, la valeur de revente d'un immeuble à revenus est grandement liée à la valeur totale des revenus qu'on peut en tirer.

L'acheteur potentiel d'un immeuble à revenus ne soupèse pas toujours bien le risque de coûts élevés d'entretien et de bris, multipliés en raison d'un plus grand nombre de locataires. En revanche, le risque de défaut de paiement est moindre quand on divise la responsabilité financière entre plusieurs personnes. Le risque que deux locataires ne puissent payer simultanément deux logements de trois pièces est plus faible que celui où le locataire du six pièces ne paye pas. Par conséquent, les investisseurs immobiliers

2   On est à Montréal.

sont poussés vers les petits logements contenant peu de chambres.

Sachant tout cela, on comprend pourquoi il est plus difficile pour une famille de trouver un logement locatif à plusieurs chambres fermées. Plus la famille est grande, plus les contraintes de logement sont élevées, et plus la recherche est difficile. Certes, la demande pour les grands logements existe, mais paradoxalement, moins on a d'enfants, plus on a les moyens de se payer ceux-ci.

Selon l'Institut de la statistique du Québec, la proportion des logements d'une à quatre pièces est passée de 35,1 % en 1978 à 37,9 % du marché en 2009. Au cours de la même période, la proportion des logements de cinq pièces est passée de 30,2 % à 17,7 % du marché. Quant aux logements de six pièces, leur proportion est passée de 14,6 % à 11,8 %.

Par contre, la proportion des logements de sept pièces et plus est passée de 20 % à 32,6 %. On peut donc conclure que les petits logements ont la cote ainsi que les maisons ou logements de plus de sept pièces[3]. On imagine que les habitations comptant plus de sept pièces correspondent à des maisons en banlieue.

Les risques de séparation

Pourquoi aborder ce sujet ? Parce que faire des enfants et espérer former une famille unie jusqu'à ce que ceux-ci soient des personnes autonomes, majeures et vaccinées, tient presque du jovialisme.

En effet, les statistiques jouent contre les couples. Trop de facteurs briment la vie de couple : les enfants, les frustrations personnelles, le travail, la routine, les comptes à payer, etc. Bref, la séparation

---

3   Étude « Répartition des logements selon le nombre de pièces et nombre moyen de personnes par ménage », Québec, Ontario et Canada, 1978-2009.

est souvent la solution qui s'impose devant tous ces facteurs aggravants.

Même si chaque membre du couple réussit à contrôler son propre comportement et à assurer sa propre satisfaction, personne n'est à l'abri des facteurs hors de son contrôle. Partira-t-elle avec un ou même une collègue de travail ? Est-ce que la maladie chronique ou la mort frappera de façon prématurée ? Une multitude de vents de face peuvent un jour ou l'autre faire échouer le bateau du couple.

Tant mieux pour les survivants, mais il faut savoir que les statistiques jouent contre le couple dès le départ. Comme le chantaient Les Cowboys fringants : « Oh qu'il est triste le sort des amoureux, se disait le vieux chauffeur amusé, car on commence toujours à se dire adieu, dès notre premier baiser. »

La famille recomposée : plus facile en petite famille

Avoir de jeunes enfants dans un modèle monoparental, c'est déjà difficile financièrement. D'abord, on doit se reloger. Puis, on ne profite plus de « l'économie d'échelle du couple », car on assume maintenant seul une série de coûts fixes importants.

Une fois la famille nucléaire détruite, on formera ensuite parfois une famille recomposée (qu'on appelle aussi ironiquement « décomposée»), à condition de trouver quelqu'un avec qui la greffe prendra. On devra alors gérer les horaires des enfants, les écoles, les activités sportives, les vacances, et trouver un logement assez grand pour accueillir et contenir tout ce beau monde. En gros, il est si difficile de retrouver les conditions gagnantes qu'il faut être capable de survivre en format monoparental pendant un bout.

Donc, plus les enfants sont en bas âge, plus leur nombre a une incidence dans la vie des parents. La question « avoir plus de deux enfants, en as-tu vraiment besoin ? » prend alors un tout autre sens. Je sais, l'amour qu'on porte à son conjoint ne s'évalue pas en dollars, et quand on fait un enfant, on ne pense pas à son impact sur notre santé financière. Pourtant, on devrait.

Un enfant de plus?

Disons-le *de facto*: la Terre n'a pas besoin d'un humain de plus. Tout argument lié au maintien et à la survie de l'espèce humaine est non seulement illogique, mais vu les milliards que nous sommes déjà, notre planète bénéficierait sûrement d'une pause ou d'un ralentissement des naissances dans certains coins du globe.

Alors pourquoi mettre plus de deux enfants au monde? Parce que c'est beau, une famille? C'est vrai, c'est beau, la fraternité, les rassemblements familiaux et toutes les autres images d'Épinal familiales.

Cependant, la famille nombreuse est une anomalie dans le monde d'aujourd'hui: à contre-courant dans une vie où les risques sont multipliés. On a beau vivre dans la simplicité, vient un moment où, avec deux parents au travail, les paiements, les devoirs, les bains, les repas, les activités, etc., la vie ressemble à une longue séquence de tâches qu'on répète sans cesse, comme Sisyphe avec sa roche.

Du nombre d'enfants que nous aurons dépendra notre capacité à mettre de l'argent de côté pour leurs études, pour les nourrir, pour les vacances, etc. Conclusion: chaque enfant supplémentaire vient nuire à la capacité du couple d'allouer des ressources financières à chacun d'eux.

Oui, on profite des économies d'échelle dans les familles plus nombreuses. On peut peut-être refiler le vieux pantalon du grand frère au suivant, mais on ne pourra pas lui refiler un diplôme usagé. L'amour pour nos enfants est peut-être infini, mais pas nos ressources.

En fait, un enfant peut se définir comme une longue liste de factures à payer pendant plus de 18 ans. Celle-ci porte à bien réfléchir au choix d'avoir des enfants ou pas.

- Les couches lavables ou non : ça pue de la même façon.

- Les vêtements : toujours trop petits ou trop usés.

- Les jouets ou les « OTNI » : objets traînants non identifiés.

- Les vélos : celui du deuxième n'est jamais neuf.

- Les repas : à l'adolescence, la notion de quatrième repas par jour fait son apparition.

- L'école privée : parce que son enfant vaut plus cher que celui des autres. (#sarcasme)

- Les cellulaires : source de valorisation sociale.

- Les cours : tout ce que les parents n'ont pas fait et vivent par procuration avec leurs enfants.

- L'appartement dans une autre ville : quand ton enfant est né à Montréal, mais qu'il veut étudier la biologie marine à Rimouski.

- Les vêtements à la mode : parce qu'on ne veut pas que son enfant soit rejeté.

- Etc.

Tu viens de terminer ce texte et tu es un peu sonné? On ne peut pas quantifier le coût d'avoir un enfant de façon précise parce que tout dépend de la vie qu'on lui offre. Couches lavables? Vêtements usagés? École privée? Le coût réel prévisionnel est important.

Donc, des enfants, en as-tu vraiment besoin? C'est toi qui le sais au fond de ton cœur et au fond de ta poche. Non, ce n'est pas seulement une question d'argent, mais tout a un prix, n'est-ce pas? C'est pourquoi la question « un enfant – ou deux, ou trois, ou quatre, ou plus – en as-tu vraiment besoin? » est justifiée.

L'ASSURANCE DE PERSONNES EN AS-TU VRAIMENT BESOIN ?

D'un côté, l'être humain aime jouer à la loterie : l'idée saugrenue qu'une fortune puisse tomber du ciel et vienne changer sa réalité en quelques instants l'excite au plus haut point. D'un autre côté, ce même être humain n'aime pas dépenser pour un avantage incertain. Cette observation représente bien la bipolarité des Québécois en matière d'assurances : on s'assure trop ou dangereusement pas assez.

Selon mes collègues du cégep régional de Lanaudière, à L'Assomption, œuvrant dans le domaine, il est toujours plus difficile de convaincre les gens de souscrire une assurance que l'inverse. Dans le même ordre d'idées, il est plus facile de convaincre les gens d'acheter une nouvelle voiture que d'anticiper les coûts reliés au remplacement de la toiture de la maison. La nature humaine est illogiquement ainsi faite.

Le but d'une assurance devrait être le suivant : se prémunir contre un risque qu'on n'a pas les moyens de prendre. Rien de plus. Il n'y a pas lieu d'entretenir des fantasmes de passer à « GO » et de réclamer 100 000 $! Ni de prendre le risque de se dire : « Les malheurs, ça n'arrive qu'aux autres ! » En d'autres mots, il faut se demander si, en cas de coup dur (décès, maladie, invalidité, accident, etc.), on sera capable de payer la note. Car c'est pour payer cette fameuse note qu'on s'assure, et non pour pouvoir dire « bye bye *boss*! »

Faisons un parallèle vestimentaire. Quand, en cas de pépin, on apporte des vêtements de rechange lors d'une sortie, on ne s'achète pas un *walk-in* mobile rempli de tenues de soirée et tiré par une voiture Tesla. On veut juste couvrir un risque et non se trouver dans une meilleure situation après l'incident contre lequel on se protège. De la même façon, on ne part pas trois semaines en camping avec un t-shirt et un bermuda.

Couvrir un risque

Cette réflexion met en lumière un fait important : si on était certain d'être en vie jusqu'à 80 ans, on ne payerait pas d'assurance vie ; on investirait plutôt l'argent afin d'amasser la somme nécessaire pour veiller au bien-être de ses proches et de soi-même. Il ne faut pas perdre sa logique. L'assureur vise un certain rendement : faire des profits. Il cumule les primes versées, il les investit et paye les prestations avec le capital et le rendement obtenu.

L'avantage de l'assureur sur le particulier réside dans la répartition du risque sur plusieurs têtes. Peut-être perdra-t-il de l'argent à la suite de la mort prématurée de Mario, mais Jacqueline, elle, aura payé toute sa vie jusqu'à 95 ans une assurance vie dont la prestation au décès sera inférieure au capital et au rendement généré par les primes. C'est donc la mort prématurée qu'on cherche à couvrir en souscrivant des assurances.

Lorsqu'on décède à 80 ans, l'assurance vie devient en quelque sorte un placement à rendement relativement connu. Je paye une prime durant 60 ans et on me rembourse à la fin une partie du capital et du rendement. Donc, plus on se couvre pour une somme importante, plus la prime d'assurance viendra priver notre vie actuelle de liquidités contre un plus grand bénéfice futur.

Si je veux une couverture d'assurance d'un million de dollars, mais que je suis du genre à payer mon café quotidien avec la marge de crédit, je manque de cohérence. Dans le même ordre d'idées, les études des enfants se financent sur 17 ans, pas sur 60. À quoi bon se couvrir pour payer les études jusqu'au moment où ses enfants seront à l'âge de la préretraite?

Il faut savoir prendre un cocktail varié d'assurances qui respecte ses besoins et non une assurance coûteuse qui couvrira tout jusqu'à sa mort. Il faut respecter la posologie cohérente avec ses besoins.

Avant, pendant et après les enfants

On pourrait résumer la vie d'un assuré en trois phases : avant, pendant et après les enfants. Ça peut sembler simpliste, mais ça reflète trois périodes où les besoins sont bien distincts.

1 Avant les enfants : quand on est célibataire et sans enfant, le but de l'assurance de personnes est de maintenir son assurabilité. Sinon, pourquoi payer pour rendre riches des personnes qu'on ne laisse pas dans le deuil après sa mort?

Pourquoi maintenir son assurabilité? Avez-vous déjà répondu aux questions d'une compagnie d'assurance? Chaque question peut aider à cibler un facteur de risque et augmenter la prime d'assurance. Bientôt, on va juger qu'utiliser Tinder ou Pokémon Go est aussi risqué que de fumer!

Plus on vieillit, plus les risques d'avoir eu une maladie ou une condition chronique nuisant à sa capacité à s'assurer ou à travailler augmentent. Pas évident de s'assurer à 35 ans quand on a eu deux récidives de cancer (par exemple) ou quand une maladie nous a cloué à un fauteuil roulant (vous vous souvenez du gars qui a fait appel au sociofinancement pour se payer des bains? Ce pourrait être vous ou moi.)

2 Pendant les enfants : tant que les enfants sont à notre charge, on a une responsabilité importante. On doit subvenir à leurs

besoins. Mort ou vif, on ne peut pas les laisser dans la misère par insouciance. Le but de s'assurer est donc de les « mener à terme », comme une gestation de plus de 18 ans.

3 Après les enfants : quand la maison est payée, que l'épargne systématique se fait et qu'on prévoit ses vieux jours, la relation avec l'assurance change. Au pire, si on meurt plus vite que prévu, l'épargne ira au conjoint survivant et aux enfants. Alors, la couverture de la vie durant cette période devient moins importante.

Comme le temps s'est écoulé, on a techniquement réussi à réduire le risque lié à la période de temps où l'on n'aura pas la capacité de travailler. Par exemple, il est plus hasardeux de ne pas s'assurer en sachant qu'on peut mourir à 25 ans en laissant deux enfants à charge, plutôt que de ne pas être assuré pour la vie à 60 ans, avec deux enfants autonomes et la maison payée.

La morale de l'histoire : les besoins varient en fonction des périodes de la vie. Au même titre que d'autres besoins, ceux reliés à l'assurance sont parfois temporaires.

L'assurance vie, pas l'assurance loto

Pourtant, quand on rencontre un courtier d'assurance dans le but de contracter une assurance vie entière ou universelle (valide jusqu'à notre mort), on s'emballe rapidement sur le montant de la couverture.

Si vous mouriez, de quelle somme d'argent croyez-vous que votre conjointe aurait besoin pour continuer sa vie ?

Bien là, ma conjointe devrait payer la maison, les comptes, élever les enfants, payer les études, etc. Je pense qu'une couverture d'un million de dollars ne serait pas exagérée. En plus, elle devrait se remettre de ma mort, ce qui ne serait pas facile.
(Dans mon cas, je pense qu'elle sabrerait le champagne !)

Le courtier est là pour vous conseiller et répondre à vos besoins. Il faut donc lui exprimer clairement ceux-ci. Premièrement, il ne faut pas surévaluer la période d'incapacité à travailler d'une personne. Parfois, se replonger dans le travail après un deuil est une façon de se libérer l'esprit. Donc, si un courtier mentionne la possibilité de passer un an sans travailler, il faudra mettre les choses en perspective. Qui sait, peut-être le conjoint survivant sera-t-il plus heureux avec une nouvelle personne ?

Deuxièmement, pourquoi souscrire une assurance vie valide jusqu'à 80 ans pour couvrir un risque qui n'existera plus à ce moment-là ? Prenons par exemple le paiement de la maison. Disons qu'un couple est propriétaire d'une nouvelle maison dont le prêt hypothécaire se rembourse sur une période d'amortissement de 25 ans. Pourquoi ne pas contracter une assurance vie temporaire pour cette même période ? L'avantage de celle-ci demeure son prix (la prime), beaucoup plus faible, puisque l'assureur ne payera rien si l'assuré ne meurt pas prématurément.

Comprenons la logique. Lorsqu'on signe un prêt hypothécaire, notre banquier veut souvent nous vendre une assurance couvrant le prêt en cas de décès ou d'invalidité. À ce moment-là, il faut se questionner à savoir si une police d'assurance existante nous permet déjà de couvrir ce risque.

On doit surtout comprendre l'intérêt du banquier. Il a des objectifs de rendement. Il doit produire un volume d'affaires annuel. Un prêt hypothécaire de 300 000 $ entre dans son volume de prêts nécessaires pour atteindre ses objectifs. En outre, si le conseiller réussit à vous vendre l'assurance, il se retrouve avec un volume doublé pour une seule transaction. On lui attribuera un volume de 300 000 $ pour le prêt et de 300 000 $ pour l'assurance.

Mais est-ce que l'assurance prêt hypothécaire de votre institution financière est dans votre intérêt ? La réponse à cette question est bien souvent négative. Le solde du prêt hypothécaire est décroissant. Au bout de 25 ans, il est à 0 $. Alors pourquoi payer une assurance vie à un prix mensuel non négligeable si votre couverture est décroissante? Par exemple, vous payez des primes d'assurance pendant 24 ans, et votre conjoint décède. Super, vous recevrez une très faible somme, puisque la quasi-totalité du capital aura été remboursée.

En effet, vous seriez couvert pour la valeur résiduelle du prêt hypothécaire, disons moins de 10 000 $, alors qu'avec une assurance vie temporaire, vous seriez couvert pour un montant fixe équivalant au prêt initial, c'est-à-dire 300 000 $. Pourtant, vous auriez payé une somme considérable durant 24 ans.

Voilà pourquoi l'assurance vie temporaire est intéressante : son coût est faible, et le montant de la couverture ne diminue pas avec le temps. Cependant, un assureur privé peut aussi vous offrir une protection sur un montant fixe ou décroissant. Ainsi, il faut bien comprendre le produit avant d'y adhérer.

Si vous changez d'institution financière, votre assurance vous suivra-t-elle? Ainsi, dans le cas d'un renouvellement de prêt hypothécaire dans une nouvelle institution financière, il faut vous demander ce qu'il adviendra de votre assurance.

Donc, avant d'écouter votre conseiller, prenez quelques secondes pour y penser, comme Gérald Tremblay[1].

L'assurance invalidité : la grande négligée

Ça, on en a vraiment besoin (je vous rappelle le gars qui a eu besoin de Facebook pour obtenir du sociofinancement pour se faire laver). Plus on est vieux, plus cette assurance coûte cher mensuellement. Mais elle est essentielle, selon moi. Pour des raisons évidentes, j'aimerais mieux ne pas avoir à en bénéficier !

Si vous êtes salarié dans une entreprise, il est probable que vous ayez une assurance invalidité. **Par contre, si vous êtes travailleur autonome et que vous n'avez pas dans votre**

---

1 www.tvanouvelles.ca/2001/10/26/gerald-tremblay-montre-les-dents

portefeuille une telle assurance, arrêtez de bouger immédiatement et appelez un professionnel! Quand on est invalide, on n'est pas mort! Tout le monde autour de vous payerait le prix de votre insouciance financière si l'invalidité vous touchait, vous y compris.

Qui est immunisé contre l'invalidité? Personne. Un accident de voiture, de vélo, une mauvaise chute, un problème de santé majeur sont si vite arrivés. Personne n'est à l'abri de ça. Il est donc extrêmement hasardeux de jouer au travailleur autonome non couvert par ce type d'assurance. Le jeu en vaut-il réellement la chandelle? Pourtant, plusieurs Québécois ne sont pas assurés contre la malchance...

L'assurance maladies graves

Je ne suis personnellement pas couvert par ce type d'assurance. Mon courtier a voulu m'en vendre une il y a plusieurs années. Il est ironiquement mort d'une maladie grave depuis. J'ai refusé de payer cette assurance à l'époque. J'en avais déjà plein le portefeuille avec l'assurance vie et l'assurance invalidité, qui me pompaient plus de 100 $ par mois pour une couverture minimale.

Comme son nom l'indique, l'assurance maladies graves fournit une couverture en cas de maladie grave. Par exemple, un cancer exige votre hospitalisation? Vous recevrez un chèque. Évidemment, plusieurs personnes diront que cette assurance est nécessaire puisque les risques de maladies graves sont élevés. C'est vrai, mais à un moment donné, on a aussi des actifs et de l'épargne à notre portée. Or, si je suis atteint d'un cancer incurable et que mon espérance de vie utile est de six mois, rien ne m'empêche de toucher à mes REER pour payer les factures.

Cette décision est propre à chacun, selon sa santé financière et le risque qu'il peut assumer. Plus on investit à un jeune âge, plus on a des actifs, plus on a le luxe de ne pas s'assurer pour certaines obligations.

La plus grave maladie contre laquelle on doit se couvrir demeure la frivolité de ne pas planifier sa vie. Certains sont immunisés contre celle-ci, certains sont chroniquement dans le champ (au baseball, ils seraient des voltigeurs). Espérons qu'ils ne souffrent pas trop d'allergies.

En somme, il faut toujours avoir en tête une question bien importante : cette couverture, en ai-je vraiment besoin ? Serais-je à la rue ou dans le pétrin sans cette police d'assurance ? Si la réponse est non, pourquoi alors vous assurer ? Portez-vous un casque pour aller marcher et une combinaison nautique pour prendre votre douche ? Non, car vous n'en avez pas vraiment besoin. Pourquoi une surabondance d'assurances alors ?

TRUC GRATUIT ☺

Avant d'aller à l'épicerie, on se demande ce qu'on a déjà dans le frigo. Pourtant quand vient le temps de s'assurer, on part souvent en pensant qu'on n'a aucune base. Donc, avant de magasiner une assurance, examinez d'abord ce que votre employeur vous donne. Par exemple, il est possible que votre assurance offre une année de salaire en cas de décès.

Toutefois, posez-vous des questions sur votre fidélité à l'égard de vos employeurs. Si votre curriculum vitæ contient autant d'employeurs que d'années travaillées, il serait aussi risqué de vous fier à votre stabilité que ce joueur de hockey embarquant sur la glace avec des protège-lames.

Assurer ses enfants pour la vie ? Pour vrai ?

À la naissance d'un enfant, on établit un faux lien entre l'amour qu'on lui porte et la nécessité de l'assurer. L'argument de vente souvent mentionné : assurer un enfant pour 50 000 $, c'est à peine quelques dollars par mois. Mais pourquoi assurer un enfant ? Si mon enfant meurt, je viens d'épargner de l'argent (*sic!*).

La mort permet de générer des dizaines de milliers de dollars puisque je n'effectue plus plusieurs dépenses : vêtements, activités, nourriture, service de garde, argent de poche, vacances en famille, équipement de sport, etc. Donc, d'un point de vue purement économique, la mort d'un enfant est un flux monétaire positif en soi.

Évidemment, à la lecture de ces lignes, l'amour que vous portez à vos enfants vient de prendre le dessus sur votre rationalité et vous êtes prêt à traiter l'auteur de celles-ci de cœur de pierre. Cependant, en les lisant calmement, on comprend que le plus gros risque économique lié à la mort d'un enfant se limite aux frais funéraires et à l'incapacité de travailler des parents. Dans ce cas, votre employeur vous protégerait-il lors de votre absence du travail ? Pour combien de temps ?

Le seul argument économiquement soutenable pour assurer un enfant est de maintenir son assurabilité. Dès que certaines circonstances de la vie surviennent, il devient difficile de s'assurer à un coût raisonnable. Par exemple, si votre enfant souffre d'un cancer à 15 ans, il se peut qu'il ait de la difficulté à s'assurer par la suite. Le fait d'avoir contribué à son assurance vie depuis sa naissance vous permettra de la lui transmettre une fois qu'il aura atteint l'âge adulte.

Il faut donc réfléchir aux conséquences de retarder le moment où l'on décide de s'assurer. Chose certaine, au début de la vingtaine, il importe d'y songer sérieusement. Le jour où l'on aura une famille, il est probable qu'on appréciera le fait d'avoir contribué tôt à une assurance vie. Plus on attend pour s'assurer, plus le paiement mensuel est élevé et plus on risque de ne plus pouvoir se couvrir.

Il est possible d'ajouter un avenant[2] au contrat d'assurance vie des parents dans le but de couvrir les frais d'obsèques des enfants actuels ou à venir, et ce, pour une faible somme annuellement. On pourrait aussi transformer ultérieurement la couverture en assurance permanente.

Et les maladies graves pour mes enfants ?

Avant l'assurance vie, certains conseillers ou courtiers proposent, pour les enfants, une protection en cas de maladie grave avec remboursement de primes. Si l'enfant tombe malade et doit être hospitalisé durant une longue période, l'assurance invalidité que les parents payent dans le cadre de leur emploi ne donnera rien.

Dans une telle situation, un des parents pourrait devoir laisser son travail. On imagine facilement les difficultés financières qui peuvent suivre. Personnellement, je n'ai pas ce genre de couverture au moment d'écrire ces lignes, mais j'y songe. On n'a qu'à voir les parents qui demandent de l'aide sur les réseaux sociaux pour comprendre les conséquences financières de ce manque de couverture.

Les lunettes et les soins dentaires

Votre employeur vous offre-t-il une assurance dentaire et aussi pour les soins de la vue ? Avez-vous pensé à ne pas cotiser à ces assurances et à payer vous-même les frais dentaires annuels ? Si votre assurance collective rembourse votre nettoyage annuel, c'est peut-être que vous le payez quelque part ?

Évidemment, si vous perdez la moitié de vos dents au hockey cosom, c'est une autre paire de manches. La véritable question : vaut-il la peine de s'assurer autant pour

---

2 Acte par lequel on modifie le contrat en cours. Source : www.linternaute.com/dictionnaire/fr/definition/avenant

ces services? C'est une question bien personnelle à laquelle vous seul pouvez répondre.

Assurer les impôts?

Au cours de vos démarches, on tentera peut-être de vous vendre une assurance qui, à votre décès, couvrira l'équivalent des impôts que vous devrez. La question est: pourquoi donc une telle couverture? Quel risque tentez-vous de couvrir? Le risque de payer de l'impôt? Vraiment? Certaines situations pourraient cependant l'exiger.

Par exemple, un couple veut léguer son coin de pays bucolique à ses enfants. Problème: le terrain est si vaste qu'un gain en capital doit être imposé (dépassement de la limite pour la résidence principale sur la grandeur du terrain). Est-ce qu'il y aura suffisamment de liquidités pour préserver le patrimoine familial tout en payant la juste part d'impôts au décès? Si la réponse est positive, pourquoi assurer la facture fiscale?

Prenons aussi l'exemple d'un immeuble à revenus ayant pris énormément de valeur au cours des années et légué dans un contexte où le marché n'est pas très bon pour les vendeurs. L'assurance vie pourrait payer l'impôt sur le gain en capital et éviter à la succession de devoir se départir de l'immeuble à moindre prix pour pouvoir payer la facture fiscale.

Posez-vous encore la question: quel est le but de cette assurance? Si vos héritiers ne courent pas de risques, pourquoi les assurer?

Courtier et conseiller: leur rôle

Le rôle du courtier ou du conseiller en assurances est de répondre aux besoins du client: pas plus, pas moins. Alors, bien qu'il veuille évidemment obtenir le meilleur rendement possible, il sait que le client ne sera satisfait que s'il est bien servi à court, à moyen et à long termes.

Souvent, un client s'assure peu ou trop parce qu'il a envoyé un mauvais message au conseiller. Ce dernier doit faire en sorte de bien cerner les besoins du client et sa capacité de payer en matière d'assurances. On a des préjugés défavorables envers les conseillers et courtiers en assurances. Pourtant, pour en côtoyer fréquemment au cégep régional de Lanaudière, à L'Assomption, je vous dirais qu'ils sont comme les comptables : on gagne à les connaître.

Couvrir son cul, juste son cul.

Une expression en anglais résume bien ce texte : *"Cover your ass."* Donc, couvre ton cul au moment où il est le plus à risque, mais pas plus que ton cul. Si tu ne fais pas ça, tu peux toujours attendre d'avoir le feu au cul avant de le bouger… ton cul. Ça reste une histoire de cul.

Note : encore une fois, ce texte n'est pas une formation exhaustive sur l'assurance. On ne veut que réveiller le mal assuré qui dort. Si, en lisant ces lignes, vous lâchez quelques jurons de panique, il serait peut-être temps d'appeler un courtier ou un conseiller en assurances, n'est-ce pas ?

L'ASSURANCE DE DOMMAGES EN AS-TU VRAIMENT BESOIN?

Les objets, en les achetant à l'état neuf (voir le texte « Du neuf : en as-tu vraiment besoin ? », page 181), on est souvent porté à les assurer de façon démesurée ou à un coût prohibitif. Pourtant, a-t-on vraiment besoin de les assurer ? Doit-on vraiment s'assurer pour prévenir tous les dommages possibles ?

Les garantie$ prolongée$

Prenons le cas des garanties prolongées. Elles consistent, dans leur substance économique, à une forme d'assurance. On les appelle parfois *plan d'entretien*.

On peut s'obstiner sur leur appellation, tel un Philippe Couillard hésitant entre « austérité » et « rigueur budgétaire ». Un fait demeure : le principe consiste à payer immédiatement un certain montant pour se protéger contre tout dommage ou accident éventuel.

Quand un vendeur vend une garantie prolongée sur un produit, que pensez-vous qu'il fait rapidement après ? Il va se laver les mains. Pourquoi ? Parce qu'il se sent sale ou il se prend pour Ponce Pilate. Vous avez négocié le prix de votre amplificateur de manière très convaincante, mais en cinq minutes, juste avant de finaliser la transaction, le vendeur vous a extirpé 30 % (pourcentage arbitraire en guise d'exemple) de la valeur de votre achat pour vous assurer contre le bris du produit pendant cinq ans. Voilà pourquoi le vendeur ne se sent pas très « propre ».

N'est-ce pas un peu paradoxal de se faire vanter la qualité d'un produit durant 20 minutes pour se faire dire par la suite qu'on n'est jamais à l'abri d'un bris ? Ou qu'on pourrait avoir acheté un citron ? Bientôt, on va nous vendre une garantie prolongée sur les pierres tombales. Je vois déjà le slogan : « Nos pierres sont garanties à vie » ou « Prenez notre assurance tranquillité pour l'au-delà ».

La logique devrait plutôt être la suivante : « Si l'objet en question brise durant les premières années suivant son acquisition, ai-je les moyens de le remplacer ? » Si la réponse est négative, c'est que je n'ai peut-être pas les moyens de me payer cet objet : ma marge de manœuvre est trop mince. **Il ne faut pas oublier que le but d'une assurance est de se protéger contre un risque trop élevé.** Il est peu probable que plusieurs objets de valeur relative rendent l'âme en même temps, à moins qu'un incendie ou un vol ne survienne.

Une autre démonstration mathématique de l'illogisme du coût des garanties prolongées est encore plus cocasse lorsqu'on cumule le prix des achats. Imaginons trois produits achetés 1000 $ chacun. Le vendeur vous offre une garantie prolongée de 300 $ pour chacun de ces produits (le montant de 300 $ est arbitraire ici aussi). Cela totalise 900 $ de garanties pour 3000 $ d'achats.

Au lieu de payer les garanties, pourquoi ne pas investir les 900 $ dans un CELI ? Il faudrait être malchanceux pour que les trois articles doivent être remplacés dans un court laps de temps. Si aucun ne brise, vous aurez alors épargné 900 $. Si les trois articles brisent simultanément, courez vous acheter un billet de loto. **La stratégie à privilégier est de toujours refuser la garantie prolongée.**

Appliquons cette logique à tous les biens de la maison et imaginons le total des sommes épargnées en refusant les garanties prolongées. Devant de telles économies, débourser une somme de temps à autre pour remplacer ou faire réparer un objet s'avère un moindre mal.

Quand on y pense, logiquement, se payer une assurance de 30 % pour pouvoir se racheter un équipement équivalent dans un horizon de cinq ans, c'est presque ridicule. Le prix de l'assurance est vraiment élevé, surtout quand on considère qu'il y a de fortes chances que le client ne fasse aucune réclamation.

Le *modus operandi*[1] du vendeur est de vous parler de la garantie au moment où vous vous apprêtez à payer. Alors sortez votre carte de crédit et préparez-vous à dire : « Non, merci. » Comme pour l'Extra de Loto-Québec !

Les garanties « gratuites »

Avant même de se demander si on a besoin de la garantie prolongée (ou du plan d'entretien), il faudrait se demander pour quelles garanties on paye déjà.

Par exemple, quand on paye un bien avec sa carte de crédit, il arrive que la compagnie émettrice double la durée de la garantie du fabricant, jusqu'à une limite définie. Bref, si le bien est garanti 12 mois, le paiement avec la carte permet parfois de prolonger la garantie à 24 mois.

Aussi, on est protégé par la garantie légale, laquelle est une protection automatique minimale du consommateur prévue par la loi. Précisons que :

---

1 Question de mettre un peu de Bernard Landry dans le texte. *Modus operandi* : manière de procéder.

« Elle fait en sorte que si le commerçant ne vous a pas vendu un bien de qualité, durable, sécuritaire et conforme aux attentes créées par les représentations de ce dernier, vous pouvez, entre autres, vous faire rembourser ou remplacer ce bien. Elle protège aussi le consommateur contre les défauts cachés.

La garantie légale accompagne tous les biens achetés ou loués au Québec, même s'ils proviennent de l'étranger. Elle est offerte gratuitement au consommateur.

Les commerçants et les fabricants sont obligés de respecter cette garantie légale[2].»

LA HOTTE AU SIROP D'ÉRABLE

Un ami achète une hotte de cuisine rétractable (c'est super design dans une cuisine). Un jour, il décide de faire du sirop d'érable à la maison. Il fait bouillir son eau d'érable… sur sa cuisinière.

Après une heure, la hotte cesse de fonctionner (évidemment, le sucre a complètement cristallisé le mécanisme). Il appelle le vendeur (sans lui mentionner qu'il a eu la brillante idée de faire bouillir de l'eau d'érable pendant une heure, à deux pouces de la hotte).

Vendeur. – Bonjour, mon nom est Monsieur Chose, comment puis-je vous aider ?

Ami. – Ma hotte ne fonctionne plus, pourriez-vous m'envoyer quelqu'un ?

(On épargne tout le segment de la conversation où l'on s'identifie et prouve qu'on a acheté l'objet, etc.)

Vendeur. – Je vois que la vente a été faite il y a 13 mois ; la garantie d'un an est donc échue.

---

2 www.educaloi.qc.ca/capsules/la-garantie-legale

Ami. – Tu veux dire que j'ai payé 1200 $ pour une hotte qui ne fonctionne plus?

Vendeur. – Vous n'avez pas pris le plan d'entretien.

Ami. – Veux-tu vraiment que je te parle de garantie légale? Tu veux vraiment qu'on passe aux petites créances, que tu perdes ton temps, le mien aussi, pour te faire lire la loi mot à mot par le juge? Ah oui, au fait, j'ai le temps d'y aller aux petites créances, je suis prof de cégep.

Vendeur. – Je vous envoie quelqu'un.

Morale de l'histoire? Vous payez déjà pour une garantie légale. Pourquoi ne pas l'utiliser comme levier de négociation pour arriver à vos fins?

L'assurance habitation

Quand vient le temps d'assurer la maison, il ne faut pas oublier que les biens de la maison sont usagés et que beaucoup de ceux-ci ne seraient pas rachetés dans des conditions avantageuses en cas de sinistre: on n'a pas le temps de magasiner les soldes quand tout a brûlé.

Cela m'amène à parler de sous-assurance: lorsque l'assuré ne s'est pas couvert pour un montant adéquat, il peut laisser une somme importante sur la table, parce qu'il aura été trop *cheap* pour payer chaque mois le prix réel d'une couverture convenable. Pas facile, après un sinistre, de se repayer les centaines de dollars de chaussures qu'on possédait.

En pareille situation, la perte à éponger est plus importante que dans un jeu de Monopoly; on parle alors d'un vrai jeu de société. Trop s'assurer ne donne rien, mais ne pas être assez assuré entraîne indubitablement des pertes lorsque survient une malchance.

Si vous êtes locataire, sachez que l'assurance habitation ne coûte pas aussi cher qu'on pourrait le croire. Mais attention, vous ne devez pas limiter votre protection à vos biens, vous devez aussi vous assurer contre les dommages corporels et ceux causés aux biens d'autrui. Il faut donc vous assurer minimalement pour la responsabilité civile :

« En vertu de l'article 1457 du Code civil du Québec, tout citoyen a l'obligation légale de ne pas nuire aux autres. Si, toutefois, par négligence ou par manque de prudence, vous causez des dommages corporels, matériels ou moraux à quelqu'un, votre assurance en responsabilité civile peut alors vous protéger. Cette protection est généralement incluse dans les contrats d'assurance habitation, à hauteur d'un million ou de deux millions de dollars, selon la protection choisie[3]. »

Par exemple, l'assurance habitation doit couvrir ce genre de situation : on met le feu involontairement au triplex dans lequel on habite, un voisin meurt brûlé, le triplex est une perte totale, et le feu et l'eau endommagent l'immeuble adjacent.

Une fois qu'on s'est couvert convenablement, qu'arrive-t-il si on change l'usage de son habitation ? Par exemple, si on commence à sous-louer son logement pour payer son voyage. On se lance alors dans un autre niveau de risque que celui déclaré à son assureur.

Airbnb et Cie : prudence !

Imaginons le scénario suivant : vous louez votre maison ou votre appartement sur Airbnb ou un autre site ou application « d'économie du partage ». (Si ça continue, Duproprio. com pourrait se définir comme un service d'économie du partage aussi, mais bon, restons dans le sujet.)

Vous « oubliez » de déclarer le revenu au fisc, vous n'avisez pas votre propriétaire, s'il y a lieu, et jamais il ne vous viendrait à l'idée d'appeler votre compagnie d'assurance.

---

3 www.chad.ca/fr/consommateurs/bien-sassurer/habitation/217/les-locataires-devraient-ils-avoir-une-assurance-habitation

- Qu'arrivera-t-il si le locataire de courte durée met le feu involontairement à la maison ?

- Qu'arrivera-t-il si une brassée de lavage inonde l'immeuble ?

- Qu'arrivera-t-il si un sinistre non causé par le locataire survient pendant la location ?

Vous voyez donc qu'en pareille situation, il faut en parler avec son assureur et vérifier que le contrat d'assurance ne s'avérera pas une passoire en cas de pépin.

Sous-louer son habitation augmente le risque pour l'assureur. Il facturerait sûrement une surprime s'il connaissait l'utilisation réelle de l'espace habité. Advenant un sinistre, l'assureur non avisé pourrait très bien s'en laver les mains. Gardez cela en tête.

Vous vous fiez à l'assurance d'Airbnb ? Attention aux problèmes potentiels. Si vous vous retrouvez dans une situation mentionnée dans une exclusion de votre contrat, que ferez-vous si votre compagnie d'assurance refuse de vous indemniser ?

L'assurance auto : garder la tête froide

On va tuer un premier mythe dans l'œuf : faire affaire avec un courtier d'assurance n'assure pas d'obtenir le meilleur prix à tous coups. Aucun assureur ni courtier ne peut se vanter d'offrir le meilleur prix en tout temps. Faire quelques appels téléphoniques soi-même permettra peut-être d'épargner une somme appréciable.

Par exemple, j'ai un ami de 34 ans qui a fait affaire avec un courtier d'assurance pour sa voiture. Le meilleur prix que ce dernier lui a proposé était de plus de 1000 $ par année. Un simple appel à un concurrent lui a permis de s'assurer pour la même couverture à moins de 700 $.

Pourquoi ? Parce que les assureurs choisissent leurs « habitats préférés », c'est-à-dire qu'ils visent une clientèle précise. Si votre profil ne fait pas partie de celle-ci, on acceptera de vous couvrir, mais à un prix plus élevé que celui d'un concurrent.

Un point très important à considérer quand on magasine une assurance auto est le type de véhicule qui doit être assuré. Avant de s'acheter une voiture, il vaut la peine de lâcher un coup de fil à sa compagnie d'assurance pour comprendre l'incidence de ce choix sur ses paiements mensuels.

De plus, certains modèles d'autos coûtent plus cher à faire réparer ou sont davantage prisés par les voleurs pour les pièces. Avant de magasiner son véhicule, il serait bien de s'informer sur ces particularités, car elles augmentent le coût d'entretien, de réparation et d'assurance.

On pourrait être surpris du prix à débourser pour assurer une voiture bas de gamme neuve : en cas d'accident, est-elle considérée comme une perte totale plus facilement qu'une voiture plus luxueuse ? Votre instinct est votre pire ennemi en cette matière.

TRUC GRATUIT ☺

Doit-on assurer la minoune contre les dommages ? La réponse est négative. Si on subit un accident majeur avec une voiture valant moins de 1500 $ (par exemple, une Ford Tempo 1992 avec les sièges en tapis douillet), elle ne vaudra plus rien, alors pourquoi l'avoir assurée ? Dans un cas comme celui-ci, on ne s'assure alors que « d'un seul bord », c'est-à-dire pour les dommages causés à l'autre victime de l'accident.

De toute façon, la plupart des assureurs n'offriront plus de « couverture des deux bords » lorsque le véhicule aura atteint un certain âge. Assurer un véhicule contre les dommages après 10 années d'utilisation n'est peut-être pas logique. C'est du cas par cas.

Assurer le créancier

Il faut garder en tête qu'une assurance peut être exigée par des personnes ou des institutions ayant un lien financier avec le bien en question : par exemple, un créancier hypothécaire, un prêteur automobile, un locateur d'un logement, etc. Donc, l'assurance ne se limite pas aux intérêts du propriétaire du bien, mais à toute personne physique ou morale ayant des intérêts financiers vis-à-vis celui-ci.

L'assurance « valeur à neuf »

Cette clause de « valeur à neuf » dans un contrat d'assurance demeure un mystère pour moi. À mon avis, il s'agit de la protection la moins utile en matière d'assurances.

Quand on utilise une voiture, on l'use. Qu'on utilise ou non la voiture, elle se déprécie à vitesse grand V. Alors, en prévision d'un accident, s'assurer « valeur à neuf » revient à vouloir maintenir la valeur de son véhicule au moment de l'achat.

Si on roule avec sa Civic 2016 et qu'on a un accident en 2017, on souhaite tout de même pouvoir remplacer notre Civic 2016 par un véhicule neuf. Mais cet avantage ne sera pas gratuit : il aura fallu payer pour maintenir la valeur d'une voiture qui en perd automatiquement une fois achetée.

Ce choix est presque aussi logique que d'aller au McDo pour manger santé ou de parler d'humilité avec Kanye West. Par contre, l'assurance valeur à neuf peut permettre de se faire installer des pièces neuves d'origine quand il s'agit de pertes partielles.

Dans un cas précis, on peut penser que ce genre de protection sera utile : pour assurer la différence entre la dette sur le véhicule et la valeur de celui-ci au moment du sinistre. Donc, logiquement, la valeur à neuf n'est utile que durant les deux ou trois premières années de possession. C'est la période où la baisse de valeur du véhicule risque d'être significativement supérieure à la baisse de la dette sur celui-ci. Malgré tout, avant d'opter pour la valeur à neuf, il faut se questionner sur le risque contre lequel on essaie de se couvrir. On veut jouer à la loterie ou se protéger en cas de malheur?

Une assurance contre le vol d'identité sur le Web

À force d'utiliser le Web, on finit par lui faire confiance.
Il devient notre ami, on lui dévoile tout. Suis-je couvert contre le vol d'identité? Non. Est-ce que je le devrais? Peut-être.

Est-ce un risque auquel je ne peux pas faire face? Tout dépend de la fraude dont je serais victime. On a beau être prudent, mais si une entreprise dévoile par erreur nos données confidentielles sur le Web, que faire? Il est à noter que certains assureurs peuvent offrir gratuitement l'assistance en cas de vol d'identité: on parle alors d'assistance et non de couverture.

Pour ce qui est d'une assurance contre le vol d'identité, qui couvre les frais liés à ce type de vol (jusqu'à un seuil maximal), c'est un produit qui est disponible. Ce n'est pas un produit que j'inclus dans ma liste de priorités, mais sachez qu'il existe. C'est comme un disque de Marie-Mai au rabais chez le disquaire: quand t'es un adulte, tu peux bien te le procurer, mais est-ce que tu vas l'écouter?

Alors comment s'assure-t-on « adéquatement »?

Il y a une limite à s'assurer pour tout et à manger du macaroni au fromage sept jours sur sept! Dans un monde idéal, on comprendrait la teneur du contrat d'assurance en le lisant, mais rappelons que certaines personnes se perdent dans le métro… Par conséquent, prendre quelques heures pour bien se faire conseiller, c'est une bonne idée.

On revient toujours au même concept : plus on a d'objets, plus il faut les entretenir, plus leur maintien et leur remplacement finissent par occuper le budget discrétionnaire familial.

Dans le fond, assurer du matériel, en as-tu vraiment besoin ? Ça dépend du matériel et du montant payé !

Note : ce texte est incomplet. On pourrait écrire un ouvrage en trois tomes sur l'assurance. Son but est simplement de faire réfléchir le lecteur sur le coût de l'assurance et sur sa portée. Surtout, il cherche à convaincre le lecteur de s'informer avant d'agir en matière d'assurances et de ne pas sous-estimer le risque de ne pas s'assurer !

L'ARGENT
EN AS-TU VRAIMENT BESOIN ?

Il n'y a rien de plus choquant, lorsqu'on fait de l'éducation financière, que d'entendre quelqu'un dire : « Moi, je m'en fous, je ne suis pas à l'argent. » C'est comme si cette personne était dans le déni et faisait preuve d'insouciance, en plus d'être vouée à la dépendance financière. Celle qui s'exprime ainsi ne possède généralement aucun actif, dépense tout ce qu'elle a et se fie à sa bonne étoile pour la faire vivre.

Souvent, cette même personne a adoré le livre *Le secret*. Il arrive aussi que cette phrase soit prononcée par quelqu'un ayant tellement bénéficié des largesses d'autrui (parents ou conjoint, etc.) qu'il n'a jamais eu besoin de se soucier de son avenir.

En fait, personne n'est à l'argent, mais plusieurs se plaignent d'en manquer. On se fout de l'argent, mais on veut un meilleur salaire. On n'aime pas l'argent tant qu'on profite du plaisir qu'il peut procurer. **Non, l'argent ne fait pas le bonheur, loin de là. En revanche, la pauvreté non plus.**

Que signifie « être à l'argent » ? À part le personnage de Séraphin qu'on a vu dans les anciennes moutures filmographiques et télévisuelles, il y a peu de gens sains d'esprit qui deviennent excités sexuellement juste à regarder, à toucher ou à compter leur argent, surtout pas à l'ère numérique. Dans l'imaginaire collectif, « être à l'argent », dans le sens le plus péjoratif, est pratiquement une vue de l'esprit.

Par contre, plusieurs personnes s'intéressent à l'accumulation de richesses, à la planification des besoins, à la gestion des dépenses, et ce, pour diverses raisons. On peut avoir peur de la précarité ou de l'incertitude. On peut aussi vouloir pour ses enfants une vie plus facile que celle qu'on a vécue. Le luxe peut être attirant, même si on y voit une certaine superficialité.

Au fond, que représente l'argent? Une image vient vite en tête : des pièces de monnaie ou, préférablement, des billets (soyons un peu ambitieux, même en imagination). Non, l'argent, ce n'est pas ça. C'est un pouvoir d'échange. Mieux encore, c'est une reconnaissance de dette.

Si on a 1000 $ dans son portefeuille, on a une reconnaissance de dette échangeable au porteur. Par exemple, si on donne 1000 $ à un commerçant, ce dernier reconnaît qu'il a une dette envers nous : payable en biens ou en services. Accepter de l'argent revient à accepter une reconnaissance de dette envers autrui (sauf dans le cas exceptionnel d'un don).

À l'époque où l'argent (ou son équivalent) n'existait pas, on devait faire du troc. Le problème, avec le troc, réside dans son organisation. Comment créer une adéquation optimale entre les besoins de l'un et ceux de l'autre? Très complexe dans une société organisée et populeuse où l'espace physique est limité.

Dans un système de partage à 100 %, on se retrouve devant une tout autre réalité que la sienne. Les travailleurs ou les gens aptes au travail seraient parasités par les personnes moins travaillantes. Comment s'assurer que tout le monde fasse sa part dans la communauté s'il n'y a pas de conséquences négatives pour ceux qui évitent de le faire?

Autre solution : parvenir à l'autosuffisance, ce qui soulève toutefois un autre problème. En effet, dans une société aussi densément peuplée que celle d'aujourd'hui, il serait complexe que chacun ait accès à son propre champ cultivable. Ce sont la recherche d'efficacité et la diversité des activités qui aident la société à s'organiser. Cette organisation permet aux individus de se concentrer dans certains domaines et de générer des économies d'échelle, c'est-à-dire des économies de coûts liés au volume.

Aussi, l'argent permet de reporter un besoin dans le temps. Je peux consommer au moment où je le veux, puisque l'argent ne se périme pas. Au lieu de cultiver mon champ et de devoir récolter mes légumes régulièrement, je peux travailler dans une tour de bureaux le lundi et dépenser le fruit de mon travail trois semaines plus tard : je déplace ainsi dans le temps l'échange d'argent.

L'argent : partie intégrante de notre réalité

Dans une société, l'argent offre de la flexibilité. Bien que le capitalisme soit un système imparfait, il définit les règles du jeu dans lequel on vit. On peut être d'accord ou non avec ces règles, on peut se révolter, mais on restera exposé à ce système. Pour vivre dans une société capitaliste, on doit apprendre les règles du jeu de l'argent. **Voilà ce qu'est l'argent : un outil dans le jeu de la vie.**

Évidemment, on ne peut pas dire que la répartition de l'argent soit affaire de justice à la naissance. Comme dans le cas d'un roi et de sa famille, les liens du sang définissent la richesse initiale. Chaque individu transmet à la génération suivante sa richesse, aussi petite soit-elle. L'héritage est probablement le concept économique créant le plus de distorsion entre la situation financière de l'humain et son « mérite ». Si la nature s'occupe d'un certain classement naturel, l'héritage crée une autre source de discrimination.

Au regard de tout ce qui a été dit précédemment, peut-on vraiment dire qu'« on n'est pas à l'argent » ? Non. On en a tous besoin pour payer le loyer, s'habiller, se nourrir, se déplacer, etc. L'argent est un outil de transfert de valeurs permettant à l'individu de se concentrer sur ce qu'il désire et sous-traiter ce qu'il ne désire pas. Par exemple, je peux choisir de travailler davantage afin de payer quelqu'un pour faire mon ménage au lieu de le faire moi-même.

Donc, t'es toujours
pas à l'argent?

D'accord, il est où
ton champ? J'aimerais
voir ton autosuffisance.

Ah, tu reçois un
salaire? Juste pour
le « strict minimum ».

Et c'est quoi, ça? Une
photo de toi à Paris. OK,
voyager outre-mer fait
partie du strict minimum.

Je comprends
mieux maintenant.

C'est beau ce que tu portes,
tu l'as acheté où?

Tu veux changer de voiture
cette année? Bien sûr,
la tienne a déjà huit ans.

J'adore ton appartement,
ça doit pas être donné
de vivre ici.

Je sais bien, pas facile
d'arriver, avec tous
ces besoins.

Pourquoi te prêter 500 $?
T'arrives pas?

Ah OK! T'es pas à l'argent, normal
que tu ne sois pas organisé.
T'as raison, le monde est injuste,
capitaliste et matérialiste. Toutes
ces années à travailler, qu'est-ce
que ça donne dans le fond, hein?
Carpe diem! On vit au jour le jour!

Avoir les moyens de prévenir

À moins d'avoir une boule de cristal prédisant l'avenir, on ne peut pas vivre comme si on allait mourir demain. On ne peut pas non plus vivre comme si on allait vivre jusqu'à 115 ans. Par contre, entre les deux, il y a des risques de malchance, de perte d'autonomie, de détresse psychologique, de maladie chronique, etc.

La malchance frappe au hasard. On a collectivement un drôle de rapport avec celle-ci, comme si c'était un concept parallèle ne touchant pas le monde réel. Donc, on entendra « j'aime mieux profiter de la vie pendant que je suis encore capable et dépenser tout de suite ».

Si cet argument peut tenir la route dans un sens, il est complètement illogique dans l'autre. Quand on a la capacité de travailler, on est en mesure de gagner des revenus. Mais lorsqu'un problème important surgit et qu'on ne peut plus être indépendant, c'est là qu'on a besoin de ressources. Passer 30 ans dans la misère parce qu'on a été oisif pendant sa jeune vie adulte demeure pour moi un mystère.

Alors, l'argent, en as-tu vraiment besoin ? Dans la société nord-américaine, la réponse est oui. Et le niveau de ressources financières qu'on doit maintenir dépend de deux paramètres très simples :

1 la colonne des revenus, lesquels exigent de l'effort, et l'augmentation de ceux-ci, laquelle n'est pas toujours contrôlable.

2 la colonne des dépenses, lesquelles peuvent fluctuer de façon plus ou moins importante en fonction de notre mode de vie.

Occupez-vous de vos finances

Voilà le but ultime de ce livre. Il ne s'agit pas de faire un exposé technique sur les finances personnelles. L'objectif est plutôt de démontrer que les transactions financières font partie de notre vie et qu'il est possible de remettre en cause les dogmes de la consommation auxquels on obéit. Loin de moi l'idée de faire la promotion de la simplicité volontaire. Par contre, il y a des postes budgétaires névralgiques à considérer et des habitudes financières importantes à mettre en place au début de l'âge adulte.

Au Québec, on peut devenir premier ministre, médecin, avocat ou dentiste sans avoir un minimum de connaissances financières. L'argent et ses mécanismes sont les grands oubliés de la formation du citoyen. La consommation responsable et la gestion financière ont été reléguées dans le sous-sol de la hiérarchie des connaissances. Si bien que notre système peut rémunérer un médecin 500 000 $ par année sans lui avoir appris à gérer intelligemment son pécule.

Se fier aux fournisseurs de services ou aux vendeurs de biens pour évaluer nos besoins ressemble à confier au gros méchant loup le design de notre maison de paille ou à demander à Lise Watier si on a besoin de maquillage. La société déploie une série de stratégies pour influencer ce qu'on qualifie de «besoins essentiels». On n'est pas aussi fort et pragmatique qu'on croit devant ces multiples influences.

En somme, la véritable question à se poser, ce n'est pas «ai-je vraiment besoin d'argent?» ou «de combien d'argent ai-je besoin?» Non, il faudrait plutôt se demander: **«Quelle est la portion de mon argent que je dépense pour rien? Combien de temps ai-je perdu dans ma vie à travailler pour me payer des choses inutiles?»**

Transposer ses possessions en heures travaillées ou en journées de congé auxquelles il faut renoncer permet de voir les choses sous un angle différent, bien tangible. Qu'est-ce que je laisse de côté pour me payer cette chose? Ah non, je ne vais pas travailler l'équivalent de deux semaines par année juste pour pouvoir porter ce manteau! Et deux jours de travail pour cette soirée au restaurant? Tiens, je vais plutôt réparer mon bien au lieu de faire des heures supplémentaires pour en acheter un neuf.

Si « être à l'argent » signifie :

- comprendre les règles du jeu,
- ne pas être esclave d'un travail que je déteste,
- et pouvoir gagner un peu de liberté de choix…

alors on peut bien me cataloguer d'« être à l'argent ».

Bon, il fait beau, je vais prendre une semaine de congé sans solde. Je sais, je suis à l'argent. Tu peux pas venir ? T'es cassé ? Ah, c'est vrai, les paiements…

Pas facile de ne pas être à l'argent, n'est-ce pas ?

Je sais, parler d'argent, c'est vulgaire… mais on en a vraiment besoin !

LES DETTES
EN AS-TU
VRAIMENT
BESOIN?

J e vais faire une confession : je suis endetté. Je vous entends d'ici :
« Quoi ? Pour vrai ? T'es pas sérieux ? Pas toi ! »

Pourquoi ? Vous ne l'êtes pas, vous ? Il n'y a rien de mal à avoir
des dettes. L'accès à l'endettement est parfois salutaire : il permet
d'investir et de déplacer des liquidités dans le temps. Grâce à
l'endettement, on peut accéder à l'activité économique en ayant
une option sur la possession, comme celle d'une maison, d'une
terre ou d'actions d'une entreprise.

Être responsable financièrement ne veut pas dire payer comptant
une maison ou une entreprise. Cependant, si on s'endette pour se
payer une nouvelle voiture, des vêtements neufs ou le prochain
iPad, on peut dire qu'on fait fausse route. L'endettement peut
mener à des résultats positifs, notamment s'il permet de construire
un patrimoine. Dans un tel cas, on est dans la bonne direction.
**Le problème n'est donc pas le mot « dette », mais plutôt
la nature de l'utilisation de cette dette.**

L'endettement réservé à l'investissement

Alors, on comprend qu'il vaut mieux réserver
l'endettement à l'investissement. Mais qu'est-ce qu'un
investissement ? C'est quelque chose qui rapporte !

Ainsi, quand votre meilleur ami vous dit : « J'ai investi dans des sièges en cuir dans ma Honda Civic modifiée » (il habite à Laval), ce n'est pas un investissement. À moins que sa Honda Civic modifiée devienne une pièce de musée destinée à une future analyse anthropologique de l'espèce humaine (de l'ère *douchebag*), elle ne prendra jamais de valeur.

Une maison, est-ce un investissement ? Il y a un débat sur ce point. Chose certaine, le gain en capital de la résidence principale n'entraîne pas de paiement d'impôt grâce à l'exonération sur le gain en capital. Et, pour les dépensiers de nature, la résidence demeure une des rares façons de les forcer à mettre du « capital » de côté.

L'effet de levier positif

S'endetter pour investir est intéressant si, et seulement si, le rendement obtenu par l'investissement est plus élevé que le coût de la dette. Surtout, fiscalement, l'intérêt payé sur une dette est généralement déductible si la dette sert à rapporter un revenu (sauf si le placement est à l'abri de l'impôt dans un REER, un CELI ou un autre outil fiscal).

Par exemple, si on achète un quintuplex dont le rendement cumulé annuel est de 4 % et qu'on paye un intérêt de 3 % à la banque, on est en train de produire un effet de levier positif. **On fait de l'argent avec l'argent des autres.** L'effet de levier est un principe de base de la finance.

Si c'est si simple, pourquoi cette stratégie n'est-elle pas universelle ? Pourquoi toute la population ne s'endette-t-elle pas pour obtenir du rendement ? Parce qu'investir, c'est aussi faire des estimations.

Un placement en Bourse acheté à une valeur trop élevée peut s'avérer un fiasco (Nortel, ça vous sonne une cloche ?) Avant de se lancer, il faut avoir fait une analyse qui permettra de croire que le rendement sera supérieur au coût d'emprunt.

De plus, si j'achète des actions en Bourse, il est possible que le rendement survienne grâce à un gain en capital important dans 5, 6 ou 10 ans. Entre-temps, il faut rembourser la dette (capital et intérêts). Comme l'encaissement des revenus n'est pas simultané au moment du décaissement du remboursement de la dette, ce ne sont pas toutes les bourses qui peuvent se permettre une telle stratégie.

Quand il s'agit de placements immobiliers, tout peut être bien beau sur papier, mais tout peut basculer quand l'investisseur est confronté à une dure réalité : des taux d'intérêt qui montent, des locataires qui ne payent pas comme prévu, ou un problème majeur de structure qui survient et la poursuite en vice caché qui risque de lui coûter plus cher en frais d'avocat que la somme recouvrable. Évidemment, on ne tient pas compte ici de la toiture à refaire, des joints de brique vieillissants, de la tuyauterie qui fuit, etc.

En somme, il arrive souvent qu'un investisseur immobilier paye trop cher un immeuble, parce que les rénovations à venir ont été mal estimées. Ce n'est donc pas d'investir dans un bien immobilier qui pose problème, mais plutôt le prix payé pour ce bien.

S'endetter pour investir, ce n'est pas une recette magique pour faire de l'argent : il faut évaluer le prix payé, le coût de l'endettement et sa propre capacité à soutenir des sorties de liquidités imprévues.

Acheter à crédit?

En se gardant de manquer de souplesse, on peut s'imposer une règle personnelle en ce qui a trait à l'endettement.

Par exemple, notre voiture a fait son temps, mais on n'a pas eu le temps ou l'occasion de provisionner la somme nécessaire pour s'en procurer une usagée. Alors, est-ce qu'on accepte de s'endetter durant quelques mois, le temps de générer des liquidités supplémentaires pour la payer? Pourquoi pas?

D'ailleurs, c'est la règle personnelle que j'ai moi-même définie : si je ne suis pas capable de payer une voiture usagée dans un délai de 12 mois après l'achat, c'est peut-être que je n'ai pas suffisamment de liquidités pour me la procurer. Donc, je privilégie d'autres options : un modèle moins cher ou un autre moyen pour me déplacer.

On peut se permettre une certaine flexibilité en ce qui concerne le crédit à la consommation. Ce qui est dangereux, c'est lorsque ça devient une manière automatique de consommer : on devient alors esclave des paiements. La règle des 12 mois apporte un peu de souplesse.

Voici un autre exemple : un chèque important doit arriver en septembre, mais un « besoin » survient en juin et une occasion d'achat se présente aussi au même moment. Si on peut apparier un revenu par anticipation avec la dépense, on respecte l'utilisation du crédit dans un délai inférieur à 12 mois. Ce n'est pas une règle universelle, c'est une règle du pouce personnelle. Bref, j'accepte parfois que le décaissement doive se faire avant d'avoir reçu les liquidités, mais pour une période limitée à un an.

Quand je vois des publicités qui annoncent des sofas payables seulement 19,95 $ par mois pendant 24 mois, je me dis qu'avant d'acheter ainsi, j'achèterais de seconde main. **Ce n'est pas compliqué : consommer de façon responsable, c'est acheter du neuf lorsqu'on a économisé la somme nécessaire.** Pourquoi devenir esclave de paiements ? Si on n'est jamais capable d'épargner avant de consommer, cela ne démontre-t-il pas qu'on est constamment en train de vivre au-dessus de ses moyens ?

Je sais, ça fait moralisateur. Cela dit, quand on prend du poids sans arrêt, on finit par s'arranger pour maigrir. Alors pourquoi laisse-t-on des dettes prendre de l'ampleur en attendant d'être acculé au pied du mur, c'est-à-dire un obèse morbide de l'endettement, pour réagir ? En matière de finances personnelles, se « faire brocher l'estomac », c'est déclarer faillite.

L'objectif : un actif net positif

La logique relative à l'endettement est simple. D'abord, il faut se demander si une dette supplémentaire engendre une augmentation de l'actif net à terme ou une réduction de l'actif net. L'objectif : que le total de l'actif moins le passif soit en croissance. Tant qu'on a un actif net positif, on peut s'en sortir dans la vie.

Prenons un exemple concret. Vous possédez une maison d'une valeur de 300 000 $ et un prêt hypothécaire de 200 000 $ sur celle-ci. Votre actif net est donc de 100 000 $. Cela signifie que même si le malheur frappe dans votre vie, que vos paiements deviennent trop lourds à assumer, vous auriez, grâce à la vente de votre maison, des dizaines de milliers de dollars dans vos poches pour vous refaire une vie.

Le problème latent, au Québec, c'est le refinancement. Plusieurs Québécois pigent dans le capital de leur maison pour payer leurs dettes. C'est une stratégie acceptable quand on doit procéder à une consolidation de dettes, car la maison est le coût de financement à long terme le moins cher disponible.

Par contre, ce n'est pas soutenable à long terme : en effet, la maison n'aura pas nécessairement pris de la valeur au moment où on aura peut-être besoin d'un financement supplémentaire. Dans le meilleur des mondes, quand on emprunte par un prêt hypothécaire, c'est pour améliorer ou maintenir la valeur de celle-ci (réparation de balcons, rénovations majeures, etc.).

La réalité de l'endettement

Le truc gratuit est simple : **on doit s'endetter pour investir.** Si on répond par la négative à la question « Serais-je capable de payer ce bien comptant ? », il faut absolument opter pour le bien de seconde main en vue de trouver ce qu'on pourrait se payer sans recourir au financement.

Quand on me dit : « Oui, mais le financement est presque gratuit : 0,9 % par mois ! », je réponds : « Ça veut simplement

dire que le coût de financement est inclus dans le prix d'achat!»
En effet, un taux de 0,9 % par mois, c'est une façon de flatter le
consommateur dans le sens du poil. C'est comme dire à une
personne obèse : « Ce vêtement noir vous fait une taille de
guêpe. » Il est impossible qu'une entreprise se finance à un tel taux.
Et comment pourrait-elle accepter de perdre volontairement du
rendement? Une entreprise n'est pas Moisson Montréal!

L'endettement et le couple

Voilà un sujet qui peut engendrer des discussions de
couple pimentées. On a beau vouloir s'imposer une
discipline personnelle, il arrive que la « de-plus-en-plus-
tendre-moitié[1] » n'accepte pas cette logique de finances
responsables.

Un jour, une dame m'a écrit pour me parler de son désarroi à
propos des dépenses de son conjoint. Que faire lorsqu'un des deux
partenaires épargne pour le couple pendant que l'autre l'endette de
façon significative? Si toute discussion sérieuse mène à une fin de
non-recevoir, faut-il sauter du navire ou finir ses jours en capitaine
noyé dans la cabine de pilotage?

« Je place l'amour au-dessus des considérations financières », me
direz-vous. Je veux bien, mais ce qui constitue un niveau de dettes
acceptable viendra-t-il un jour détruire ce bel amour? Prendre soin
de son couple commence aussi par la saine gestion commune des
finances. C'est peut-être comptable comme approche, mais une
bonne gestion de la dette conjugale apporte parfois des bénéfices.

---

1   Ici, la « moitié » peut être autant de sexe masculin que féminin.

Les dettes, en as-tu vraiment besoin ? Pour investir, oui, mais pour dépenser, non.

Tu me diras aussi : « Oui, mais pourtant, tout le monde s'endette pour dépenser ! Pourquoi pas moi ? » Suis-je vraiment obligé de répondre à ça ?

GÉRER TES PLACEMENTS EN AS-TU VRAIMENT BESOIN ?

Quand j'étais petit, le voisin passait ses fins de semaine à laver maladivement son bateau et sa voiture. L'autre voisin d'à côté, lui, sortait une brosse à dents pour traquer toutes les lignes de saleté résiduelle sur sa voiture d'un brun rutilant (oui, ç'a déjà été à la mode, les voitures brunes).

Aujourd'hui, un quidam se vante d'avoir « investi » trois heures de son temps au téléphone avec son fournisseur de services mobiles et d'avoir fait baisser son forfait de 8,13 $ par mois.

Depuis 30 ans, on investit beaucoup de temps dans la gestion du quotidien et de nos biens. Mais quand vient le temps de s'occuper de nos placements, on change d'approche. Tout à coup, on n'a pas d'intérêt pour comprendre les produits, les analyser, les entretenir et les optimiser. On est prêt à passer une demi-journée chez un concessionnaire de Laval pour s'acheter 2000 kilos de tôle, mais au moment d'établir un plan pour son avenir, c'est une autre paire de manches !

Des experts découragés

Discuter avec des planificateurs financiers, des conseillers en placement ou des conseillers en épargne collective donne le vertige. Certains me parlent de la réalité de leur travail et me confient leur découragement à l'égard du manque de responsabilité individuelle des « épargnants ».

Certains clients veulent épargner, mais quand on leur demande combien ils voudraient mettre de côté mensuellement, ils ne sont souvent pas prêts à faire l'exercice budgétaire qui permettrait de le déterminer. C'est comme entrer chez un concessionnaire automobile et dire : « Je veux une voiture, je ne sais pas quel modèle et je ne sais pas quel prix je veux payer. En fait, je ne sais même pas si j'ai besoin d'une voiture, mais je suis là, alors sers-moi et fais ça vite ! »

Nous sommes le 26 février. Il ne reste que quelques jours pour contribuer au REER de la dernière année fiscale. Pressés par le temps, certains clients de planificateurs financiers veulent tout régler en 15 minutes pendant l'heure du lunch.

Ces retardataires font un chèque de 5000 $ au conseiller en épargne collective, signent les papiers au plus vite et retournent à leurs occupations. Ce sont les mêmes clients qui, lorsqu'ils achètent un pinceau chez le quincaillier, prennent le temps de demander au commis si ce produit convient pour la peinture au latex et s'informent au passage des autres outils qui faciliteront leur travail.

On se plaint de se faire vendre des produits financiers sans les comprendre, mais, du même souffle, on traite les professionnels du milieu financier avec moins d'égards qu'un vendeur de pinceaux.

Vous arrive-t-il de vous informer sur la nature de vos placements ? Sur les rendements que vous avez obtenus jusqu'à présent ? Sur votre expectative de croissance ? Le fait d'avoir une stratégie de placements inappropriée peut pourtant entraîner des écarts importants entre le rendement obtenu et celui qui aurait pu être.

C'est bien beau, gérer ses placements, mais il faut tout de même avoir du capital pour pouvoir adopter une stratégie en vue d'obtenir du rendement. Quand un client commence à épargner pour sa retraite à 45 ou 50 ans, le conseiller est aussi découragé qu'un chirurgien cardiaque qui voit son patient obèse manger une grosse poutine au foie gras en fumant deux cigarettes… en même temps. Tout cela deux semaines après avoir subi un quadruple pontage. Il n'est jamais trop tard pour bien faire, mais plus on attend, plus le résultat sera décevant. C'est mathématique.

Ne pas s'intéresser au rendement a un coût

Je ne pouvais pas écrire un livre sur les finances personnelles sans illustrer au moins une fois le principe de l'intérêt composé. Je sais, on vous a montré à maintes reprises des exemples du genre. Mais si vous avez acheté ce livre, c'est peut-être que l'information est sortie par le même trou qu'elle était entrée.

Voici un exemple simple.

Jean-Philippe et Karine sont deux jeunes travailleurs de 25 ans qui ont étudié dans le même domaine. Ils n'ont pas de régime de retraite de leur employeur. Chacun épargne 5000 $ annuellement.
Sans tenir compte de l'inflation ni des autres sources de revenus de retraite, quelle sera la somme que chacun d'eux aura accumulée à 65 ans, en supposant que Jean-Philippe vise un rendement de 4 %, et Karine, de 6 % ?

À 65 ans, Jean-Philippe aura environ 475 000 $.

À 65 ans, Karine aura environ 774 000 $.

Comment un tel écart a-t-il pu se creuser ? Parce que Karine a été plus audacieuse dans la gestion de ses finances personnelles.

Le taux de rendement annuel moyen, le risque assumé et la période d'investissement viennent justifier l'écart entre les deux acolytes. Dans notre exemple, les paiements de Jean-Philippe et de Karine effectués dans leur compte REER demeurent constants, mais ils pourraient aussi augmenter au fur et à mesure que leur salaire augmentera.

Le danger du placement sans risque

Il faut apprendre à composer avec le risque. Il faut comprendre qu'épargner dès le jeune âge dans des certificats de « pauvreté » garantie (CPG) ne permet pas à l'épargnant de se démarquer significativement de la moyenne. Pire, une telle stratégie à long terme ne donnera souvent que du rendement ne battant même pas le taux d'inflation. En somme, à force d'investir « pépère », on finit par s'appauvrir. **Oui, négliger sa stratégie de placements n'est rien d'autre que de l'appauvrissement assumé ou volontaire.**

Les institutions financières ont beau donner des noms *sexy* à des placements sans risque ou avec un risque réduit, cela ne change rien au fait que leur rendement plafonnera. Pourquoi? Parce qu'on veut une assurance de protection du capital, et que toute assurance comporte un prix implicite. Un placement garantissant le capital n'est pas gratuit : on inclut le coût de cette garantie dans le rendement du placement du client.

Techniquement, sur une période de 40 ans au cours de laquelle on a fait des placements, il serait difficile de croire qu'un placement en fonds indiciels ou en actions de solides compagnies ne donne pas un rendement supérieur au capital garanti, même si la volatilité sera plus grande.

Par exemple, si on a placé 1000 $ en 1980, est-ce que le fait de garantir le capital est si important si on a l'intention de le retirer en 2020? Il est peu probable que des actions investies sur une période de 40 ans donnent un résultat inférieur à 1000 $, à moins d'avoir mis tout son argent dans Nortel.

La gestion de ses placements implique aussi de ne pas se faire du mauvais sang avec la volatilité quotidienne de leur valeur. Si, après quelques années, on a 200 000 $ de placements, il ne faut pas paniquer le jour où survient une baisse de 2000 $. Ce n'est qu'une réduction de 1 % de la valeur du portefeuille.

Changer de paradigme

À la signature de mon contrat, mon éditeur m'a dit qu'il ne voulait pas voir le mot « paradigme » dans mon livre. Je le mets dans ce titre juste pour savoir s'il l'a lu.

À partir de maintenant, ce n'est plus de perdre du capital temporairement que l'investisseur devrait éviter, mais c'est de ne pas obtenir de rendement. Quand un investisseur qui ne prend aucun risque se vante de ne pas perdre d'argent durant une période de correction boursière, il oublie souvent un principe de base.

Celui qui s'est exposé à un plus grand risque a peut-être perdu 10 % de ses avoirs récemment, mais au cumulatif, il a peut-être perdu temporairement le rendement qu'un autre investisseur n'aura pas fait. Utilisons un exemple pour comprendre.

Prenons le cas de Geneviève et de Pierre, tous deux âgés aujourd'hui de 35 ans.

Geneviève n'a jamais perdu de capital, car elle a toujours investi dans des produits sans risque. Pierre, lui, achète des actions et des fonds communs de placement.

Chacun d'eux avait 50 000 $ de placements il y a quelques années. Avant la dernière baisse boursière, les placements de Geneviève valaient 60 000 $ et ceux de Pierre, 78 000 $.

Aujourd'hui, Pierre est un peu découragé : le TSX a perdu 10 % ces derniers temps. Il a donc perdu 10 % de son portefeuille, ce qui lui donne un solde de 70 200 $.

Geneviève, quant à elle, est très heureuse : ses placements valent encore un montant plus élevé que le capital qu'elle a investi. Dans une discussion entre amis, celle-ci se montre fière de son coup : « Moi, j'ai été prudente et ç'a été payant ; je n'ai pas perdu de capital durant la période à la baisse de la Bourse. »

Pierre affiche un sourire en coin : « J'ai perdu temporairement 7800 $, mais c'était du rendement que tu n'avais pas fait dans le passé. Donc, mon actif net est encore plus élevé que le tien. »

Ce que cet exemple démontre, c'est qu'à force d'avoir peur de perdre du capital, on oublie la peur de ne pas obtenir de rendement. On devrait autant souhaiter épargner du capital que souhaiter faire fructifier celui-ci. Au net, l'épargne totale dépend généralement de trois variables dans le calcul :

1. Le capital investi.

2. Le rendement annuel obtenu.

3. La durée de la période d'investissement.

Fixer son attention sur le capital et sa protection s'avère une stratégie illogique à long terme.

Évidemment, plus on vieillit, plus on doit réduire son exposition au risque. Toutefois, dans les premières années d'épargne, on doit absolument avoir une stratégie d'investissement différente de celle d'un retraité de 71 ans à la veille de transformer son REER en fonds enregistré de revenu de retraite (FERR).

Si tu as 25 ans et que tu as la même stratégie de placements qu'un citoyen ayant une housse en tapis sur le siège de toilette de sa salle de bain, c'est peut-être un indice que tu fais fausse route.

Négliger tes placements, c'est contribuer à ta propre précarité financière. Lorsque le capital cumulatif épargné est de 500 000 $, une année où le rendement est de 10 % équivaut pour certains à une année de travail à 40 heures par semaine.

Pendant que tu négliges le rendement de tes placements, tu contribues sans même le réaliser à t'appauvrir par rapport à ton voisin. Évidemment, pour l'instant, rien ne paraît. Tu ne compares pas tes relevés de placements avec tes voisins.

Donc, gérer tes placements, en as-tu vraiment besoin ? Ça dépend, peut-être que tu aimes ça travailler et épargner pour rien.

Note : ce texte cherche à illustrer la corrélation entre le risque et le rendement, mais ne constitue en rien un conseil personnalisé. **Il est impératif de toujours consulter un professionnel avant d'investir en fonction de son profil d'investisseur.**

LES FÊTES D'ENFANTS EN AS-TU VRAIMENT BESOIN ?

Martin et Isabelle sont sur le gros nerf. Se marient-ils ? Non, mais c'est aujourd'hui la fête de leur fils Victor, et ses 24 «pas-vraiment-amis» sont attendus.

Le couple a tout prévu : une structure gonflable a été louée, un magicien viendra vers 13 h, un cadeau a été acheté pour chaque enfant invité, un arbitre-animateur a été engagé pour la partie de soccer de l'après-midi. Tout est prêt !

Les sushis seront livrés vers 11 h 45 et la piscine est à 32 °C. Le gâteau sans gluten a été préparé par le pâtissier végétarien avec de la farine certifiée biologique. **Il faut que la fête de Victor soit parfaite, parce qu'à celle de son ami Gabriel, on avait engagé des acrobates, et les enfants avaient bien aimé.**

Ce cas fictif démontre un peu la folie qui emporte le jeu gonflable des fêtes d'enfants. Comble du malheur, votre enfant est ami avec le fils ou la fille d'un entrepreneur millionnaire. Ça y est, les spécialistes d'événements de fêtes d'enfants seront très heureux.

Un ami, qui demeure dans un quartier cossu en banlieue de Montréal, a un jour organisé une fête pour sa fille et les amies de celle-ci. Au moment où la fête se terminait, la mère d'une invitée dit à mon ami :

« Ma fille a eu beaucoup de plaisir ! Qu'est-ce que vous aviez prévu comme activité ?

— On a joué à la cachette ! »

Mon ami s'était occupé lui-même des enfants : pas de jeu gonflable, pas de magicien, pas d'animateur. Il s'était simplement assuré de divertir sa fille et ses copines, ce qui est relativement rare, semble-t-il.

La plus grande joie d'un enfant n'est-elle pas de voir ses parents jouer avec lui ou de s'intéresser à ce qu'il fait ? Dans mon souvenir, je n'ai jamais eu autant de plaisir que de voir mon père s'amuser avec moi ou venir assister à une partie de soccer. Quand on n'hésite pas à dépenser des centaines de dollars pour l'anniversaire d'un enfant, mais qu'on ne contribue pas à son REEE, on pourrait croire qu'on manque le bateau, en quelque sorte.

Les fêtes d'enfants, les soirées, les réceptions ou d'autres occasions réveillent en nous cette (fausse) fierté d'en offrir plus, mais en fait, on en met trop. Le jeu des comparaisons s'active : on ne peut pas recevoir aux hot-dogs le voisin qui nous a offert du foie gras.

Tout ça crée une bulle d'amplification de la dépense, des quantités et des besoins. L'ami a apporté une bouteille de vin à 30 $ la dernière fois, alors on ne peut pas lui offrir notre vin à 18 $. Notre tête s'embourbe dans une logique de relativisme imparfait.

Les fêtes d'enfants organisées en sous-traitance, en as-tu vraiment besoin? Non, il faut juste un peu de temps. Parce que le temps n'a pas de prix. On ne peut pas le capitaliser ni en tirer du rendement en minutes. Il est limité et il nous est compté. Donner du temps est le plus grand geste de partage, et n'est-ce pas le plus beau cadeau?

LE «NO GIFT ACT[1]»
EN AS-TU VRAIMENT BESOIN?

Au Québec, tous les prétextes sont bons pour offrir un cadeau. On en donne pour toutes sortes de raisons et d'occasions : cadeaux de mariage, d'hôte, de remerciement, de retraite, de fête d'ancienneté, d'anniversaire, de fin d'année scolaire, de Saint-Valentin, etc. Personne n'ose arrêter ce jeu incessant d'échange de ressources : les conventions sociales, c'est difficile à changer.

Noël, un jeu à somme nulle

Je déteste Noël. Traitez-moi de vieux grincheux, mais je déteste ce qu'on définit maintenant comme le festival de la consommation inutile. **Le chiffre magique : 652 $[2]. C'est le budget moyen des ménages canadiens pour la période des Fêtes en 2015.** Quand on dit budget, c'est évidemment une prévision des dépenses. Rien n'indique que celui-ci sera respecté ou que la somme est réellement disponible.

Noël? Une période de consommation orgiaque au cours de laquelle la société moderne montre sa décadence dans ce qu'elle a de plus ridicule, de plus risible, de plus infect. Il y a de ces moments où l'on

---

1 Ce texte est en partie tiré d'un article publié par le même auteur dans le blogue de Voir.ca.
2 www.journaldemontreal.com/2015/12/01/le-quebec-depense-moins-que-toutes-les-autres-provinces-pour-noel

se demande si l'humain nord-américain ne s'ennuie pas. Consommer pour se désennuyer. Acheter pour acheter devient une habitude. « T'as dépensé aujourd'hui ? Qu'est-ce que tu prévois consommer ? »

Puis vient cet échange de cadeaux où chacun achète quelque chose dont l'autre n'a pas réellement besoin. Un article de plus qui viendra choir dans une boîte, un placard ou un garage, tous déjà pleins à craquer. Ces objets inutiles viendront, un jour ou l'autre, garnir une vente-débarras quelconque. En y ajoutant la robe à paillettes qui n'aura été portée qu'à une seule occasion ou la chemise écarlate réservée à cette période de l'année.

Et si...

Et si on prenait une pause ? Un Noël sans cadeaux. Un Noël où l'on porterait son vieux jean confortable, où l'on boirait les restants de 40 onces et où l'on afficherait le sourire béat témoignant de notre joie de profiter du temps qui passe.

Ce qu'il y a de plus précieux, ce qu'on ne prend plus le temps de donner, ce n'est pas le dernier iPad ou le plus récent téléphone cellulaire. Ce qui devient rare dans cette vie de fou, c'est le temps. Donner du temps.

J'ai toujours trouvé que la période de Noël était merveilleuse lorsqu'on prenait le temps d'exister, de partager et de vivre des moments avec ceux qui nous sont chers. Rien d'extravagant, pas de vacances dans le Sud ou de fin de semaine à Jay Peak. Non, juste prendre le temps de dire à ses parents et amis : « Je vous aime, vous êtes importants pour moi et je suis content d'être avec vous. »

Prendre le temps d'arrêter, mettre un frein à la vie trépidante.

Prendre le temps de se faire un café à la maison plutôt que de contribuer à l'évitement fiscal d'une multinationale.

Retourner dans l'enfance.

Faire des activités simples et gratuites : patiner au parc, faire une promenade en soirée, se coucher sur la neige et admirer les étoiles (vision fantasmagorique lorsqu'on vit à Montréal, où la pollution lumineuse altère le ciel).

En somme, mordre dans la vie dans ce qu'elle a de plus élémentaire. Prendre le temps de vivre avant de crever.

Et si on signait chaque année le *no gift act* ? Un accord mutuel pour s'offrir du temps de qualité en famille plutôt que de se donner des cadeaux matériels. **Prenons la résolution de ralentir cette folie, une famille à la fois.** Évitons les soldes, les files d'attente, les voitures encombrées, le *Boxing Day,* le faux *Boxing Day,* le stress de la tempête de neige, le temps pour emballer les cadeaux, etc. Disons non à toute cette folie et prenons juste du temps pour nous.

Le paradoxe des Fêtes

Il y a quelques années, je travaillais pour une firme comptable internationale située au centre-ville de Montréal. On était le 23 décembre, j'étais débordé par ma vie professionnelle et mon absence de vie personnelle, je roulais toujours à la limite du temps, je flirtais avec un état de fatigue permanent. Puis, en rentrant à la maison, un homme m'a abordé non loin de la station de métro Berri-UQAM :

T'aurais pas du *change* pour manger ?

Non, désolé.

Et j'ai continué mon chemin. Quelques pas plus loin, je me suis arrêté, puis je suis retourné le voir.

Tu voudrais manger quoi ?

Bien, ce que tu veux m'offrir.

Finalement, il voulait du McDo; j'ai pénétré dans le restaurant avec lui. Les employés m'ont regardé entrer avec l'homme. Ceux-ci étaient habitués de le voir dehors, avec ses sacs de plastique en guise de bottes. Je lui ai payé un trio Big Mac et une carte-cadeau (celle-là avait un sens) pour son prochain repas. Il m'a remercié et je suis parti.

C'est à se demander qui a rendu service à qui cette journée-là. J'avais l'impression d'avoir été plus utile à une seule personne à ce moment-là qu'à tous les clients de la firme pour laquelle je travaillais depuis le début de ma carrière.

Depuis ce temps, une fois par année, j'aide quelqu'un, dans l'anonymat, sans partage sur les réseaux sociaux, sans vidéo de seau de glace sur la tête. J'aide parce que je veux reconnaître la personne que je vois dans le miroir chaque matin. Ce miroir qui ne nous renvoie pas toujours le reflet qu'on voudrait voir. Aider son prochain est en quelque sorte un geste égoïste, celui qui permet de s'aimer soi-même.

À l'occasion de Noël, je rêve de centres commerciaux vides, d'enfants heureux de voir leurs parents jouer avec eux plutôt que d'acheter la paix. Je rêve d'autre chose, et vous? Pourquoi ne pas offrir notre Noël à une banque alimentaire? Utiliser 652 $ pour acheter des denrées non périssables? Ou les donner à la Guignolée du Dr Julien?…

Les cartes-cadeaux

Elles pullulent dans plusieurs commerces. D'un point de vue purement économique, quel drôle de concept! Que fait-on réellement quand on achète une carte-cadeau? On échange des dollars canadiens, une monnaie acceptée partout, contre 50 $ à dépenser seulement chez Sports Experts, par exemple.

Pourquoi ne pas donner 50 $ directement à la personne? Parce que ça ne se fait pas? Pour s'assurer que la personne ne s'en servira pas pour acheter autre chose? Donner une carte-cadeau, c'est de la fausse bonne conscience : un semblant de cadeau personnalisé.

Peu importe le motif, on en achète pour une raison simple : ça achète la paix. La personne qui l'offre ne passe pas des heures à chercher un cadeau, la personne qui la reçoit est heureuse de choisir son cadeau elle-même, et cela permet en plus d'éviter les retours en magasin. Financièrement parlant, cela devient ridicule : je te donne une carte-cadeau de 50 $ à dépenser chez Canadian Tire et tu me donnes une carte de 50 $ de Rona. Au net, on obtient un jeu à somme nulle et on a perdu du temps.

TRUCS GRATUITS ☺

- Acheter un cadeau de groupe à 100 $ (ou un autre montant) à une personne dont c'est l'anniversaire. Elle pourra acheter quelque chose d'utile, de valeur assez élevée, tout en minimisant la dépense pour chacun et l'espace monopolisé par le cadeau.

- Offrir des cadeaux qui se mangent – des biscuits maison, du ketchup aux fruits, etc. – et y joindre la recette. C'est un présent qui fait toujours plaisir et qui est unique !

L'espace dans une maison coûte très cher à occuper. Le remplir d'objets rend l'espace libre encore plus précieux. Pourquoi ne pas s'entendre entre adultes rationnels pour limiter la quantité de cadeaux ?

Alors, qui veut signer le *no gift act* ? Qui sait, nous pourrions y prendre goût. Parce que des bébelles de plus, en as-tu vraiment besoin ?

UNE STRATÉGIE DE CONSOMMATION
EN AS-TU VRAIMENT BESOIN ?

Une stratégie de consommation ? « De quoi parles-tu ? », me demanderez-vous. Évidemment, on a tous nos petits trucs quand on doit choisir un produit plutôt qu'un autre. Je remarque que, près de nous, on a tous un vieux sage qui nous montre à travailler, à réparer une maison, à faire un jardin ou à « bizouner » quelque chose. Lorsque vient le temps d'acheter un bien, on a aussi tous un ami ou un oncle Ti-Joe Connaissant qui sait tout sur tous les produits.

Par contre, on ne trouve personne pour nous dire comment contrôler notre consommation de façon intelligente. Les prochains paragraphes n'ont rien de scientifique, mais ils proposent une stratégie de consommation, en trois points, concernant l'achat de produits dont le coût est important.

1. Le retour à la maison

Consommer, c'est comme une rage. On n'arrive plus à réfléchir ; le sang quitte le cerveau. On a envie de jouir du bien là, maintenant. Il n'y a parfois rien de rationnel, c'est un désir soudain. Quand je veux faire des achats importants et que je n'y ai pas mûrement réfléchi, je me dis toujours que je dois retourner à la maison avant d'acheter. Aller voir une première fois les produits tentants et rentrer chez soi permet, dans la majorité des cas, de revenir à la raison assez rapidement.

Je me souviens d'avoir déjà voulu m'acheter trop de guitares. J'ignore pourquoi, mais quand j'entre dans un magasin d'instruments de musique, j'ai un désir très puissant de m'acheter une guitare. Est-ce dû au rêve inassouvi d'être une *rock star*? C'est comme une pulsion, une excitation; je vois l'instrument, je le touche et, comme si un virus m'était transmis, j'ai une envie folle de me le procurer.

Pourtant, j'ai déjà assez de guitares à la maison pour le talent limité que je possède. Donc, retourner à la maison est un truc qui fonctionne très bien. Dès que j'arrive chez moi, l'envie d'une guitare supplémentaire passe, surtout quand je vois mes trois autres qui accumulent la poussière.

C'est un peu le même principe avec le vélo. Ça fait 20 ans que j'ai le même vélo. Mais chaque année, j'entre dans un magasin de vélos en me disant que, cette année, c'est la bonne, j'en achète un autre. Je consulte le vendeur, je me fais faire un prix. Finalement, je reviens à la maison et me demande: « En as-tu vraiment besoin? » Puis, je me réponds: « Non, le mien roule encore. »

Retourner à la maison avant d'acheter permet aussi de dresser la liste de toutes les dépenses prioritaires. La plupart du temps, la pulsion d'acheter devient vite un vague souvenir. Pourquoi suis-je poussé à consommer? Que manque-t-il à ma vie pour que ce besoin revienne encore et encore?

Comme une mouche assoiffée de sucre, nous suçons des produits à l'infini ou… jusqu'à la mort. Nous sommes des mouches, et les produits sont le sucre ou la mar… Il faut juste être conscient de sa dépendance et prendre le temps de la calmer en buvant un thé vert à la maison.

2. Le budget

Cela peut paraître évident, mais une stratégie qui fonctionne bien est de se fixer un budget avant de partir de la maison pour aller faire des achats. Au magasin, l'excitation du moment se met en branle, et les désirs deviennent exponentiels. On a toujours l'impression qu'on mérite ce qu'il y a de mieux. En fixant d'avance le prix le plus élevé qu'on est prêt à payer, cela évite une bulle au cerveau quand on se retrouve devant le produit convoité.

Par exemple, en se dirigeant vers le magasin d'électronique pour s'acheter un téléviseur, on part avec un budget de 1000 $. Attention, il y aura toujours un produit plus cher qui comporte plus de fonctionnalités. On se rend souvent compte, après coup, que la seule fonctionnalité dont on a vraiment besoin, c'est l'écran.

Pour nous faire dévier de notre besoin réel, le détaillant mettra certainement en valeur des modèles attirants et plus coûteux en jouant avec les contrastes et les couleurs, mais comme on aura eu la vivacité d'esprit d'avoir fixé notre prix maximal avant de partir, on ne tombera pas dans le panneau.

D'ailleurs, j'aimerais bien rencontrer la personne qui a vraiment utilisé toutes les fonctionnalités de son téléviseur ou les 13 cycles de sa laveuse. Entre l'univers des possibilités qu'offrent les produits et le temps qu'on peut leur accorder, il y a un écart considérable.

3. Le poste de dépenses favori

En règle générale, nous avons tous un poste de dépenses de prédilection. Personnellement, pendant un bout, c'était celui relié à la musique. Pour m'acheter des disques compacts ou des instruments, je m'allouais un budget plus élevé que la moyenne des gens.

Pour répondre à notre logique que le bonheur est lié à la consommation, on peut se permettre de dépenser dans un poste budgétaire pour lequel d'autres ne dépenseraient pas un sou, pourvu qu'on minimise les dépenses dans d'autres postes budgétaires. Évidemment, tout est une question de moyens. Certains vous diront que ça dépend du montant alloué à ce poste « d'excès », parce que, si ce montant est raisonnable, on pourrait sélectionner deux, trois ou quatre postes où l'on se permettrait d'abuser un peu. Tout est toujours une question de budget ou de contrôle financier.

Une chose est certaine : croire qu'on *mérite* le produit le plus cher et le plus haut de gamme demeure une conception étrange. Pourquoi les autres devraient-ils se contenter de moins, alors qu'on s'offre le produit luxueux ? À un moment donné, on finit par croire le slogan « Parce que je le mérite bien ». Cette affirmation sonne toujours drôle à mes oreilles : le mériter. Comme si consommer était un acte lié au mérite. « Tu travailles assez fort, gâte-toi ! » Quand on en arrive là, on peut se questionner. Pourquoi travaille-t-on autant si le but ultime est de se récompenser pour avoir trop travaillé ?

La stratégie peut ainsi se résumer à M-B-P : maison, budget et poste. Donc :

1
On prend son temps avant d'acheter.

2
On calcule la réelle utilité du bien.

3
On s'assure de ne pas se gâter dans tous les postes de dépenses.

Il n'y a pas de stratégie parfaite en matière de consommation, mais comme le disait Justin Trudeau : « On a un plan. »

Alors, une stratégie de consommation, en as-tu vraiment besoin ? Pas nécessairement, mais ça peut être drôlement utile ! Retourner à la maison, avoir un budget en tête et déterminer un poste de dépenses discrétionnaire, ça permet de garder la tête froide quand la pulsion d'acheter devient trop forte.

GÉRER LES ATTENTES
EN AS-TU VRAIMENT BESOIN ?

Ah, la gestion des attentes… Partout, on gère les attentes, que ce soit dans son couple, dans sa carrière, dans ses projets ou dans ses loisirs. Ça peut sembler une vision conservatrice, mais c'est un concept qu'on peut appliquer à toutes les sauces. Il en va de même en matière de finances personnelles et de mode de vie. Ne pas gérer les attentes relatives à ces deux sphères, c'est presque s'assurer d'être malheureux en permanence.

L'équation des attentes

Pardonnez la métaphore comptable, mais la gestion des attentes, ça ressemble beaucoup à l'analyse de résultats financiers. Vous trouvez que c'est ridicule? Attendez de voir.

Quand on analyse des résultats financiers, on calcule l'écart entre le résultat réel et le résultat prévu. Par exemple, on utilisera l'équation suivante pour calculer l'écart, en pourcentage, entre les résultats et les prévisions:

**Écart entre le résultat
et les attentes
(en pourcentage)** = $\dfrac{(\text{Résultats financiers réels} - \text{Résultats financiers prévus}) \times 100}{\text{Résultats financiers prévus}}$

$$= \dfrac{(1000\ \$ - 900\ \$) \times 100}{900\ \$}$$

$$= 11{,}11\ \%$$

Si le résultat de l'équation est positif, cela signifie qu'on a dépassé les prévisions des ventes ou du bénéfice. Les dirigeants ou les actionnaires sont alors satisfaits, puisqu'on a dépassé les attentes (sauf lorsqu'on parle d'un poste de dépenses, la logique est alors généralement inversée, à moins que les dépenses supplémentaires aient généré des revenus proportionnellement plus élevés).

D'ailleurs, les dirigeants d'entreprises sont passés maîtres dans la gestion des attentes pour tenter de satisfaire les marchés et les investisseurs.

Dans la vie personnelle de l'individu, c'est un peu le même principe. Prenez l'exemple suivant. Une femme rentre chez elle. Elle a follement envie de passer une soirée en amoureux. Elle passe sous la douche, met le vin au frais, prépare un souper léger, allume des chandelles.

Ses attentes sont en croissance. Le téléphone sonne, son chum lui annonce qu'il doit passer la soirée à travailler sur un dossier, à finir pour le lendemain matin (dans les téléromans, c'est toujours un dossier dont on ne connaît jamais la véritable nature, car il est habituellement vide). L'équation devient alors :

Écart entre le résultat et les attentes (en pourcentage) $= \dfrac{\text{Valeur d'une soirée télé} - \text{Valeur soirée romantique}}{\text{Valeur d'une soirée romantique}} \times 100$

$=$ Résultat négatif parce que la soirée télé a généralement moins de valeur que la soirée romantique

Mesurer sa satisfaction. Si le résultat est à 0, c'est qu'on est satisfait par rapport à nos attentes. S'il dépasse 0 %, c'est qu'on a dépassé les attentes. À l'inverse, s'il est négatif, on n'a pas atteint les attentes.

On ne peut pas chiffrer le résultat, mais on peut comprendre que la valeur de la soirée passée devant la télé est moins élevée que celle de la soirée romantique. Le degré de satisfaction est donc négatif. Certaines situations sont plus facilement quantifiables. C'est le cas, par exemple, d'un calcul basé sur une attente salariale ou sur une attente de la valeur de sa maison, etc.

Bon, vous me direz que c'est un peu comptable ou mathématique comme vision, mais je l'ai dit : c'est une métaphore. Si les attentes sont tout juste satisfaites, le résultat de l'écart entre le résultat réel et les attentes sera de 0 %.

Donc, on pourrait pratiquement définir le bonheur en fonction du degré de satisfaction des attentes. On ne peut pas vraiment mettre un chiffre sur cette satisfaction, mais on peut mettre un ordre de grandeur (égal, plus grand ou plus petit, meilleur ou pire que les attentes). Comme on ne contrôle pas toujours le numérateur de l'équation (le résultat réel), on peut se concentrer sur le dénominateur, c'est-à-dire nos attentes.

Quelques exemples concrets

- Si j'ai demandé une augmentation de salaire de 30 % à mon employeur, il est possible que je sois déçu si le résultat obtenu est de 2 %.

- Même principe pour les attentes dans le couple. Si je dis à ma conjointe que je compte rentrer du travail à 18 h, elle sera déçue de me voir arriver à 20 h. En revanche, si je lui dis que je vais rentrer à 20 h 30, mais que je réussis à rentrer à 20 h 15, elle pourrait avoir une réaction positive. Tout est dans la gestion des attentes, ce qui évite les grandes déceptions. Le but est de contrôler le dénominateur de l'équation.

- Si une de mes attentes était de vivre dans une maison unifamiliale de un million de dollars à Outremont, mais que je ne peux me procurer qu'un condo dans Homa à 250 000 $, ça se peut que je sois déçu.

Pourquoi toutes ces déceptions? En raison des attentes mal gérées. Les résultats prévus étaient beaucoup trop difficiles à atteindre. Tous ces exemples témoignent du fait que les objectifs doivent être correctement définis.

Les attentes et les objectifs SMART

En management, il existe une façon de formuler des objectifs qui peut très bien s'appliquer à sa vie personnelle, mais surtout à la gestion des attentes. Pour atteindre ses objectifs, on doit un jour ou l'autre les définir.

Dans ma jeune vingtaine, j'avais écrit des objectifs de vie sur un bout de papier que j'ai traîné dans mon portefeuille durant quelques années. Comme un engagement envers moi-même, j'avais décidé de me fixer des objectifs en fonction de mes attentes, de mes intérêts, de mes désirs, de mes rêves et de mes capacités. Cette liste était divisée en plusieurs sections:

- investissements

- épargne

- entraînement physique

- famille

- vie professionnelle

- etc.

Si on ne se fixe pas d'objectifs, on ne va nulle part, ou du moins peut-être pas à l'endroit voulu. Par exemple, dans la section « épargne », mon objectif était d'épargner 20 % de mon salaire brut annuellement. Dans la section « vie professionnelle », j'avais écrit différents objectifs comme « devenir professeur titulaire à l'université avant 45 ans » ou « écrire un livre avant l'âge de 40 ans ».

Chose certaine, ces objectifs étaient tous cohérents : ils respectaient les principes enseignés dans mes cours de management. Ce sont des objectifs qualifiés de « SMART ». Qu'entend-on par des objectifs SMART ?

Spécifique. Un objectif bien défini doit être clair et relativement précis. Par exemple, « devenir une meilleure personne », c'est un peu vague. Par contre, « devenir professeur titulaire à l'université », voilà qui est spécifique et compréhensible.

Mesurable. On doit être capable de quantifier l'objectif pour vérifier s'il a été atteint. Par exemple, si mon objectif est d'« épargner 18 % de mon salaire annuel », c'est mesurable. On est capable de mesurer si on a atteint ou non l'objectif à la fin de l'année.

Ambitieux. Quand on parle de gestion des attentes, il faut tout de même que l'objectif initial soit ambitieux, c'est-à-dire assez difficile à atteindre pour en retirer une satisfaction. Donc, l'ambition dépend de ses propres capacités.

Par exemple, « obtenir mon diplôme d'études secondaires avant 30 ans » n'est pas ambitieux pour un premier de classe, mais ce même objectif peut l'être pour une personne effectuant un retour aux études.

Réaliste. Évidemment, un objectif doit être atteignable. Le manque de réalisme pourra non seulement nous décourager, mais aussi nuire à notre propre gestion des attentes. Par exemple, « devenir président d'une multinationale à 25 ans », oui, c'est possible, mais quand on a 24 ans et qu'on tourne des boulettes chez McDonald's, ça manque peut-être de logique. Un autre exemple : si on gagne 40 000 $ par année à titre de salarié, il est peut-être peu réaliste, dans le mode de vie d'aujourd'hui, de vouloir prendre sa retraite à 40 ans.

Temporel. L'objectif doit être défini dans le temps. Pour être capable d'atteindre un objectif et d'en réaliser le suivi, il faut savoir quel est l'échéancier prévu. Par exemple, vouloir « acheter un immeuble à revenus avant 30 ans » est un objectif temporel, puisqu'un délai clair est précisé. Si, à 32 ans, on est encore locataire, alors on accuse du retard sur la portion temporelle de son objectif.

Donc, quand on se fixe des objectifs personnels ou professionnels, ces derniers doivent respecter ces cinq principes pour nous permettre de gérer nos attentes. L'objectif suivant est un exemple de bonne formulation :

> Épargner chaque année 20 %
> (**mesurable, ambitieux et réaliste**)
> de mon salaire brut (**spécifique**)
> de 25 à 65 ans (**temporel**).

En se fixant des objectifs « SMART », on s'assure donc que les attentes seront à la fois réalistes et ambitieuses. En effet, la gestion des attentes ne signifie pas de se fixer des objectifs si modestes qu'on n'éprouvera aucune fierté à les atteindre. La gestion des attentes équivaut à un juste équilibre entre réalisme et ambition.

La majorité des Québécois ne cotisent pas au maximum du plafond annuel permis du REER. C'est donc relativement ambitieux, pour un travailleur moyen, de cotiser à la hauteur de 18 % de son revenu gagné l'année précédente, mais ça demeure réaliste s'il fait quelques choix différents de ceux d'autres contribuables. Les attentes et les objectifs sont intimement liés : il faut en être conscient.

« Le revenu gagné inclut :

- Les revenus d'emploi et d'entreprise

- Les revenus nets de location

- Les pensions pour invalidité reçues du Régime de rentes du Québec (RRQ)

- Les pensions alimentaires imposables

Sont exclus les montants suivants :

- Les dividendes

- Les prestations de retraite du RRQ

- La pension de la Sécurité de la vieillesse (PSV) et le Supplément de revenu garanti (SRG)

- Les allocations de retraite

- Les prestations reçues à la suite d'un décès

- Les retraits d'un REER, d'un FERR ou les paiements d'un RPDB [Régime de participation différée aux bénéfices]

- Les salariés peuvent donc contribuer à un REER même s'ils contribuent aussi à un régime complémentaire de retraite.

Les travailleurs autonomes peuvent aussi contribuer à un REER même s'ils n'ont pas accès à un régime complémentaire de retraite[1]. »

Des objectifs et des attentes en évolution

Un autre principe important dans la gestion des attentes, c'est admettre que les objectifs et les attentes sont en constante évolution. Par conséquent, on doit accepter de les ajuster en fonction des événements de sa vie, et ce, pour le meilleur ou pour le pire.

Il est possible que ce qui était réaliste à 20 ans ne le soit plus à 35 ou à 45 ans. À mesure que le temps passe, nos intérêts ainsi que nos objectifs peuvent changer. Par exemple, je voulais être professeur d'université, et je suis devenu prof de cégep. L'objectif est atteint en matière de vie professionnelle, même si je n'enseigne pas au niveau initialement souhaité.

Avec le temps, j'ai pu constater que ce changement dans ma trajectoire a été plus bénéfique pour ma carrière dans son ensemble. La révision des attentes a donc été bénéfique au bonheur individuel.

Un contrôle et des actions

Les vies personnelle et professionnelle ont un important point en commun. Si on ne prend pas de décisions, d'autres en prendront pour nous et nous diront où aller.

Je compare souvent une telle situation à un voilier voguant sur l'océan. Si le capitaine n'a pas de destination, il se laissera porter par les flots ou tournera en rond en naviguant dans la direction la plus favorable. Par contre, le capitaine ayant une destination précise fera tout en son pouvoir pour orienter ses actions afin d'atteindre son but, même lorsque les vents seront défavorables.

---

1 www.questionretraite.qc.ca

Donc, périodiquement, on doit se demander « où en suis-je avec mes objectifs personnels ou professionnels ? » ou « quels sont les gestes à poser pour les atteindre ? » Quand j'avais un peu de temps devant moi ou que je procrastinais, je me demandais ce que j'avais fait aujourd'hui ou durant la dernière année pour atteindre un de mes objectifs.

Faire un bilan de temps en temps ou effectuer un contrôle de l'atteinte de ses objectifs, c'est constater que le temps passe et que certaines actions peuvent être mises en œuvre pour réajuster le tir si nécessaire.

OBJECTIF : Prendre sa retraite à 65 ans avec une rente annuelle équivalant à 70 % de son salaire.

CONTRÔLE DE L'OBJECTIF :
- Le montant d'épargne mensuelle est-il cohérent avec cet objectif ?

- A-t-on rencontré un professionnel pour établir un plan de retraite ?

ACTIONS : Il arrive qu'on ait toujours rêvé de changer d'emploi, mais qu'on se conforte dans son cubicule avec ses tâches procédurales depuis 20 ans sans rien faire pour se libérer de cette inertie. Comme disait ma mère : « Aide-toi et le ciel t'aidera. »

Souvent, on attend que les belles choses nous tombent gratuitement du ciel, de recevoir l'offre qui changera notre vie sans faire aucune démarche. Si on se laisse « encubiculer[2] », les « encubiculeurs » ne feront que poursuivre leur action. Donc, quels sont les gestes à poser pour atteindre son objectif ou pour se repositionner afin de l'atteindre ?

Le bonheur et la saine gestion des attentes

En définitive, la gestion des attentes est intimement liée aux objectifs qu'on se fixe dans toutes les sphères de notre vie.

2 voir.ca/pierre-yves-mcsween/2013/03/25/encubiculer/

Ne pas gérer ses attentes et ne pas faire de gestes concrets pour atteindre ses objectifs revient à se complaire dans l'insatisfaction.

Quand j'essaie de définir le bonheur, je me dis souvent qu'il se trouve exactement à mi-chemin entre « ne pas avoir de regrets ni de remords ». Donc, il faut faire en sorte de ne pas regretter de n'avoir rien fait et de ne pas avoir de remords d'avoir fait certains choix. Gérer ses attentes permet de limiter les regrets et d'éviter les remords.

Je sais, gérer sainement les attentes, c'est plus facile à écrire qu'à faire. Chose certaine, pour ne pas se retrouver dans une vie que d'autres ont imaginée pour soi, il faut un jour ou l'autre avoir un plan.

Gérer les attentes, en as-tu vraiment besoin? Poser la question, c'est y répondre.

305

LES VOYAGES
EN AS-TU
VRAIMENT
BESOIN ?

J'entends déjà le bruit de vos dents d'en bas vous frotter dans le front juste en lisant le titre de ce texte. La pression monte, vous êtes prêt à m'envoyer des insultes sur Facebook. D'ailleurs, vous avez déjà commencé à rédiger votre message.

Remarquez, je suis d'accord avec vous sur le fond : c'est plaisant de voyager, de découvrir de nouveaux horizons, de voir la réalité d'autrui, de connaître, vivre, se remettre en question. Crime, peut-on avoir du fun ? Oui. Par contre, ce que j'appelle la « survalorisation du voyage », il est peut-être temps d'y mettre un bémol.

Le voyage, c'est comme le glaçage : il faut d'abord cuisiner le gâteau avant de pouvoir l'étendre. L'épargne, c'est le gâteau. **La logique du « je voyage, j'épargnerai ensuite », c'est beau et désinvolte, mais, dans quelques années, cette négligence aura un prix.** L'insouciance financière s'apparente au principe de l'intérêt composé : avec les années, elle se gonfle exponentiellement.

Se payer un voyage n'est pas un exploit. C'est une dépense au même titre que le spa dans la cour (d'accord, avec une expérience éphémère en sus et des souvenirs pour la vie). Le voyage n'est qu'un choix financier : on alloue une partie du budget à un billet d'avion, de la bouffe et de l'hébergement ailleurs dans le monde.

Ce n'est pas un accomplissement, c'est un luxe qui se traduit par une cotisation au REER plus faible cette année-là (mais bon, si votre fonds de retraite est bien garni, vous avez le droit de vous manger le front avec les dents d'en bas). **La question demeure la même : êtes-vous en train de manger votre retraite en Italie ?** J'espère qu'il était bon, ce plat de pâtes, parce qu'il vous coûte, dans les faits, bien plus cher que 15 euros !

Remettre le voyage en perspective

Un jour, je corrigeais des copies dans un café de la rue Masson. À la table d'en face, une fille dans la jeune vingtaine accordait une entrevue à une journaliste et l'entretenait de ses voyages. Elle expliquait que, durant ses voyages, elle rencontrait plein de gens qui l'hébergeaient, la nourrissaient, etc.

En gros, le message était le suivant : « Je ne travaillerai pas comme le reste du monde, je suis vouée à quelque chose de plus grand. Je vais passer ma vie à voyager. Le travail, ce n'est pas fait pour moi. Je vais travailler un minimum pour partir, etc. »

Elle méprisait cette société dans laquelle nous vivons, « avec les valeurs à la mauvaise place dans un univers matérialiste » (enfin, ça sonnait de même). Les enfants et la maison, ce n'était pas pour elle. Tout était appuyé d'une grande naïveté un peu arrogante. Je voyais la journaliste se sentir jugée de vivre sa vie dans son bungalow en banlieue.

La jeune femme avait beau mépriser notre monde organisé, c'est pourtant lui qui a bâti les avions qui l'amènent ailleurs. C'est aussi lui qui, grâce à ses structures, transforme et transporte les aliments lui permettant de manger ainsi que les matériaux utilisés pour son équipement de voyage.

Par ailleurs, demeurer chez les gens tel un parasite pour vivre une expérience de voyage, c'est très envisageable quand on est une jeune fille au début de la vingtaine. Ça l'est beaucoup moins plus tard. Les voyages forment la jeunesse, mais il y a une limite à faire valoir la réalité économique des jeunes pour justifier le fait qu'on vit toujours chez les autres… à 44 ans!

Pour qui voyages-tu ?

J'ai de vraies questions pour toi.

Quand tu pars en voyage, pour qui le fais-tu vraiment? Est-ce la pression sociale d'aller quelque part?

Dans le fond de ton cœur, qu'est-ce que tu cherches à voir? Tu le fais parce que tu le désires vraiment ou pour l'acceptabilité sociale? Tu susciteras peut-être l'envie de tes amis, mais pas leur admiration.

Pourquoi prends-tu 12 350 photos de ton voyage? J'espère que c'est pas pour nous, tes amis. Honnêtement, nous sommes très contents pour toi que tu aies vécu une expérience extraordinaire, mais passer plus de 15 minutes à regarder tes photos, c'est souvent le maximum tolérable.

Qu'est-ce qui motive ton désir de dépenser dans tous les attrape-touristes d'un autre pays?

T'es trop bien pour notre ordinaire? L'ordinaire de l'un est l'extraordinaire de l'autre. La preuve, tu viens d'aller visiter l'ordinaire d'un autre pays. Alors, pourquoi?

Pour qui cours-tu d'un site touristique à un autre comme une poule pas de tête ?

Quand quelqu'un te demande : « Où vas-tu pour tes vacances ? », ça te tente jamais de répondre bêtement : « J'vais nulle part. » ?

Cette douce sensation d'être en vacances, c'est-à-dire « ne pas être au travail », mais de profiter d'un quotidien sans course, sans vitesse, ni stress... N'est-ce jamais une option ?

Ça se peut que tu voyages pour te rendre compte à quel point tu es bien chez toi et que tu te brûles les yeux sur ton lopin de terre et ton vieil arbre tordu au milieu, comme disait Cabrel. Mais que fuis-tu pour courir vers l'étranger à chaque occasion où ton employeur t'offre cinq jours ouvrables ? Ta blonde, ton chum que t'aimes pas réellement ? Ta vie de couple ? Ton travail ? Ton propre reflet ? Je te comprends.

Nous avons tous envie de faire ça, quelque part au fond de nous. Partir, fuir le quotidien, la routine, la vie « ordinaire ». Nous pensons parfois que nous sommes destinés à quelque chose de plus grand que les autres. Nous pensons tous ça.

Pourtant, qu'avons-nous de si exceptionnel ?

Le besoin de se sentir différent, de se sentir en vie ? Peut-être. Dans le fond, je te comprends. Les possibilités de voyages sont illimitées, mais pas les ressources.

L'envers économique des voyages

En voyageant souvent, le globe-trotter augmente la demande en transports aériens internationaux, rentabilise l'offre et contribue à la démocratisation des vols aériens.

En 2014, 3,3 milliards de personnes ont voyagé par avion dans le monde[1]. Cependant, les voyages en avion sont très polluants. Faire voler un engin avec autant de passagers et leurs bagages exige une énorme puissance, qui doit être maintenue durant toute la durée du vol.

Cela génère des externalités économiques : on pollue l'atmosphère sans en assumer le véritable coût. Alors, notre globe-trotter en herbe, par son appétit à découvrir de nouveaux horizons, contribue à augmenter le trafic aérien et à polluer l'atmosphère, nuisant ainsi à la collectivité.

En voulant découvrir de nouveaux horizons, le voyageur contribue à accélérer la destruction de ceux-ci. Il nourrit la machine en mode accélération. Il a son carré rouge tatoué sur le cœur, mais dans le fond, il pile dessus.

Les voyages d'étudiants

Il y a quelque chose de très comique dans les voyages humanitaires ou les voyages d'étudiants. Oui, c'est bien de donner l'occasion à des jeunes de voyager.

D'un point de vue purement économique, toutefois, j'y vois quelque chose d'illogique. Dans toutes les activités de financement, la collecte de fonds s'effectue auprès de la famille, des amis, des clients de l'épicerie, etc. En somme, certaines personnes n'ayant pas les moyens de voyager finissent par payer partiellement le

---

1 www.ledevoir.com, sous l'onglet « Économie », puis sous l'onglet « Actualités économiques », lire l'article « Le nombre de voyageurs transportés par avion a atteint 3,3 milliards en 2014 », mis en ligne le 7 février 2015.

voyage d'un jeune. Donc, sur un plan strictement financier, l'étudiant se fait subventionner son voyage.

Il y a aussi des aspects positifs à un tel voyage : une ouverture sur le monde, une meilleure compréhension des écarts de richesse, une sensibilité à l'égard d'autres cultures, etc. Malgré ces aspects, on envoie un message : d'autres peuvent payer pour nos désirs et nos envies.

ÉTUDIER DANS L'INDUSTRIE DU VOYAGE

Ta passion pour le voyage pourrait te mener à vouloir travailler dans l'industrie du voyage. Attends un peu : tu veux réellement vendre des voyages dans une agence ? Quelle est la différence entre vendre des voyages et des soupers cinq services ? T'es pas plus dans le voyage, tu en vends.

Tu reçois un voyage gratuit par année ? Super ! Mais pourquoi ne pas simplement occuper un autre type d'emploi, mieux rémunéré, puis te payer un voyage par année à plein prix ? Parfois, il faut voir la prééminence de la substance économique sur la forme juridique (celle-là, c'est pour les comptables). En d'autres mots, on ne choisit pas son domaine d'études en fonction du voyage. On choisit une formation et on la fait voyager.

Ça me rappelle les fameux programmes universitaires du genre « commerce international ». Il y a le mot « international » dedans, mais à quel emploi réel ce programme est-il lié ? Crois-moi, le titre est sexy, mais la réalité est tout autre. Tu penses que ça te rapproche vraiment du voyage ? De la possibilité de vivre à l'étranger ? Quelle est la demande pour ce type de compétences sur le marché de l'emploi ?

L'étranger de l'un est le local de l'autre. Ainsi, les besoins d'emplois sont parfois les mêmes. Par exemple, est-ce qu'on étudie en finance internationale ? Non, on étudie en finance et on peut choisir de travailler à l'étranger. La glorification sociale d'être ailleurs peut parfois être surévaluée. Le « ailleurs » de l'un est le « ici » de l'autre ; ce qui paraît exotique dans ma vision nord-américaine est ordinaire pour l'autre, et vice-versa.

Est-ce qu'on étudie en comptabilité internationale ? Non, la comptabilité existe partout et les normes sont internationales. Alors, un simple comptable peut voyager pour le travail s'il le désire. Pas besoin d'avoir un diplôme enjolivé du mot « international », axé sur le marketing, pour travailler à l'étranger.

J'aime voyager

On a pratiquement tous le goût de voyager. Je suis le premier qui aimerait le faire plus souvent. **Cependant, à mon âge, il faut être riche, insouciant ou frauder le fisc pour pouvoir voyager fréquemment.** La vie économique responsable coûte cher. C'est normal d'avoir le goût de l'aventure, mais certains ont juste trop d'obligations ou trop de dettes pour voyager.

En matière de finances personnelles, tant qu'on réussit à avoir deux ans de salaire de côté à 35 ans, tout est beau. Quoi ? Deux ans de salaire ? T'es malade ? Pourtant, même avec des rendements très bas, c'est mathématiquement faisable, à moins de boire son épargne sur le bord de la mer.

Donc, t'as 35 ans, t'as un beau compte Facebook et tu y as mis plein de beaux souvenirs? Super! Et ton REER, ton CELI ou ton REEE, comment vont-ils? Les voyages, tu en as vraiment besoin, mais à quel prix? Je sais, je sais, je suis plate. Imagine ton futur...

CUISINER
EN AS-TU
VRAIMENT
BESOIN?

Sur la vitre suintante d'un restaurant, un autocollant usé « Just Eat » a été apposé. Allez, mon goinfre, ne fais même plus l'effort de couper un légume ou de brasser ta soupe. Fais juste manger, c'est si facile. Mange n'importe quoi jusqu'à ce que tes papilles se tannent de goûter.

Des milliers d'années à faire soi-même ses repas pour en arriver à ce moment où l'humanité est la plus passive, culinairement parlant. Au fait, quel est le prix quand on fait « juste manger »? Trop élevé. Et c'est sans compter l'absence de contrôle sur le contenu de son assiette.

Ne pas cuisiner est synonyme d'appauvrissement. Qu'aurais-je pu faire avec ces ressources financières que j'ai allouées au mauvais endroit? **Personnellement, le poste budgétaire dans lequel je peux le plus couper est celui de la restauration.**

Mais l'être humain étant foncièrement grégaire, il aime se retrouver dans un café pour voir des gens, changer d'air ou simplement se relaxer au son de la musique ambiante. Après tout, c'est attirant de se retrouver ailleurs que chez soi.

Durant toutes les années où j'ai vécu dans un appartement sombre et peu invitant, je le fuyais presque à plein temps. Je disais : « Le jour où j'aurai une belle maison, j'y serai plus souvent. » Beau vœu pieux. La routine de la vie à la maison, surtout pour le travailleur à domicile, devient parfois une prison virtuelle pour l'esprit.

Le resto

Au restaurant, pour bien manger, il faut y mettre le prix. Pour offrir à sa clientèle un repas à prix abordable, le restaurateur doit se réserver une marge suffisante qui lui permettra de payer le loyer, les permis et les diverses taxes, l'électricité, les employés, les charges sociales, les assurances, les matières premières, le matériel, l'entretien, la décoration, le ménage, etc. Surtout, il doit se verser un salaire suffisant pour couvrir ses nombreuses heures de travail. Quand on cuisine soi-même à la maison, on absorbe déjà une bonne partie de ces frais.

Ainsi, les véritables coûts associés au fait de se faire à manger à la maison sont attribués aux matières premières, à l'énergie et à son propre temps (qui aurait pu être monnayé par notre propre travail, lorsque c'est possible).

Sans couper totalement le plaisir de manger au resto, il serait peut-être judicieux d'en limiter la fréquence. Il faut s'interroger sur le prix réel de la sous-traitance alimentaire et sur celui relié au plaisir de prendre un repas à l'extérieur de chez soi.

Chose certaine, d'un point de vue strictement financier, le restaurant demeure un mauvais choix. Peu importe la logique justifiant un repas au restaurant, le client génère une marge brute pour le restaurateur : il paye davantage que le prix du repas, il paye la voiture du propriétaire et son condo.

Enfin, il faut être honnête, le restaurant, ce n'est pas toujours bon, c'est cher et, à long terme, ça engendre de multiples coûts sociaux et de santé. En plus, ça livre une concurrence déloyale à la bouffe faite à la maison, où on ne triche pas autant avec le sucre, le sel, le glutamate monosodique et d'autres produits douteux. On veut nous faire croire que c'est plus goûteux, mais le restaurant nous sert souvent de la « bouffe de tricheur ».

Le café

À 18 ans, j'ai débarqué à Montréal pour m'installer en colocation dans un appartement propre, mais situé dans un quartier ordinaire, Parc-Extension. Le conflit avec la ville de Mont-Royal était affligeant. Le boulevard de l'Acadie clôturé, un genre de mur de Berlin des classes sociales, empêchait les pauvres de traverser dans la réalité banlieusarde de Mont-Royal.

Aller dans un café n'était pas une option pour un étudiant. Une année scolaire se limitait aux cours à l'université, à des périodes d'études et au boulot. Nous étions trois dans un appartement de deux chambres. Une porte-accordéon séparait le salon en deux pour fabriquer artificiellement une troisième chambre permettant d'accueillir un lit une place.

Avec cette référence en tête, je suis toujours ébahi de voir des universitaires crier à l'injustice sociale pendant qu'ils envahissent les Starbucks, Second Cup et Van Houtte de ce monde. Je sais, cette réflexion est simpliste. Je ne vais pas aller jusqu'à dire #labellevie, mais l'allocation des ressources n'est pas toujours faite de façon optimale.

Quand vous entrez dans un café un jour de congé, vous êtes-vous déjà demandé ce que font tous ces gens qui ne font rien ? Visiblement, nous ne sommes pas seuls à être en congé ! Pour vivre cette expérience, j'écris ces lignes dans un café.

À côté de moi, une étudiante tente d'étudier. Malheureusement, elle passe une minute sur deux sur les réseaux sociaux. Durant tout le temps qu'elle a passé dans cet endroit, elle a commandé un panini avec salade et deux cafés. Comme les cafés de ce commerce se vendent tous entre 2 $ et 5,45 $, que son assiette coûte 10 $, en plus des taxes et du pourboire, aussi minime soit-il, on peut donc estimer le coût de sa présence ici à plus de 20 $.

Chez elle, elle aurait pu manger sensiblement la même chose pour 5 $ ou moins. La différence de 15 $ est de taille. D'autant plus que ces 15 $ représentent une ressource nette d'impôt. Les étudiants ont peut-être l'avantage d'avoir un faible taux d'imposition, mais leurs ressources financières sont limitées.

Conclusion: plus on est à l'aise financièrement, plus le coût de la sous-traitance alimentaire est élevé; en effet, la nourriture est payée avec un salaire net. Par contre, plus notre revenu est élevé, plus notre budget discrétionnaire pour se payer le luxe de la sous-traitance l'est aussi.

Le service au volant

Avez-vous déjà observé la file de voitures au restaurant-minute du coin pour acheter un café? Peut-être en faites-vous partie? Chaque conducteur se dit qu'il est « trop pressé pour le faire à la maison ».

Honnêtement, verser un café maison dans une tasse munie d'un isolant thermique est probablement l'habitude la moins complexe à adopter. Je n'ai jamais compris l'automobiliste outré par le prix du litre d'essence, mais qui ronge ses freins au service au volant d'un Tim Hortons.

Quand le prix de l'essence augmente de 10 cents le litre, cela provoque un débat public. Pour un réservoir de 50 litres, cette augmentation représente moins de 1 $ par jour. Prendre son petit-déjeuner à la maison ou préparer sa tasse de café dans le confort de son foyer pourrait compenser cette hausse. La marge de raffinage des pétrolières est une insulte à l'intelligence collective, mais la marge du café filtre est issue d'un service d'une grande qualité! (#sarcasme)

Le restaurant avec service

Le restaurant avec service coûte automatiquement 30 % trop cher, sans même tenir compte de la marge brute du restaurateur. En effet, comme les taxes totalisent 14,975 % et qu'un pourboire décent frôle les 15 %, le client sait qu'il payera environ 30 % de trop pour sa nourriture dès qu'il met le pied dans le commerce.

Dans un restaurant plus luxueux, on doit aussi calculer une marge plus grande par assiette. Quand le chiffre d'affaires est surtout réalisé du jeudi au samedi soir, il faut une marge importante par assiette simplement pour couvrir le point mort, c'est-à-dire ne pas perdre d'argent.

Un plat de pâtes alimentaires sauce rosée à 15 $ avant taxes peut coûter moins de 3 $ à cuisiner à la maison. Plus le restaurant misera sur le volume, moins la marge par assiette sera élevée. Plus le restaurant misera sur la différenciation (décor haut de gamme, distance entre les tables, cuisine raffinée, etc.), plus la marge par assiette devra être élevée.

Donc, un souper de 150 $ au restaurant aurait coûté combien à préparer à la maison ? De façon très prudente, disons probablement moins de la moitié. Et on ne parle que d'un seul repas. Les restaurants se multiplient, tandis que les émissions culinaires, de rénovation de cuisine et de concours de chefs amateurs et professionnels sont plus populaires que jamais. Pourtant, on n'a probablement jamais aussi peu cuisiné.

Il est toujours drôle de voir des livreurs sonner périodiquement chez des gens ayant une cuisine valant 50 000 $ ou plus. Il y aurait de quoi faire dresser les cheveux sur la tête de mon grand-père Anatole qui, le vendredi soir, ramassait à l'épicerie les produits au bord de la date de péremption.

L'espace restauration

Les aires de restauration d'autrefois ont bien changé.
Dans les centres commerciaux, on trouve une panoplie de chaînes de restauration rapide. Manger quotidiennement dans ce type de restaurant revient à anéantir la valeur nutritive de ce qu'on mange. En somme, sel, sucre, gras et féculents sont les aliments les plus en vogue.

Dans cet espace restauration, il semble y avoir de la concurrence, mais, dans les faits, plusieurs franchisés font partie du même groupe. Prenons le Groupe MTY, coté à la Bourse de Toronto. Il réunit plusieurs bannières connues dont : Cultures, KimChi, Thaï Express, Tandori, Muffin Plus, Tiki-Ming, La Crémière, Vie & Nam, Café Dépôt, Sushi Shop, Franx Supreme, Valentine, Tutti Frutti, Madisons, Van Houtte, Au Vieux Duluth Express, etc. Bref, on peut se retrouver dans une aire de restauration où toutes les offres proviennent de franchises du même groupe.

Donc, dans ce type d'endroit, quand on paye un plat 10 $, sachez que le centre commercial prend sa part, le franchisé prend sa part et le franchiseur prend la sienne aussi. Il est donc économiquement illusoire de croire en la valeur nutritive de ce qu'on y mange : si on paye 10 $, on en a pour son argent, ce qui veut dire presque rien.

Quand je travaillais dans un restaurant McDonald's, en 1996, le propriétaire m'avait confié que le verre coûtait environ le même prix que le contenu : quelques cents. Il pouvait donc se permettre sans problème d'offrir la boisson à volonté. D'ailleurs, la notion de « trio » est une stratégie marketing hors du commun.

Par exemple, on ne prendrait bien qu'un unique sandwich, mais celui-ci coûte pratiquement le même prix qu'un trio. Alors, en échange d'un léger supplément, on accepte la « tasse de sucre liquide » et la « frite avec pas de patate » servies avec le sandwich. Le commerçant joue sur notre logique économique. Dans les restos rapides, avez-vous remarqué qu'on nous offre souvent la boisson gazeuse en premier ? Il s'agit du produit sur lequel on réalise le plus de marge : le sucre, ça ne coûte rien.

Avec ou sans taxes ?

Les taxes de vente sont une spécialisation de la fiscalité : c'est un sujet complexe qui comporte plusieurs exceptions. Néanmoins, comme consommateur, il est bon de comprendre une autre logique de la consommation. Par exemple, les produits de base ne sont pas taxables : la viande, les fruits, les légumes, les poissons, le lait, etc.

Par contre, si les aliments sont chauffés pour la consommation, ils deviennent techniquement taxables. Donc, si un traiteur vous offre un plat chaud prêt à manger, il doit le taxer. S'il le met au frigo dans un emballage et le refroidit, le plat devient non taxable, car on doit le chauffer à la maison (la fiscalité peut être exotique parfois).

Si on achète un contenant de lait au dépanneur, il n'est pas taxable, mais dans une machine distributrice, il peut le devenir. On achète une pâtisserie individuelle, on applique les taxes de vente, mais si on en achète six à la fois, là, c'est différent, le produit est détaxé! Le goût n'est pas différent, mais le plus gros format influence le prix.

Par conséquent, quand on va à la boulangerie, il vaut mieux acheter six croissants au lieu de cinq! Mais qui s'intéresse vraiment aux taxes à la consommation appliquées sur ses achats? Personne. Pourtant, n'est-ce pas 14,975 % de fascination?

Les quantités

Au restaurant, pour une simple question de rentabilité, le cuisinier mettra souvent une montagne de féculents pour remplir l'assiette: c'est moins cher à l'achat. À la maison, on en consommerait probablement moins. Surtout, au resto, on ne remarquera pas que les aliments les plus chers sont présents en plus faible quantité.

Par exemple, dans un repas de sushis, si on regroupait les protéines, on constaterait que leur quantité est minime dans un plat de cinq morceaux à 7 $. Un autre aspect non négligeable, à la maison, on bénéficiera de l'économie d'échelle: on pourra préparer quatre portions, mais en manger une seule. On se servira des portions plus raisonnables et on ne se sentira pas mal de mettre les restants au frigo pour les lunchs.

Le temps

Pour la majorité des repas, cuisiner ne demande pas tellement de temps, mais davantage de planification. C'est à cette étape qu'on perd souvent au change. On néglige la planification en raison d'un horaire trop chargé. Alors vient l'instant butoir où l'on a subitement faim sans trop savoir quoi cuisiner.

Et vlan ! On attrape le téléphone et on se fait livrer un poulet brun, avec frites brunes, sauce brune et salade de chou beige. On prendra soin d'ajouter un pourboire pour un repas qui arrivera ramolli par la condensation et le choc thermique. On finira son assiette avec un trop-plein en se disant qu'on changera ses habitudes… jusqu'à la prochaine fois.

Cuisiner est l'activité qu'on devrait le moins possible sous-traiter dans sa vie. Personnellement, c'est mon problème. Ce sujet est sans doute celui sur lequel mes babines devront suivre les bottines. Par contre, à voir le nombre de restaurants, on peut croire que je ne suis pas seul dans cette situation…

TRUCS GRATUITS ☺

- Faites des partys de sauce tomate ! Vous manquez de temps pour cuisiner ? Vous n'aimez pas ça ? Ça se comprend, mais avec du vin et des amis, ça pourrait être drôle, non ? Un samedi, vous faites des sauces en gang, et le soir venu, vous mangez vos pâtes en gang. À la fin de la soirée, chacun part avec sa portion pour l'hiver.

- Les légumes, c'est important d'en manger, mais ça peut coûter très, très cher. Surveillez le rayon des légumes surgelés. À plusieurs moments dans l'année, vous y trouverez des légumes du Canada bien moins chers que des légumes frais provenant du Chili ou de l'Argentine. Économie et écologie !

En somme, cuisiner soi-même, c'est contrôler le temps, la quantité, la qualité et la valeur nutritive des aliments. Donc, économiquement, tu en as vraiment besoin. Reste juste à laver la vaisselle…

LA CRAVATE
EN AS-TU VRAIMENT BESOIN ?

Sérieusement, il faut qu'on se le dise : la cravate est inutile. Qu'on paye 10 $, 40 $, 80 $ ou 120 $ pour l'acquérir, cette pièce de vêtement a un rôle discutable. La cravate, on la porte parce que c'est de mise et pour faire « propre ».

Dans les faits, une cravate, c'est un morceau de tissu qui pend. Un genre de pointe dirigée vers le centre de l'univers masculin : son propre pénis. Pourtant, elle rend inconfortable son actif le plus précieux : sa tête. À l'instar du rabat des avocats, la cravate répond à un code vestimentaire adopté à une époque lointaine et qu'on perpétue par convention. Pourquoi ne crie-t-on pas haut et fort « c'est assez ! » ?

Un jour, en voyant l'amoncellement de morceaux de tissu pointeur de culottes accumuler la poussière dans ma garde-robe, j'ai réuni la majorité des cravates amassées au fil des ans, je les ai mises dans un sac et suis allé les donner à l'Armée du Salut.

Bien sûr, on accepte, socialement, d'en porter une dans certaines situations : mariage, événement d'entreprise, remise de prix, etc. Par contre, ce sera à reculons. **Honnêtement, qui aime réellement se promener avec un nœud coulant autour du cou ?** Qu'il soit simple, double, petit ou Windsor, ça reste un nœud ! Un badge de scout devrait être remis pour chaque nœud de cravate maîtrisé tellement il y en a !

Superflue, la cravate ?

La cravate est **comme un *string* dans la poulie du fessier, elle est inconfortable, malgré son esthétisme** (bon, pour la comparaison, j'extrapole, il faudrait effectuer un sondage scientifique auprès des dames pour le confirmer). La preuve, les jours où on la porte, la première chose qu'on fait dès qu'on le peut est de la relâcher ou de carrément l'enlever. Tel un étau autour du cou, elle étouffe, elle fait pression, elle contraint la respiration. Le col de chemise exige de l'air, et le dernier bouton semble dire : « Es-tu vraiment en train de me boutonner ? »

La cravate, c'est le corset de l'homme. Pourtant, elle n'améliore aucunement la silhouette. D'ailleurs, boutonner le bouton du col, c'est parfois créer un surplus de peau qui pend.

Quand je travaillais chez McDonald's, les chefs de quart passaient leur temps à se débarrasser de leur cravate en l'envoyant vers l'arrière. On a beau vouloir être professionnel, voir sa cravate tremper dans la moutarde ou la graisse de boulettes est non seulement peu hygiénique, mais particulièrement repoussant.

La cravate a clairement été prévue pour le travail en milieu aseptisé. Se prendre la cravate dans un moteur en fonction, c'est l'étouffement assuré. Porter une cravate, c'est dire à l'agresseur : « Étouffe-moi si tu veux ! » Comme une pendaison inversée, elle est presque un signe d'asservissement du travailleur moyen. C'est une métaphore de la relation employeur-employé, dont le plus fort semble dire : « Je te tiens par la peau du cou. »

Une histoire de modes

Le cycle des modes rend la cravate totalement absurde. Quand on possède un éventail de cravates larges, l'étroite revient à la mode. Quand on finit par avoir des étroites, c'est la largeur moyenne qui fait un retour. Les couleurs vives sont-elles dans le vent ? L'année suivante, on veut la cravate pâle et terne. Une année, on valorise le contraste, et l'autre, c'est le ton sur ton. Tout professionnel qui se respecte se retrouve, après quelques années, avec une collection de pièces de tissu qui se distinguent par leur manque d'utilité. Même si certaines pièces de collection rendraient jaloux Mario Duquette, le personnage de comptable joué par Michel Forget dans *Du tac au tac*[1].

Entrer dans le jeu du renouvellement perpétuel de la garde-robe de cravates, c'est tenter d'allumer un feu avec des billets de 100 $: un mauvais placement. Un aspect sous-évalué de la cravate ? La discrimination. En effet, les « pas de cou » souffrent sans le savoir de l'image que leur donne la cravate : on dirait que quelqu'un a frappé sur leur tête avec un maillet, comme dans un jeu de La Ronde. Pourquoi ne pas les libérer de cette suffocation ? Pourquoi ne pas permettre à leur cou de voir le jour ?

Certaines personnes pourraient me dire : « Oui, mais c'est comme un bijou, ça améliore l'apparence. » Par convention, on pourrait dire que oui. Par contre, un beau collier, ça ne menace pas le confort du cou.

Je voudrais sincèrement comprendre ce qu'on peut bien gagner à porter des cravates. Lorsque la mode du code vestimentaire décontracté (*business casual*) est apparue dans les milieux professionnels, la cravate a rapidement pris le bord. **Quand on veut être productif, il faut faire la guerre à l'inconfort.** Je revendique le droit d'avoir une allure professionnelle, mais sans cravate. Je revendique d'être libéré de cette nullité à nœuds. Je revendique le droit de ne pas avoir de budget de cravates !

---

1 Diffusée à Radio-Canada de 1976 à 1982, série télévisée humoristique ayant connu un grand succès auprès du public.

Messieurs, et parfois mesdames, si on se demandait, tous en même temps : « Une cravate, en a-t-on vraiment besoin ? » Libérons-nous de la cravate ! (Tiens, un beau thème à exploiter pour Loco Locass !) Pourquoi pas passer une année sans cravate et transférer cette partie du budget ailleurs ? Parce que 200 $ de bonheur dépassent 200 $ d'étouffement.

MANGER TES BAS
EN AS-TU VRAIMENT BESOIN ?

Dans le domaine des finances personnelles, il n'y a pas que les dépenses à contrôler, il faut aussi apprendre à gérer ses revenus et sa valeur marchande professionnelle. Veut-on être un produit unique à valeur ajoutée importante ou préfère-t-on devenir un mangeur de bas professionnel ? Parfois, on mange tellement ses bas pour obtenir un contrat ou un emploi qu'on finit par avoir une haleine qui sent un mélange de laine et de coton.

Pour avoir une chance, pour faire sa place, on accepte souvent de manger ses bas, sans même y ajouter un peu de ketchup. En d'autres termes, on accepte de se vendre à un prix inférieur à ce qu'on devrait demander.

Dans l'espoir de faire sa marque, afin de prouver sa valeur, oui, il faut parfois adopter une stratégie au rabais. Par contre, à force d'agir ainsi, on finit par être perçu comme un produit bon marché et exploitable. En marketing, quand on vend un service ou un produit à faible coût, on opte pour le volume et non pour une marge élevée. Le problème avec la stratégie de volume lorsqu'on vend son temps, c'est que ça se traduit par beaucoup d'heures travaillées pour de faibles revenus.

Un bon exemple : la pige dans le monde de la presse écrite. Pour obtenir des occasions de tribune, certains acceptent de faire de la recherche et d'écrire un texte pour aussi peu

329

que 50 $ ou même moins que le salaire minimum. Quand on obtient un taux horaire moins intéressant en rédigeant un article qu'en tournant des boulettes au McDonald's[1], il est peut-être temps de se fixer un tarif minimum, quitte à perdre des contrats. Il faut savoir fixer son prix plancher dès le début de sa carrière. Cela devient le biais d'ancrage (voir le texte « Négocier : en as-tu vraiment besoin ? », page 47) dans les discussions avec les futurs clients.

Quand on est un mangeur de bas, les fabricants de fibres textiles sont gâtés. Tant qu'on accepte d'ingérer la substance, ceux-ci font fonctionner les métiers à tisser. **Vient le jour où l'on fait une indigestion, et où l'on met son pied à terre : on ne travaille plus pour des pinottes.** La seule façon d'arrêter de bouffer du coton est de créer sa valeur marchande professionnelle. Il faut donc se poser les questions suivantes :

- Qu'est-ce qui me distingue des autres ?

- Pourquoi me payerait-on plus qu'un autre travailleur ?

- Suis-je plus rapide, talentueux, fiable, disponible, sympathique, compréhensif, flexible ?

- Ai-je une expertise si rare qu'elle ne peut être interchangeable ?

Si on est incapable d'identifier sa valeur ajoutée, comment peut-on penser qu'un employeur potentiel pourra le faire ? Offrir son travail au rabais ne peut être le seul élément qui vous distingue des autres. Si c'est le cas, vous deviendrez un mangeur de bas professionnel : celui qui produit beaucoup mais qui récolte peu. À force de mâchouiller ainsi vos bas, la qualité de la fibre diminuera : du coton et de la laine, vous passerez au Phentex.

Il faut aussi analyser son marché.

- Combien y a-t-il de mangeurs de bas dans mon secteur d'activité ?

---

1. Exemple : Être blogueur bénévole pour une entreprise médiatique.

- Combien de travailleurs sont-ils prêts à travailler plus fort que moi, à un prix inférieur?

- Lesquels sont en train d'avaler littéralement tout le mouton tellement ils ingèrent une grosse quantité de laine?

D'ailleurs, pendant qu'on est aux études, certaines questions devraient nous préoccuper :

- Serai-je un futur mangeur de bas?

- Dans mon champ d'études, est-ce qu'on se la coule douce?

- Suis-je dans un domaine spécialisé où l'expertise est rare?

- Quand je regarde les statistiques sur le taux de placement des diplômés, est-ce qu'il est écrit implicitement « futur mangeur de bas » dans la rubrique?

Certains font un triste constat à la fin de leurs études. Après avoir obtenu un baccalauréat et une maîtrise en ingestion de bas, ils se plaignent parfois de recevoir un salaire minable ou très faible compte tenu de leurs études. Pourtant, on le sait, une maîtrise en bouffage de polyester mène directement à la digestion de bas à long terme.

Le non-mangeur de bas peut voter avec ses pieds : c'est-à-dire quitter un emploi ou refuser des contrats. L'individu allergique à la fibre textile, s'il n'est pas satisfait de son sort, peut offrir ses services ailleurs. Malgré tout, ce n'est pas parce qu'on quitte un fabricant de bas qu'on ne sera pas coincé dans un marché rempli d'autres fabricants du genre.

Avant de s'étouffer, on est en droit de se demander si on peut exiger ou non de gagner sa vie d'une certaine façon. **Quoi qu'il en soit, manger ses bas use la mâchoire et déshydrate le bonheur.** Alors, avant d'accepter un autre contrat au rabais, il faudrait peut-être se demander : « As-tu vraiment besoin d'une xième job sous-payée? » Si oui, il faudra s'habituer à marcher en pieds de bas.

Il y a deux sortes de mangeurs de bas :
le salarié et le travailleur autonome.

LE SALARIÉ

Voici le mangeur de bas traditionnel. Le salarié travaille fort, tricote dans les coins et finit par faire sa place. Il obtient son premier emploi grâce à d'excellents résultats scolaires ou avec un curriculum vitæ impressionnant, mieux tissé que celui de ses confrères de classe.

Un heureux mélange des deux est évidemment une source plus sûre de réussite. Le salaire d'entrée qu'il obtiendra et la façon dont il négociera sa carrière dans les organisations pour lesquelles il travaillera constitueront la base de son évolution salariale.

Il se battra durant toute sa carrière pour faire reconnaître sa valeur et garder une rémunération compétitive. Le salaire initial dans un nouvel emploi est le nerf de la guerre.

Parfois, il faut changer d'organisation pour effectuer un rattrapage salarial ou bénéficier de conditions concurrentielles. Le salarié est un combatif en négociation (voir le texte « Négocier : en as-tu vraiment besoin ? », page 47). S'il ne mène pas ce combat, il est destiné à s'étouffer avec la laine de ses bas, et cela, à faible prix.

LE TRAVAILLEUR AUTONOME

Pour suivre le cheminement de la rémunération du travailleur autonome, il faut suivre le cycle de vie d'une entreprise.

Phase d'introduction – Le travailleur autonome, alors inconnu, offre ses services. Il a deux stratégies. La première : offrir un prix qui bat la concurrence tout en profitant de beaucoup de volume et, par conséquent, manger ses bas.

La seconde : offrir une différenciation qu'il peut négocier à la hausse. Malgré son manque d'expérience, le travailleur autonome tente de se trouver une valeur distinctive : qualité du travail, compétence particulière et rare, produit ou service différent, délai de réponse rapide, services connexes, etc.

Phase de croissance – Le travailleur autonome commence à s'établir. Son nom circule, il investit dans son entreprise pour la faire croître. Il peut commencer à investir dans des immobilisations si nécessaire, mais les liquidités constituent un enjeu important. À ce moment, il doit augmenter son prix, sa notoriété se bâtit tranquillement, les offres de contrats entrent. Il doit faire preuve de jugement dans le choix de ses contrats tout en visant à fidéliser sa clientèle.

Phase de maturité – Le travailleur autonome ne mange plus de bas à cette étape, car il a établi sa crédibilité. Son prix maximal est atteint. Il vit sur la réputation qu'il s'est bâtie durant ses années de croissance. Il maintient son offre de services. S'il mange encore ses bas à ce moment, c'est qu'il aime se faire exploiter ou que la qualité de ses services ne justifie pas des honoraires plus élevés que ceux des concurrents.

Phase de déclin – À la préretraite, le travailleur autonome n'offre peut-être plus la même disponibilité, ne présente plus la même vigueur au travail ni la même adaptabilité que les nouveaux qui arrivent sur le marché. Il y en aura toujours, des plus jeunes, plus fous, pour faire danser les Bougalous.

Qu'on soit travailleur autonome ou salarié, il faut démontrer sa valeur distinctive. La clé, en matière de finances personnelles, consiste non seulement en une gestion adéquate des dépenses, mais aussi en une gestion intelligente des revenus. Négocier sa juste valeur marchande est un art. Si on se met à la place du client ou de l'employeur, pourquoi payerait-il ce prix?

Quelle est ta valeur distinctive? Si aucune réponse ne te vient en tête, j'espère que tu aimes la laine ou le polyester. Veux-tu manger des bas toute ta vie?

Si la réponse est négative, que fais-tu présentement pour cesser de digérer de la fibre? Il faut choisir ton camp: je choisis celui des non-mangeurs de bas.

LA COIFFURE
EN AS-TU
VRAIMENT
BESOIN ?

Je vous vois déjà bondir de votre chaise : « Là, McSween, tu pousses le bouchon un peu loin ! »

Le sujet ici est arbitraire. On aurait pu le substituer par plein d'autres postes de dépenses. **Le salon de coiffure est un endroit fascinant pour constater l'écart entre « la valeur » du service payé et le résultat obtenu.**

Ce qui est fascinant aussi, c'est son évolution dans le temps : ce qui était une simple coupe de cheveux est devenu une expérience complexe. Et coûteuse.

Une autre époque

Quand j'étais tout petit, j'allais chez le barbier. Je ne comprenais pas pourquoi on appelait les deux messieurs derrière les chaises des barbiers : ils ne coupaient jamais de barbe !

Il faut dire qu'en 1984, on était à l'ère post-Paul-Piché-barbu. L'expérience s'avérait assez élémentaire : une chaise, un peigne, un rasoir, et le tour était joué en 10 ou 15 minutes. Aucun rendez-vous n'était nécessaire. C'était une belle activité que je faisais tous les deux mois avec mon père[1].

---

1 Cette tradition des barbiers existe encore. Par exemple, le *Menick Barber Shop* a toujours pignon sur la rue Masson, à Montréal.

Donc, quelques fois par année, on dépensait 7 $ pour se faire couper les cheveux, le barbier me donnait une gomme aux cerises à 2 ¢ et je repartais heureux[2]. C'était l'époque des samedis lents et celle où les commerces étaient fermés le dimanche. On pouvait apprécier la lenteur de la fin de semaine et toute la saveur de l'ennui de ne rien faire.

La teinture

Un jour, le marketing de la teinture, qui s'intéressait jusque-là principalement aux dames aux cheveux grisonnants, a changé sa logique. On a alors eu l'idée de dire aux jeunes filles que la couleur naturelle de leurs cheveux n'était pas correcte.

BANG! On venait d'augmenter le volume des ventes. Les filles iraient désormais plus souvent à la pharmacie et au salon de coiffure. On leur dirait même que c'est facile de changer de couleur. On dirait aux brunes de devenir blondes et aux blondes de devenir brunes. Vive la croissance des ventes!

On a commencé à augmenter la cadence. En plus de s'occuper de la longueur et de l'entretien des pointes, on s'occupait aussi de la repousse, accroissant ainsi la consommation : une garantie de retour perpétuel d'une clientèle fidélisée. Certaines femmes n'auront jamais vécu sans se faire appliquer une teinture régulièrement pendant des années.

Pourquoi donc se teindre les cheveux quand on est dans la plus belle période de sa vie, c'est-à-dire loin de l'esclavagisme cosmétique? Pourquoi changer de couleur quand on a encore une chevelure naturelle appréciable?

Parce que le marketing le veut. Et quand il veut quelque chose, il te convaincra de le vouloir aussi. Il te convaincra qu'au naturel, tu manques d'éclat. Il te convaincra même de te teindre les cheveux les jours où tu aimerais avoir ta couleur naturelle. Allez, teins-toi!

---

2 N'est-ce pas, Oréal?

« L'expérience client »

À un moment donné, la teinture et la mise en plis n'ont plus suffi.
Comment justifier une augmentation des prix? Ah oui, on va
présenter un décor *trendy*. Puis on a offert des cafés spécialisés,
puis des cocktails. On a même créé un genre de hiérarchie sociale:
coiffeuse, coloriste et shampouineuse. Il faut maintenant donner
un pourboire à chacune d'elles!

Finalement, une simple coupe de cheveux est devenue une journée
de soins de beauté avec la facture salée correspondante. Prenons
le cas d'une femme qui se fait teindre les cheveux mensuellement
et dont l'ensemble des services qu'elle reçoit lui coûte 100 $
chaque fois: durant l'année, elle aura dépensé 1200 $ de
son salaire net pour entretenir ses cheveux. Quand on y
pense, c'est rendu un peu fou.

La taxe rose

Le plus grand des non-sens capillaires dans les salons concerne
la tarification, qui diffère pour les hommes et les femmes.

À une certaine époque, où j'avais les cheveux aux épaules, une fille
se pointait au salon avec des cheveux plus courts que les miens,
celle-ci payait tout de même plus cher que moi. Pourquoi? Le
service apporté à une fille exige-t-il en moyenne plus de traitements
capillaires ou de temps que celui fourni à un gars?

Moi, j'allais me faire couper les pointes comme plusieurs filles
le font. Eh bien, elle payait plus cher, même si elle aussi faisait
seulement couper ses pointes. On fixait la tarification en fonction
du sexe plutôt qu'en fonction du travail à effectuer. Un peu comme
les jeunes garçons qui payent souvent plus cher leur assurance
auto. Fait-on de la discrimination statistique? Ça pourrait être une
explication, mais la réponse se trouve probablement plus dans
la fréquence du service.

À mon avis, la structure de prix différents est davantage liée à
une question de concurrence. Les barbiers et les salons sans

rendez-vous « pour hommes seulement » offrent aux clients un service peu coûteux. Ainsi, l'homme a souvent accès à une option moins chère que celle offerte dans les salons haut de gamme avec des prix plus élevés.

Même dans un salon pour elle et lui, la gent masculine n'accepterait pas de payer le même tarif que son homologue féminine. Pour la moyenne des hommes, l'impression de recevoir un service à valeur ajoutée ne justifie pas une hausse de tarif. Étant donné que les visites chez le coiffeur sont plus fréquentes pour la plupart des hommes et que les services reçus s'exécutent plus rapidement, le prix associé à la coiffure pour hommes est basé sur le nombre de visites (volume) et non sur un service différencié.

Un autre concept vient aussi expliquer cette différence : le biais d'ancrage (voir le texte « Négocier : en as-tu vraiment besoin ? », page 47). Puisque les femmes sont habituées de payer plus cher les services qu'elles reçoivent au salon de coiffure, pourquoi baisser le prix si elles sont prêtes à le payer ?

Parce que le prix envoie un signal : plus il est élevé, plus il est synonyme de luxe. Quand on opte pour un salon très tendance, au décor impressionnant et au service cinq étoiles, il faut que tout cela se reflète dans le prix.

Une stratégie de croissance bien connue

Quand un modèle d'affaires fait stagner le marché, on tente d'augmenter les revenus de celui-ci. On cherche à comprendre quelle stratégie il est préférable d'adopter pour croître. On voit que l'industrie de la coiffure et des produits cosmétiques a compris ce principe. Par exemple :

- On peut développer un nouveau produit dans un marché existant (une nouvelle crème anti-âge lancée par une compagnie quelconque).

- On peut aussi vendre un produit existant dans un nouveau marché (les premiers à vendre des teintures aux jeunes filles).

- On peut également se diversifier en vendant un nouveau produit ou service dans un nouveau marché (comme Nivea l'a fait en créant une crème pour hommes [voir plus bas]).

- Et on peut vendre un produit existant dans un marché existant : il faudra alors faire concurrence sur le prix pour pénétrer ce nouveau marché.

ET QU'EN EST-IL DES PRODUITS DE BEAUTÉ ?

Durant mon baccalauréat à HEC Montréal, il arrivait que des entreprises viennent faire une étude de marché sur leurs tout nouveaux produits, en nous demandant de les goûter ou de les tester.

Un jour, je reçois un échantillon de crème Nivea Men. Je me dis : « Voir si ça va marcher, ça. C'est probablement le même produit que celui pour les femmes, mais avec le mot « homme » écrit sur le tube. »

J'avais tort de penser que c'était une mauvaise idée. En effet, pourquoi se priver de 50 % de la clientèle ? Les produits pour hommes ont donc envahi le marché des cosmétiques. Comme l'homme se prend au sérieux, on va lui dire qu'il y a de la crème pour hommes et de la crème pour femmes. De cette façon, on ne nuira pas à son estime de lui-même.

Vous savez quoi ? Maintenant, j'en ai, de la crème pour le visage pour hommes (en hiver, la peau du visage fend toujours un peu). C'est dans les mœurs, dans les habitudes.

Le marketing de la beauté nous joue dans la tête et trouve un coin où nicher ses idées. Il crée un désir. Ou réveille-t-il un désir qui dort ? C'est le long débat sans réponse qui anime les écoles de gestion. Peu importe, la recette fonctionne, alors on l'applique, comme de la crème.

Alors, un salon de coiffure où une coupe coûte 100 $, en as-tu vraiment besoin ? Sérieusement ? Chaque mois ? Tous les deux mois ?

— McSween, je peux bien faire ce que je veux avec mon argent !

— T'as bien raison. Et puis, ce compte REER, comment va-t-il ? T'as pas les moyens d'en avoir un ? Ah, je comprends. Mais oui, t'as raison, fais ce que tu veux avec ton argent. *Carpe diem !*

TE PRÉPARER
À L'ÉCHEC
EN AS-TU
VRAIMENT
BESOIN ?

Plusieurs personnes basent la planification de leurs finances personnelles sur une fausse prémisse : l'idée que tout ira toujours bien. Évidemment, il faut voir la vie de façon positive. Il se peut qu'on soit chanceux. Par contre, la tête est une drôle de bête : autant elle permet de vivre des expériences fantastiques, autant elle peut nous perdre.

En matière de finances personnelles, il faut se préparer à l'échec. Quel échec ? Voilà la question. L'échec est propre à chacun et frappe avec une amplitude variable. Chez certains, la vie prendra un mystérieux détour. Ce n'est pas cynique, c'est statistique.

Décider aujourd'hui pour demain

Dans notre société, on doit prendre des décisions à long terme en fonction de l'information dont on dispose aujourd'hui. Le travailleur moyen regarde sa paye déposée périodiquement dans son compte et dépense en fonction de ce montant. Il contracte un prêt hypothécaire, s'installe et paye ses factures. Tant que tout balance à la fin du mois, il garde le sourire en ouvrant une canette de Molson Ex achetée en solde au Costco.

Puis la vie bascule. Très vite, d'un seul coup, sans préparation.

Les « chances » qu'on a de merder dans la vie sont à la fois élevées et imprévisibles. **Il faut des années pour se cuisiner une vie ayant bon goût, mais un seul instant pour lui donner un goût amer.** Financièrement, il faut avoir du jeu pour faire face à l'échec qui attend, non loin, l'occasion de nous faire passer un mauvais quart d'heure.

Isabelle traverse un boulevard à Laval. Gravement heurtée par une voiture, elle passera des années en réadaptation.

Mathieu revient d'un voyage dans le Sud dans une chaise à quatre roues.

Une séparation affecte profondément Annie. Celle-ci perd pied, elle est incapable de retourner au travail.

Une erreur du passé vient anéantir la douceur du moment présent.

Martin se lève avec une douleur au ventre. Il se couche avec un diagnostic contenant le mot « terminal ».

Un manque de jugement transforme une vie paisible en un véritable calvaire.

Un moment d'inattention cause l'irréparable.

Une frustration devient une obsession.

Les larmes intérieures

Tous les jours, on croise dans la rue des gens qui pleurent. On ne voit pas leurs larmes, car elles coulent à l'intérieur. Même avec le masque du sourire, la tête n'est pas en paix. Trop de peine, un avenir gâché, un boulet si lourd à porter que, dès le réveil, de sombres pensées monopolisent tout.

Voir les autres sourire autour ne fait que renforcer leur tristesse : l'écart entre le bonheur des autres et le leur est trop grand. Parfois, ils observent la poutre dans leur salon en se disant qu'un crochet et une corde suffiraient à mettre un terme à leur malheur.

Il y a cet échec dont on ne se remettra jamais. Si douloureux qu'on ne peut y faire face. Un échec qui gangrène le quotidien à force de culpabilité.

La culpabilité s'apparente à la rouille. Elle commence par laisser une petite trace. Tranquillement, elle s'attaque à la carcasse tout entière, puis au moteur (la tête) et vient dérégler la capacité de fonctionner. Alors la machine s'effondre et ne peut plus affronter les tâches du quotidien. Tout est une montagne, et l'esprit est à plat.

Dans ce genre de situation, manquer de ressources financières est un guet-apens qui peut conduire tout droit à l'abîme. Il faut se protéger contre la détresse à l'aide d'assurances, grâce à une marge de manœuvre (voir le texte « Une marge de manœuvre : en as-tu vraiment besoin ? », page 13) ou des actifs importants. Ainsi pourra-t-on, peut-être, s'en sortir plutôt que de s'enfoncer davantage.

Et si...

Et si cette seconde avait été différente ? Que serait-il arrivé après ? Si, à cet instant précis, j'avais pris l'autre option, fait l'autre choix ?

Quand on y pense :

80 ans de vie, c'est...
29 220 jours...   701 280 heures...
42 076 800 minutes...
ou 2 524 608 000 secondes.

Il ne suffit que d'une fraction de seconde pour changer le cours d'une vie. Quand ce qui suit cette seconde est positif, on n'y pense plus. Cependant, quand un événement négatif s'attaque au bonheur à venir, le cerveau craque. « Faut que tu acceptes », disent certains. Il faudrait, selon eux, accepter le côté obscur du hasard, même si on sait que ce dernier est composé d'un ensemble de facteurs qu'on contrôle seulement en partie.

D'autres diront que ce n'était qu'un concours de circonstances, le seul concours où l'on gagne sans réellement participer. Quand on y pense, il est difficile de comprendre comment on peut s'en sortir indemne en bout de piste. On rencontre tellement d'obstacles sur la route, les possibilités sont très grandes pour que l'un d'eux s'avère insurmontable.

Toutes ces minutes à travailler dans le but de construire... pour rien. Toutes ces heures à penser à demain, pour ultimement vivre comme si on était hier. Voilà toute l'ironie de cette vie humaine, parsemée de fausses réussites et de véritables échecs (ou de véritables réussites et de faux échecs). Tout est une question de perception.

Malgré tout, il y a ce moment, cette parenthèse, cette virgule de son existence qui, cumulée avec les secondes, devient le moment fatidique donnant le ton à la suite du parcours.

Être envoyé au tapis

Près de chez moi, il y a un immeuble géré par un organisme venant en aide aux personnes qui ont été envoyées au tapis de la vie et qui n'ont jamais réussi à se relever. Ces gens vivent de l'assistance sociale et bénéficient d'un loyer à prix très modique. Ils habitaient ailleurs avant d'être mis K.-O. par les événements.

Parfois, je réfléchis aux circonstances qui les ont menés jusqu'au point de rupture. Je me demande si je serais capable de vivre le même genre d'échec. Financièrement, pourrais-je me relever un an ou deux ans après la défaite? **Quel est mon plan financier si l'arbitre de la vie me déclare vaincu?**

Il faut avoir réponse à ces questions. Qu'il s'agisse d'une assurance invalidité ou de la vente d'un actif, on doit avoir une béquille financière pour se relever.

Le deuil : un vaccin quotidien

Le deuil est comme un vaccin. On se l'administre à petites doses pour finalement vivre l'ultime deuil : celui de sa propre vie. Ces moments de l'existence passent plus ou moins séquentiellement : le deuil de l'enfance, de l'innocence, de l'école, de la vie improvisée, de son premier amour, de sa vie de famille, de sa vie dite « active », de la diversité des possibilités à venir, des nouvelles expériences, des voyages, de sa santé, de sa tête, puis de sa vie entière. **À la suite d'un revers, certains deuils s'imposent : celui de la perfection et celui de la vie d'avant.**

L'échec et le deuil sont intimement liés : l'un ne va pas sans l'autre. La société ne prépare pas au malheur, elle pousse à la réussite. Si bien que lorsque l'inévitable se produit, on n'a pas toujours la force de faire face à cette situation qui fait partie de la vie. Il faut se protéger contre cette journée où le chêne ne résistera pas à la tempête. Contre ce jour où quelqu'un nous retrouvera en position fœtale à pleurer dans la douche.

Personne n'est à l'abri de la dépression ou d'un accident bête. As-tu vraiment besoin de te préparer à l'échec ? Il est difficile d'en faire abstraction : parce que tu ne contrôleras peut-être pas toujours la façon dont tu vas réagir.

LA FAILLITE
EN AS-TU
VRAIMENT
BESOIN ?

Ce n'est pas la fin du monde, faire faillite. Quoi ? C'est certain qu'une faillite a une incidence majeure sur le dossier de crédit et sur l'accès au crédit durant quelques années. Par contre, est-ce si grave ? La faillite existe pour donner une seconde chance. C'est une procédure légale qui permet à tous d'échouer.

La faillite n'est pas toujours le résultat d'une mauvaise gestion ; elle peut représenter la fin tragique d'une malchance en affaires ou d'un concept qui n'a pas fait son chemin. Quand on a un rêve et qu'on mise le tout pour le tout, il arrive qu'on fasse fausse route. Parfois, l'échec ultime n'est pas de faire faillite, mais bien de ne pas le faire au bon moment.

Quand faut-il faire faillite ?

Un professeur en gestion, qui avait vécu les aléas de la vie d'entrepreneur, passant de la PME en croissance à la gestion d'une société du Québec inc. et par la faillite de certaines de ses entreprises, avait fait cette affirmation en classe : « Faire une faillite personnelle ou une faillite d'entreprise, ce n'est pas la fin du monde. L'important, c'est de choisir de déclarer faillite avant que les autres ne le fassent pour vous. »

Comme au théâtre, même son échec, il faut le mettre en scène. Il faut le voir comme une péripétie de la vie, une

347

parmi d'autres. C'est comme appuyer sur le bouton *reset* du Nintendo des années 1980 : on perd tout ce qu'on avait accumulé au cours de la partie et on doit recommencer. Tout ? Pas vraiment. **La faillite a ça de beau : elle comporte des règles et protège minimalement la personne qui perd presque tout.**

Il importe de préciser qu'il est primordial de consulter un syndic[1] de faillite si on juge que sa situation financière devient incontrôlable. Avant d'en arriver à une faillite, plusieurs solutions sont envisageables.

Respirer par le nez

La première chose à faire : respirer par le nez. Si vous lisez ces lignes et que votre situation financière vous empêche de dormir, il faut vous calmer. L'argent n'est qu'un jeu. Oui, c'est un jeu qui influence grandement le cours de votre vie. Certains jouent leurs cartes mieux que d'autres ou sont simplement plus chanceux dans le roulement de dés.

Lorsqu'on perd au Monopoly de la vie ou qu'on se trouve dans une situation précaire, il est important de penser à une stratégie. Avant de continuer à rouler les dés, il vaut mieux consulter un expert afin de dresser un bilan de la situation.

Dans mes chroniques à la radio, je me souviens d'avoir reçu plusieurs courriels d'auditeurs paniqués parce qu'ils ne savaient que faire devant leur situation financière désastreuse. Parmi eux, il y en a un qui m'avait écrit pour me dire qu'il ne dormait plus, car il n'arrivait plus à payer le solde de sa carte de crédit et ne voulait pas mettre sa conjointe dans l'obligation de payer ses dettes.

Hélas, le conjoint est, par défaut, impliqué dans l'aventure. Si l'autre conjoint n'arrive plus à joindre les deux bouts, il se retrouve à limiter les projets de vacances, les sorties et le niveau de vie du

---

1 Pour vous familiariser avec le sujet, je vous suggère de consulter le site www.educaloi. qc.ca. Il s'agit d'une ressource intéressante pour les néophytes en ce qui concerne tout ce qui est légal au Québec.

ménage. Il faut donc en parler et trouver la solution la plus acceptable pour les deux membres du couple. Une chose est sûre, le premier geste à poser serait de couper les cartes de crédit et de commencer à payer les dépenses comptant ou par carte de débit.

Oui, mais on ne fera plus de points !

Eh misère !

(Voir le texte « Les !%#*?& de cartes de points : en as-tu vraiment besoin ? », page 65).

Utiliser la carte de crédit pour cumuler des points, c'est comme ramasser des canettes pour augmenter son revenu : le rendement est limité et plafonné.

Les solutions pour venir à bout de ses dettes

Avant l'étape ultime de la faillite, quelques trucs de base existent pour en finir avec le crédit à la consommation. D'abord, quand on possède une carte de crédit avec un taux d'intérêt de 19,99 %, pourquoi ne pas tenter de faire une demande pour une marge de crédit ?

Le taux d'intérêt appliqué sur la marge est souvent inférieur à la moitié de celui sur la carte de crédit. Si, un mois, on n'est pas en mesure de payer le solde de la carte de crédit, on aura l'option de payer à même la marge de crédit, et ce, à un taux inférieur.

Si on a de l'espace en capital sur sa maison et qu'on a une dette importante cumulée (par exemple, 30 000 $), on peut penser à refinancer la maison pour aller chercher du capital. Cette transaction n'est pas gratuite, mais si elle peut éviter au couple de s'enfoncer davantage, il faut parfois penser à cette option. Le coût de financement du prêt hypothécaire étant très faible, en raison de la garantie de l'actif résidentiel, cette solution s'avère parfois utile.

Voici d'autres avenues possibles :

- **Consolidation de dettes :** c'est la solution à envisager quand on a une multitude de dettes, dont certaines à taux d'intérêt élevé. Dans ce cas, une institution financière accorde un prêt permettant de couvrir les dettes.

  On peut par la suite rembourser mensuellement un seul prêt en faisant des paiements réguliers. En revanche, la consolidation de dettes doit être envisagée rapidement : une fois le dossier de crédit fortement entaché, cette solution pourrait être refusée par l'institution financière.

- **Négociation avec ses créanciers :** parfois, les créanciers préfèrent assouplir les conditions de crédit plutôt que de ne pas être payés. Ainsi, il est possible de contacter ses créanciers pour leur offrir de modifier les délais de paiement, le montant des paiements et parfois même le taux d'intérêt exigé.

  Revenu Québec est un bon exemple de cette pratique : si on lui doit de l'impôt, on essaiera de conclure une entente pour étaler les paiements sur plusieurs mois. Sachez que rien ne force vos créanciers à modifier les conditions de prêts, mais qui ne risque rien n'a rien.

- **Dépôt volontaire :** pour éviter la faillite, il arrive qu'on décide d'utiliser le dépôt volontaire. C'est une procédure selon laquelle on remet une partie de son salaire à la Cour. Les créanciers reçoivent alors un paiement en fonction du dépôt. L'avantage de cette solution est qu'elle permet de payer un taux d'intérêt raisonnable sur les dettes. Il faut envisager cette possibilité avant qu'une saisie de salaire ne soit amorcée.

- **Proposition de consommateur :** avec l'aide d'un syndic, on fait une proposition aux créanciers concernant l'ensemble de ses dettes (le prêt hypothécaire n'en fait pas partie). On peut ainsi réduire sa dette totale si les créanciers acceptent cette option. Ces derniers ne sont pas obligés de le faire, mais ils se demanderont peut-être si la mise en faillite de la personne leur permettra d'obtenir un meilleur remboursement que la proposition reçue.

Pour la personne endettée, cette formule stoppe l'accumulation des intérêts et les mesures de recouvrement des créanciers. Cependant, une note sera inscrite au dossier de crédit à ce sujet.

La faillite

Pour se libérer des dettes, la faillite n'est pas une solution si magique. Elle n'est pas gratuite. On doit faire le deuil de certains actifs et payer. Pour faire faillite, il faut avoir contracté des dettes totalisant au moins 1000 $ et se trouver dans une situation financière très difficile. Par exemple, la valeur de l'ensemble de nos biens doit être inférieure à celle de nos dettes.

Même si on est en situation de faillite, il faut payer le syndic et parfois même se « libérer » de sa faillite à l'aide de paiements s'étalant sur une certaine période et calculés en fonction de sa capacité de payer.

Plusieurs types de dettes peuvent entrer dans la faillite (prêts personnels, cartes de crédit, marge de crédit, etc.). D'autres dettes sont exclues, comme celles liées à une pension alimentaire ou à une fraude, ou encore, certains prêts étudiants (selon la période écoulée depuis la fin des études).

 Certains biens sont protégés de la faillite, notamment une partie de ceux liés aux besoins de base, les vêtements, la nourriture, un instrument de travail, etc.

La libération de la faillite s'effectue généralement à l'intérieur d'un délai de 21 mois[2]. Dans le cas d'une première faillite, une note

---

2 www.educaloi.qc.ca/capsules/la-faillite-personnelle

figure au dossier de crédit, « allant généralement de six à sept ans » après la date de libération[3].

Une autre bonne raison de cotiser au REER

Contrairement à la croyance de plusieurs, la faillite ne touche pas les épargnes pour la retraite : ni le régime de l'employeur ni le REER (sauf les cotisations des 12 derniers mois) ne peuvent être saisis. Pourquoi les cotisations de la dernière année ne sont-elles pas protégées? Pour s'assurer qu'une personne ne planifie pas sa faillite en cotisant massivement à son REER avec les dernières ressources empruntées.

Se relever

Tout perdre n'est pas la fin du monde. Si vous pensez que votre famille et vos enfants ne seront pas capables de changer de mode de vie, détrompez-vous. L'humain possède une extraordinaire capacité d'adaptation. Tout le monde est en santé? C'est ce qui compte.

Au jeu de l'argent, on peut se refaire. Évidemment, ce ne sera peut-être pas spectaculaire, mais l'important est d'avoir anticipé rapidement la nécessité d'un nouveau départ. Chose certaine, il faut accuser le coup, mais aussi apprendre à en rire. **Il n'y a pas de honte à avoir tout perdu.**

Certains trébuchent, mais notre admiration collective se tourne souvent vers ceux qui osent se relever. Vous souvenez-vous de plusieurs athlètes qui ont gagné une médaille aux Olympiques de 1992? Vous me citerez peut-être Mark Tewksbury, Sylvie Fréchette, Linford Christie, Mike Powell, Carl Lewis ou même Boris Becker.

Il y a toutefois un gars nommé Derek Redmond dont l'histoire, 24 ans après sa performance, continue de faire le tour du Web. Pourquoi? Parce que Derek Redmond a échoué avec courage.

---

3 *Idem.*

Après avoir subi une blessure venant anéantir son rêve olympique, il s'est relevé et a terminé sa course en pleurant et en boitant, ovationné par des dizaines de milliers de spectateurs dans le stade. Ces derniers pourront dire durant toute leur vie : « Ce jour-là, j'y étais ! »

Oui, on admire les vainqueurs, mais on admire encore plus ceux qui se relèvent. Parler de son échec financier, c'est peut-être une façon d'aider ceux qui sont autour de soi à se sentir moins seuls. Puis, un jour, lorsque ceux-ci trébucheront, ils auront le courage de se relever en pensant à vous, le Derek Redmond de leur entourage.

Je sais, vous vous dites : « À 37 ans, qu'est-ce qu'il en sait le jeune blanc-bec ? » Peut-être plus que vous pouvez le concevoir. Comme chantait Tonton David : « Chacun sa route, chacun son chemin, chacun son rêve, chacun son destin, passe le message à ton voisin... »

Note : l'information contenue dans ce texte est incomplète et sommaire. Elle n'est relatée que pour semer une graine dans l'esprit du lecteur afin de lui faire voir les solutions qui existent avant d'en arriver à la solution ultime : une faillite.

Il est important de trouver une solution en accord avec sa réalité. Voilà pourquoi la consultation de professionnels dans ce domaine est requise ; ceux-ci sauront évaluer quelle serait la meilleure option à privilégier avant de prendre une telle décision.

Les renseignements présentés dans ce texte le sont en fonction des lois québécoises. Le processus peut être différent ailleurs au Canada et à l'étranger.

Les problèmes financiers font partie de la vie. On ne peut pas tout prévoir ou être à l'abri de tout, même pas de ses propres erreurs. Pour qu'il y ait des gagnants dans le jeu de l'argent, il faut des perdants.

La faillite, en as-tu vraiment besoin ? Peut-être. L'important, c'est d'en être conscient lorsque cela arrive et de comprendre que ce n'est pas la fin du monde[1].

1 Ici, je ne remets pas en doute le sérieux de la faillite. Ce n'est pas une situation idéale, mais comme le dit si bien mon parrain, Richard, McSween : « Il y a des choses bien plus graves que ça dans la vie. »

PRÉVOIR TA MORT
EN AS-TU
VRAIMENT
BESOIN ?

Lors d'un souper, une amie de la famille, que je connais depuis ma tendre enfance (elle m'a changé de couches), nous a fait part de son inquiétude en ce qui concerne les frais qu'entraînera son décès. Elle ne voulait pas laisser ce fardeau financier à ses enfants et, par conséquent, elle a pensé à donner son corps à la science.

On a jasé des autres options possibles : fosse commune, boîte en carton, incinération au rabais, urne en contreplaqué, etc. À ce moment, mon père et moi, on s'est mis à délirer sur le sujet. On a concocté un plan d'affaires : on allait « gosser » des cercueils à prix modique en recourant à des matériaux recyclés et récupérés. Tout serait fabriqué par une coopérative dont la mission serait la réinsertion sociale des jeunes sans emploi.

Un concept génial et à vocation sociale, quoi. On offrirait même l'option « Venez fabriquer votre propre cercueil avec amour ! » Et pourquoi ne pas permettre aux proches d'écrire directement sur le cercueil ? À quoi bon vernir un bois qui s'en va sous terre de toute façon ?

Notre plan prévoyait même de sauver les églises du Québec, car leur sous-sol inutilisé et leur presbytère se transformeraient en salons d'exposition qu'on louerait pour les besoins de la cause. Bref, on contournait, pour une partie des services, l'industrie de la mort.

355

Dans notre enthousiasme ludique, nous avions quand même fait un constat : **mourir à peu de frais, c'est possible, mais c'est tabou.** La question se pose : pourquoi consacrer autant de ressources financières à notre mort alors qu'on aurait peut-être pu vivre nos derniers moments de façon plus sympathique avec ladite somme ?

« La garantie »

À certains égards, le marketing de la mort est quand même surprenant. Par exemple, on scelle le cercueil afin que le corps soit protégé plus longtemps. Super ! Mais qui fait déterrer un mort pour s'assurer de la bonne préservation du corps ? D'accord, il arrive qu'on doive vérifier l'ADN du disparu (parlez-en à Yves Montand).

Parfois, on offre aussi de mettre le cercueil dans un coffre de cuivre, question de protéger encore plus le corps et… de dépenser pour rien. Pourquoi cette obsession à préserver le corps ? On sera tous bouffés par les vers. Peu importe notre portefeuille, la règle veut que les vers nous digèrent. Tous.

Et il y a ceux qui se font congeler pour préserver leur corps jusqu'au moment où il sera possible de le régénérer. Ça, c'est pour le genre de client qui a trop écouté la légende de Walt Disney ou visionné le film *Vanilla Sky*.

La vie a ceci de juste : nous crèverons tous. Pourquoi donc insuffler du luxe dans ce chapitre de notre vie ? **Mourir sobrement n'est-ce pas l'ultime leçon d'humilité ?** Pourquoi utiliser des matériaux qui ne se décomposent pas ? Pourquoi contaminer le sol ? Si tous les humains vivaient éternellement, on finirait par manquer de place. Pourquoi tenter de conserver le corps sous ou sur terre ?

Mourir équivaut à dire : « OK, mon tour est passé. J'ai eu du bonheur, éprouvé de la tristesse, j'ai vécu plusieurs expériences, mais voilà, c'est à mon tour de disparaître. » Notre dernier tour de piste survient parfois prématurément, mais nous savons que, de toute façon, nous mourrons tous, même si nous jugeons que cela peut arriver trop vite.

Donc, pourquoi payer dans le but de laisser une trace pour l'éternité, alors que plus personne ne se souviendra de nous ? Nous sommes tous destinés à l'oubli ; pourquoi ne pas régler ça tout de suite pour pas cher ? Si certains optent pour des funérailles dorées, d'autres préféreront transmettre leurs avoirs aux leurs ou bien en profiter eux-mêmes de leur vivant.

La Régie des rentes du Québec (RRQ) à la rescousse !

Il commence à se faire tard dans votre vie et vous n'avez pas prévu de ressources financières minimales pour vous enterrer ? Pas de problème, il y a peut-être la RRQ qui pourrait vous faire un dernier versement posthume.

Cotiser au RRQ au cours de la vie active peut non seulement assurer une base de retraite, mais aussi permettre au futur défunt (nous en sommes tous) de bénéficier d'une prestation de décès de 2500 $! Eh oui, on a pensé à tout au Québec, même à nous aider à payer nos funérailles. Voici un extrait du site de la RRQ :

« Si la personne décédée avait suffisamment cotisé au Régime de rentes du Québec, vous pourriez avoir droit à la prestation de décès qui peut atteindre un montant maximal de 2500 $. Elle est versée en priorité au payeur de frais funéraires si la demande et les preuves de paiement sont présentées au cours des 60 jours suivant le décès.

Si les frais funéraires ont coûté moins que le montant de la prestation de décès accordée, la différence pourrait être versée aux héritiers ou à d'autres personnes admissibles, s'ils en font la demande.

Si la personne décédée n'avait pas suffisamment cotisé au Régime de rentes, une prestation spéciale pour frais funéraires pourrait être payée par le ministère du Travail, de l'Emploi et de la Solidarité sociale, à certaines conditions[1]. »

Il faut noter que la prestation est versée à la personne ou à l'organisme qui a payé les frais funéraires. On ajoute :

« Si la personne décédée n'a pas cotisé au Régime de rentes du Québec, une demande de prestation spéciale pour frais funéraires peut être présentée au ministère du Travail, de l'Emploi et de la Solidarité sociale[2]. »

Notons aussi que la prestation de décès est imposable dans les revenus de la succession, peu importe à qui elle a été versée, puisqu'elle est au service du défunt. L'information est ici incomplète, mais le message à retenir est le suivant : « Demandez et peut-être que vous recevrez ! »

Les options de la mort

Il n'y a rien de gratuit en ce bas monde. On pourrait écrire un livre complet sur l'industrie de la mort, sur l'analyse des coûts, les préarrangements, etc. Le présent texte se veut davantage une réflexion sur les ressources qu'on accorde à la mort. Ici, je lance quelques pistes de réflexion économiquement rationnelles :

Le cercueil en carton

Pourquoi ne pas simplement acheter un cercueil en carton ? Un tel cercueil est beaucoup moins cher et comme l'enterrement ou l'incinération n'est pas un « investissement à long terme », a-t-on vraiment besoin de gaspiller des matières premières précieuses ?

L'urne biodégradable

C'est toujours drôle de voir des urnes ressemblant à des œuvres d'art sculptées. En une journée, elle se retrouvera pourtant sous la terre. Pourquoi mettre des cendres dans une boîte en bois de belle

---

1 www4.gouv.qc.ca/FR/Portail/Citoyens/Evenements/deces/Pages/prestation-deces.aspx
2 *Idem.*

apparence ou un contenant de métal onéreux? Pour les quelques heures que dure la cérémonie? Pourquoi ne pas utiliser une boîte décorative réutilisable dans laquelle on déposera l'urne biodégradable réelle? Pas fou, hein?

Pour les personnes qui payent afin d'exposer les cendres dans un columbarium, est-ce que la proximité physique des cendres est si importante? On peut toujours les mettre en terre. L'avantage de l'enterrement des cendres: le trou coûte moins cher à creuser que pour un cercueil, et le transport peut être effectué par la famille plutôt que par le personnel du salon funéraire (oui, on vous facture tout à la pièce dans les maisons funéraires).

Devenir un arbre
Après une crémation, on peut bien faire ce qu'on veut des cendres. Pourquoi ne pas les disperser dans la forêt ou planter un arbre à partir des cendres, sur un terrain signifiant pour la personne défunte? En plus de représenter un symbole pour les survivants, l'arbre limitera l'empreinte écologique et les coûts reliés à la mort.

L'incinération express
Pendant que certaines maisons funéraires se spécialisent dans le haut de gamme et les services variés, d'autres entreprises se spécialisent dans les forfaits à faible coût. Voici le service funéraire de base:

- *Transport du corps.* Parce que, de la morgue de l'hôpital jusqu'au crématoire, on ne va quand même pas appeler le beau-frère avec son pick-up ou sa fourgonnette.

- *Frais de crémation.* Parce qu'on ne peut pas faire un feu de camp dans la cour, même si on est un admirateur de Darth Vader.

- *Formalités légales.* Parce qu'il faut bien l'inscrire au registre de l'état civil, cette mort.

Une fois le corps transformé en cendres, il n'est pas nécessaire de payer la maison funéraire pour assurer le transport, un ami peut s'en occuper. On peut même trouver des personnes qui offrent ce service à moindre coût : elles effectueront le transport du centre de crémation situé loin de chez soi jusqu'à l'endroit désiré.

Évidemment, par la suite, tout est une question de choix de l'urne et de la façon dont les cendres seront gérées. Si vous avez choisi de l'enterrer et que vous détenez un droit sur un terrain dans un cimetière, il faudra quand même payer pour faire creuser le trou, aussi peu profond soit-il. Certaines personnes préféreront garder les cendres du défunt dans le salon à la maison pour réduire les frais d'enterrement. Chacun a sa vision à ce sujet.

Les autres frais

Un fournisseur de services funéraires présent sur le Web peut vous facturer une multitude de frais, notamment[3] :

- Transport des cendres au cimetière : 125 $

- Location de la chapelle : 500 $

- Services d'un préposé à la famille : 250 $

- Honoraires du célébrant : 200 $

- Etc.

On vous offrira également des services en ligne, comme un site commémoratif qui sera fonctionnel durant quelques années. Aussi, pourquoi ne pas acheter des crédits de carbone pour être carboneutre au moment de son décès ? Ou ne pas faire réaliser une vidéo commémorative de sa vie ? Les services liés à la mort sont sans fin…

Pourquoi prévoir sa mort ?

Pourquoi est-il important, sur le plan des finances personnelles, de prévoir sa mort ? D'abord, pour ne pas laisser une facture

---

3   Les frais peuvent varier d'un fournisseur à l'autre.

importante à ses descendants, ni obliger ces derniers à prendre de grandes décisions dans ce moment de tristesse (si vous êtes entouré de gens qui vous aiment, bien sûr).

Ensuite, et surtout, pour empêcher ses proches de tomber dans la folie des grandeurs. **Exprimer ses dernières volontés évite que ses héritiers se sentent jugés en optant pour un service sobre et peu coûteux.** En somme, on règle la peur du jugement d'autrui. Qu'est-ce qu'un service sobre? Prenez l'exemple des funérailles de René Angélil… et faites le contraire. D'accord, on ne mérite pas tous les honneurs de funérailles nationales.

En outre, en tenant compte de la prestation de décès de la RRQ, il est possible de mourir pour pas très cher. Mourir ne devrait pas coûter 10 000 $ ou 20 000 $. Non plus qu'on ne devrait être jeté dans une fausse commune ou donner son corps à la science pour pouvoir mourir « gratuitement ».

Alors minimisons les sandwichs pas de croûte et la salade de macaroni. Pour ce passage, ce qu'il faut, c'est que de plus en plus de gens évitent les dépenses faites traditionnellement afin de ramener la mort de l'humain à sa plus simple expression : un dernier geste d'humilité. On était poussière et on redeviendra poussière.

Note : évidemment, on pourrait débattre aussi de l'importance de faire un testament, de décider qui sont les bénéficiaires de ses actifs, etc. Ce sujet est déjà effleuré dans le texte « Le mariage : en as-tu vraiment besoin ? », page 123.

Si la planification de ta succession n'a pas encore fait partie de ta réflexion et que tu as des enfants, arrête de lire ici et appelle un notaire au plus vite : ça presse ! Mourir sans contrat de mariage ni testament, en laissant des enfants mineurs, c'est un bordel administratif et légal pour les survivants.

Tout ne se réglera pas nécessairement en respectant tes désirs. Pour ce qui est de l'impôt, t'en fais surtout pas, car, même à ton décès, il faudra faire au moins une dernière déclaration fiscale. La vie est fiscalisée, même une fois terminée.

Est-ce normal que le party le plus cher qu'on se paye « à vie » soit celui où notre corps sera inerte ? Chose certaine, qu'on se paye des funérailles à 10 000 $ ou à 50 000 $, ça ne change rien au fait qu'on est mort.

Finalement, le seul geste qui compte réellement, n'est-ce pas de prévoir de donner ses organes ? Le véritable « don de soi », c'est le cas de le dire.

Des funérailles à 20 000 $, en as-tu vraiment besoin ? T'as signé ta carte-soleil ? Non, mais t'as pensé à faire sceller ton cercueil ? Eh misère… La réalité ? On devrait finir sa vie en terre dans un sobre sac de papier brun biodégradable.

362

EN TERMINANT...
POURQUOI
EN AS-TU
VRAIMENT
BESOIN?

Les questions économiques sont omniprésentes dans nos vies. Le but de cet exercice sur les finances personnelles n'est pas de prôner la simplicité volontaire excessive ou de conseiller à quiconque de devenir *cheap*. Non. Mon désir est de susciter un questionnement sur la façon dont chaque individu dispose de ses ressources financières.

En outre, l'objectif principal de ce livre est de convaincre les 15 à 35 ans de se prendre en main financièrement. Les décisions financières prises au cours de ces deux décennies marquent au fer rouge le reste de la vie. Malgré tout, cet ouvrage soulève des questions susceptibles de faire réfléchir les 7 à 77 ans concernant leur rapport à l'argent.

En se répétant la question : « En as-tu vraiment besoin ? » – et en commençant tôt dans sa vie à se la poser –, on soulève des questions complémentaires qui guideront nos choix de consommation.

- Vais-je vraiment travailler durant un mois cette année seulement pour me payer ce gadget ?

- Suis-je l'artisan de mon propre malheur ?

- Combien me coûte réellement le fait de ne pas épargner?

- Est-ce que je pense à mon avenir et à celui de mes enfants, ou vis-je comme si la vie (pas toujours drôle) dans un CHSLD n'était qu'une vue de l'esprit?

- Suis-je réellement libre?

- Est-ce que le fait de ne pas être à l'argent équivaut à être l'esclave de paiements mensuels?

Se poser la question : « En as-tu vraiment besoin? » avant chaque achat, c'est aussi une façon de se choisir en premier et de voter pour soi.

Puisque le temps est notre bien le plus précieux et qu'il nous est compté, pourquoi passer sa vie à payer pour une consommation inutile ou excessive? Mais qu'est-ce qui nous pousse à consommer autant? La réponse à cette question qui tue est très personnelle et force à l'introspection.

L'épargne n'est pas un acte de foi, mais un geste rationnel. On aura besoin demain de ressources gagnées aujourd'hui. Est-ce qu'on veut vivre en esclave moderne ou conserver sa liberté de choix? Il faut réussir à allouer chaque dollar à un poste où il nous apportera le plus de bonheur, sans oublier celui des 20 prochaines années. Et vous, où est votre bonheur?

Ne laissez pas ce livre dormir sur une tablette de bibliothèque. Faites-le circuler, prêtez-le à vos amis, laissez-le traîner sur une table à la maison ou offrez-le en cadeau (même usagé). Si sa lecture fait naître chez le lecteur un sentiment de frustration envers moi qui en suis l'auteur, j'aurai manqué la cible. Ce lecteur frustré est peut-être de ceux qui écrivent aux chroniqueurs économiques ce genre de message :

Je ne sais plus trop quoi faire. J'ai 40 ans, aucune épargne en banque, et je n'arrive pas à payer le solde de ma carte de crédit. Je voudrais prendre ma retraite à 58 ans, que puis-je faire?

Dans ce cas, je n'ai qu'une réponse:

Appelle Marty McFly, roule à 88 milles à l'heure sur l'autoroute dans un modèle DeLorean pour revenir 20 ans en arrière et pose-toi cette question: « En as-tu vraiment besoin? » Si t'en as pas vraiment besoin, mais que tu continues de rouler dans ton bolide, j'espère que t'aimes le macaroni au Cheez Whiz.

REMERCIEMENTS

Écrire un livre, c'est bien plaisant pour l'auteur qui va au Salon du livre, mais ça demande beaucoup d'aide pour en arriver là. Alors je tiens à exprimer un merci bien spécial, dans un ordre aléatoire, aux personnes suivantes :

Caroline Larrivée : pour ton amour, ta patience et ton soutien durant les mois de rédaction.

Paul-Antoine Jetté : pour ta lecture, ta révision technique, ton œil de lynx, mais surtout, pour ton amitié.

Paul Arcand : pour avoir généreusement accepté d'écrire la préface du livre du chroniqueur à ton émission, *Puisqu'il faut se lever* et pour avoir été, par une simple boutade, l'instigateur de ce projet.

Jean-François St-Pierre : pour ton engouement à l'égard de cet étudiant rencontré pour la première fois à la Coop HEC Montréal.

Jean Paré : pour ton enthousiasme et ton ouverture devant la folie d'un comptable impulsif et coloré. Avec toi, les idées farfelues deviennent des projets réalistes.

Élise Bergeron : pour ton travail, ta rigueur, tes heures supplémentaires (même à la fête nationale), ton écoute, ta douceur et ton rôle « tampon » entre l'auteur et le monde de l'édition.

Louise Sauvé, Yves McSween, Anne-Marie McSween et Marie-France McSween : la famille que je choisirais si on m'en donnait l'occasion.

Dominique Leroux : selon qui il faut « écouter ses passions ».

Édouard et **Émile,** mes deux fils, qui me donnent deux raisons de contribuer au REEE.

Merci également à toute l'équipe de **Guy Saint-Jean Éditeur** et à ses collaborateurs : votre accueil et votre soutien à l'égard de cet humble projet ont été très appréciés.

Finalement, un merci à **toi** qui as acheté ce livre et qui as pris une partie de ton temps pour le lire. Pour t'aider à contrôler tes envies de consommer, tu trouveras à la fin du livre, un étui pour ta carte de crédit ! Chaque fois que tu auras envie de t'acheter un billet d'avion en ligne, une sacoche trop chère ou la dernière bébelle à la mode, ta carte te demandera : « En as-tu vraiment besoin ? »